HR
人力资源管理实操
从入门到精通

岳文赫——著

江西人民出版社
Jiangxi People's Publishing House
全国百佳出版社

图书在版编目（CIP）数据

人力资源管理实操从入门到精通 / 岳文赫著. -- 南昌 : 江西人民出版社，2021.4
ISBN 978-7-210-09246-9

Ⅰ. ①人… Ⅱ. ①岳 Ⅲ. ①人力资源管理 Ⅳ. ①F243

中国版本图书馆CIP数据核字(2021)第045200号

人力资源管理实操从入门到精通

岳文赫 / 著

责任编辑 / 冯雪松

出版发行 / 江西人民出版社

印刷 / 唐山市铭诚印刷有限公司

版次 / 2021年4月第1版

2021年4月第1次印刷

710毫米×1000毫米　1/16　19.5印张

字数 / 300千字

ISBN 978-7-210-09246-9

定价 / 56.00元

赣版权登字-01-2021-11

序言 PREFACE

本书从人力资源管理理论的发展历程开篇，在第一章介绍了人力资源管理的发展、人力资源管理工作的主要内容、人力资源管理工作的岗位要求；第二章到第八章分别围绕人力资源管理的职能——人力资源规划、工作分析与岗位管理、招聘管理、培训与开发、绩效管理、薪酬与福利、员工关系管理，以图表的形式介绍了各职能的相关知识、实操流程及实操中的注意事项。

本书将理论与实践相结合，按照一定的逻辑顺序向读者展示了人力资源管理各职能在企业中的应用。本书语言平实、通俗易懂，图表、公式丰富且一目了然，对开展人力资源管理工作有一定的参考价值。

岳文赫

目录 CONTENTS

第1章 走进人力资源管理部

第2章 人力资源规划

第3章 工作分析与岗位管理

第4章 招聘管理

第6章 绩效管理

第 8 章 员工关系管理

第 1 章

走进人力资源管理部

人力资源被定义为组织在某一时期拥有的可以被组织所用的人员的总和，这些人员可以用他们的经验、技能、能力、教育、体力等为企业创造价值、做出贡献。企业的人力资源包括员工脑力（智力）、体力、职业道德的总和。人力资源管理是组织内人力资源政策以及相对应的一系列管理活动。

1.1 人力资源管理的发展

人力资源管理的发展经历了科学管理、行为科学、从人事管理到人力资源管理，以及人力资本理论四个阶段。

1.1.1 科学管理阶段的人事管理阶段

“科学管理”是19世纪末至20世纪初在西方国家影响最大、推广最普遍的一种管理思想和理论。泰勒是科学管理的主要代表人物。

他认为科学管理的根本目的是达到高效的劳动生产率，而达到最高的工作效率的手段则是用科学化和标准化的管理方法来取代经验管理。就人事管理而言，泰勒主要提倡以下几点。

1. 倡导劳资双方的“合作”

工厂主以“经纪人”的身份要求获得最大利润，工人以“经纪人”的身份要求得到最高工资，造成彼此敌对和冲突，劳动效率不高。但是，如果双方友好合作，就可以使双方获得“最大富裕”。泰勒认为，劳资双方紧密合作，是现代科学管理的核心。只有这样才能实现和发挥科学管理制度和方法的作用。

2. 提出了工作定额原理

这一原理要求，先通过工作研究制定出标准的操作方法，然后对劳动者进行培训，让他们掌握这套最优工作法，再据此制定工作定额。

泰勒认为，科学管理需要提高劳动生产率。为了改善工作表现，他提出：

（1）从管理和经济效益的出发点看，企业要设立制定定额的部门。

（2）研究工人的动作和工作。找出完成工作的各个步骤可能达到的最快方法，从而确定工人的“合理的日工作量”，即劳动定额。

3. **实施激励制度**

工人有效率地工作的前提是要对此进行激励，而且每个员工的工作效率不同，激励也应不同。这种激励是通过金钱即工资来体现的，以鼓励工人完成较高的工作定额。

泰勒在 1895 年提出了“差别工资制”方案。其主要内容是：

（1）设立制定定额的部门。研究计件和工时，进行科学的测量和计算，制定标准，确定相对合理的劳动定额和工资率。

（2）制定差别工资率。工资率取决于劳动者定额的完成情况。如果工人能够按照标准制度完成定额，则按照高工资率进行激励；如果没有完成定额要求，就按照低工资率进行结算，并对劳动者提出警告；如果警告后劳动者仍然没有改进，则会面临被转岗或者被开除的危险。

（3）劳动者是工资支付的对象。每个人的工资都应尽可能地按照他的技能和工作量来计算，而非他所在的职位。这样做，一方面是为了克服劳动者“磨洋工”的现象，另一方面也是为了调动他们的工作积极性。

泰勒的差别计件工资制有以下三个优点：

首先，差别计件工资制可以发挥劳动者个人的工作积极性，有助于提高劳动生产率，可以达到“高工资和低劳动成本”的效果。

其次，差别计件工资制鼓励劳动者“多劳多得”，使劳动者得到相对公平的对待。

最后，差别计件工资制能够迅速地清除低效能的劳动者，吸收更加适合对应岗位的人来工作，以确保做事又快又准的劳动者获得高工资。

泰勒认为，差别计件工资制对劳动者的士气会产生较为显著的影响。当劳动者觉得自己受到公正的待遇时，就会更加努力和愉快地工作，并且在劳动者和劳动者之间、劳动者和雇主之间建立起更为融洽的关系。

但是，泰勒的科学管理把人看作是孤立的，忽视了企业中成员的交往、感情和态度等社会因素对劳动效率所起的作用。特别是，泰勒把人的一切活动都看作是出于经济动机的行为。

1.1.2 行为科学的人事管理阶段

随着西方国家企业之间的竞争越来越激烈，企业的管理者越来越倚靠工人的判断力、创造力和对企业的忠诚度。由于泰勒提倡的劳动分工、推行的专业化使劳动者长期从事同一种简单重复的劳动，时间一长就会使劳动者感到工作单调乏味。他们的工作效率不但没有得到提高，反而有所下降。因此，这种不关心员工心理和情感需求，单纯地把人看成劳动工具来提高工作效率的管理手段遭到了劳动者的普遍抵制。劳动者除了工资的要求外，还有什么需求？人的工作效率还受到哪些因素的影响？随着许多人对科学管理手段的质疑，行为科学的人事管理应运而生。

行为科学派提出：管理者不能拘泥于计划、组织、监督、控制等管理职能活动，还需要重视员工关系，培养他们对组织的归属感。管理者不能只关注劳动者完成了多少任务，还需要重点关心和满足员工的需求。提倡以集体为单位进行奖励，而非进行个人奖励。管理者在一定程度上组织员工和下级参与一些有关组织管理工作的研讨活动。

行为科学理论最大的进步在于，强调工人不是机器，而是社会人。他们是有需求、有动机和有个性的企业组织成员。除经济因素外，劳动者的需求、动机和个性与组织的因素，也同样会影响劳动者的行为，因此应当对他们的行为进行积极的引导和激励。行为科学对组织的人事管理进行了开放式的管理，注重对员工人性的激发，关注积极的正向激励和民主管理。管理者充分了解员工的心理，激发他们的工作意愿，发挥他们的潜力，并建立一个协调、和谐的关系。

1.1.3 从人事管理到人力资源管理阶段

1. 人事管理概述

（1）人事管理的定义。人事管理调整人与人、人与事、人与组织之间的关系。人事管理通过管理者制定的方法、用人原则和管理制度适当地利用与发挥劳动者的体力、心力和智力，并保障其合法权益。

（2）人事管理的起源及发展。人事管理历史悠久。从某种意义上讲，只要是有人在的地方，对人进行组织、管理的行为都可以认为是人事管理。20 世纪初，一些受雇于商业、工厂和政府部门等机构的管理者、专家和工程师，从提高组织的经济效益和工作效率出发，解决一系列生产过程中产生的问题，这时人事管理上升到了科学管理的阶段。

2. 人事管理与人力资源管理的区别

（1）人性假设立足点的不同。人事管理假设人的需求根据他们所处的不同情景和环境而变化，要基于“复杂人”的假设，对这些需求进行差异化的激励。人力资源管理是基于“价值人”的假设，假设每个人都有自我发展、实现自我价值的追求。这种实现自我价值的需求同样存在个体差异，即便是在外部物质条件相同时也存在。在组织的生存与发展中，那些自我实现欲望强烈的人会发挥更大的作用。

（2）管理过程中对人所持的哲学看法不同。在人事管理中，组织认为，人力是一种成本，在使用时应该以节约为目标。人力资源管理将人视为可以开发且能够产生收益的资源。人力资源管理的工作重点是为了促进个体与组织共同发展、实现目标的人力资源培训与开发；人事管理中的培训只是为了满足基本工作需要的成本付出开展的被动培训，而人力资源管理中的培训是以提高员工的素质、能力、工作绩效为目标的主动培训。

（3）员工关系立场的不同。在人事管理中，员工是成本，他们的工资是从管理者的利润中抽取的，员工的工资越高，企业所有者失去的也就越多。因此，企业所有者有可能通过降低工资等手段使他们自己保持更多的收益。如果企业所有者持有这种观点，势必会形成紧张的劳资关系。这时，人事部门经理则要挣扎在劳资纠纷的泥潭中，并想尽各种办法来缓和矛盾和纠纷。而人力资源管理则将人视为可以被开发的资源，人可以为组织带来收益。如果想实现企业和员工的双赢，就必须建立互相信任的劳动关系，鼓励员工参与组织建设，相互合作。

（4）局部孤立式管理和整体综合式管理。在组织中，传统的人事部门的功能仅是整个人员管理的一部分，其他部门如行政部门、生产部门等也承担了相应的工作。而人力资源管理部门则在组织内部建立了整合式的功能。在企业中，人事管理的对象主要是管理层，操作层则被视为劳动力，这样不但双方的关系不融洽，也伤害了员工的积极性。人力资源管理将员工视为资源，对人力资源的开发拓展到劳动关系的各个方面。人事管理中的绩效评价主要针对员工绩效的现状，并将此作为报酬和奖惩的有力依据，员工容易产生抵触心理，惧怕绩效评价行为。人力资源管理中的绩效评价在于掌握员工绩效现状的信息，发现与当前及未来发展要求的差距。绩效优秀的员工将得到奖励，绩效不理想的员工则需要参加培训，绩效评价成为员工与企业之间主动交流的手段。

（5）单一权能型管理和多维服务型管理。传统的人事部门工作往往是被动的、行政性的事务，比如考勤、发工资、解决员工纠纷。人力资源管理从员工能力开发、职业发展与企业发展角度，前瞻性地洞察组织内外环境的变化，比如工程技术更新、员工心态的变化等，根据组织发展的需要进行变革。

由此可见，从人事管理到人力资源管理是一次思想上的创新，两者存在本质上的差别。

1.1.4 人力资本理论阶段

人力资本是体现在人身上的一种资本类型，通过对劳动者投资，形成体现在劳动者身上的知识、技术、能力和体力等都被看作是一种资本。人力资本理论明确了人力资本投资的内容与途径。提高人口质量是人力资本的核心，提高人口质量可以通过给他们提供教育和培训来实现。提高劳动者在商品生产过程中的投入可以有效提升劳动力的价值。美国经济学家舒尔茨是构建人力资本理论最重要的代表人物。舒尔茨认为，劳动者个体之间具有一定的异质性，即便是同一个劳动者，在接受教育培训前后都会在他的劳动质量或是他的技艺水平、工作能力等方面产生显著的差异。教育可以有效提升人的知识和技能水平，提高劳动生产率，增加个人工资收入，调整薪金结构，从而减少个人收入社会分配不公平的现象。

从企业层面看，在职培训是人力资本累积的重要方式之一，而培训后，人力资本投资的回报则包括货币回报（如工资、经营利润等）和其他非货币收益（如更好的就业机会、更好的文化素养的获得）。

1.2 人力资源管理工作的主要内容

人力资源管理工作主要包括制定人力资源战略和规划、组织与工作分析、招募与选拔员工、培训与人力资源开发、绩效管理、薪酬与福利管理、员工关系管理等。人力资源管理企业运用科学的方法，对人力资源的选、任、育、留、用等职能进行计划、组织、指挥、控制和协调等一系列活动，最终实现企业发展目标。

1.2.1 人力资源管理的目标

人力资源管理的目标是最终实现企业发展目标。具体目标如下：

（1）企业的目标将通过其拥有的员工来实现。

（2）员工有义务通过提高个人绩效来提高企业整体绩效，实现企业目标。

（3）人力资源方针和制度要有连续性，且紧密联系企业实际的绩效，与组织目标匹配和统一，只有这样才能有效利用企业资源，实现组织目标。

（4）人力资源管理政策需要支持合理的企业文化，改进不合理的企业文化。

（5）在企业文化的影响下，打造合作创新的企业环境，鼓励员工开展创新，培养积极的工作作风。

（6）构建适应市场竞争环境的组织结构，并对变革做出灵敏的反应。

（7）授权给员工，增强员工工作时间和工作内容的灵活性，提升员工的工作自主性。

（8）提供完备充足的工作条件，使员工能够充分发挥自己的潜力。

（9）多措并举不断加强、完善员工队伍建设。

1.2.2　人力资源管理对象的特征

1. 员工的基本特征

在人力资源管理中，组织中的员工在生理和心理方面均具有差异性和多重特性。这些生理和心理特性在表现形式和重要程度上也不尽相同。

2. 员工的动态特征

人是由一系列复杂交错、不断变化和更新的因素组成的多面体。鉴于此，就需要正确并有效地解决员工激励、员工保护、员工发展等问题，调动员工的积极因素，力争达到员工与企业同步发展。人力资源管理的任务则是促进员工在组织中成长、成熟。

1.2.3　人力资源部在企业中的角色定位

人力资源部是企业的战略伙伴、变革先锋、日常管理部门和员工的支持者。人力资源部门的意义在于帮助企业创造价值，为客户、投资者和员工等利益相关者提供附加值。因此，高层管理者要把人力资源部门当作一项业务进行投资。

1.2.4　人力资源部的结构

下面四个图例（图 1.1—1.4）是根据组织实际需要灵活设计的人力资源部的组织结构。

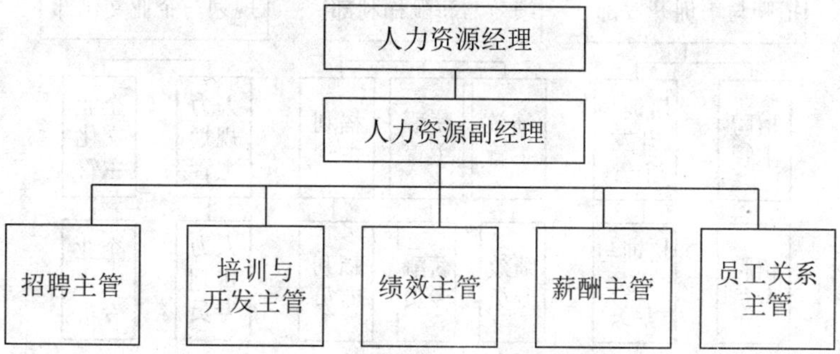

图 1.1　人力资源部组织结构图一

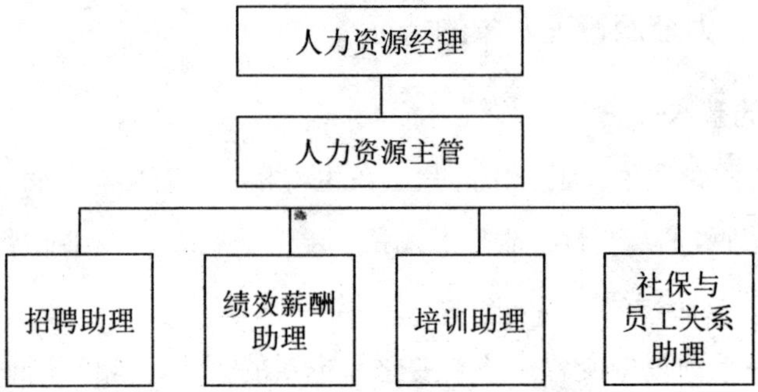

图 1.2　人力资源部组织结构图二

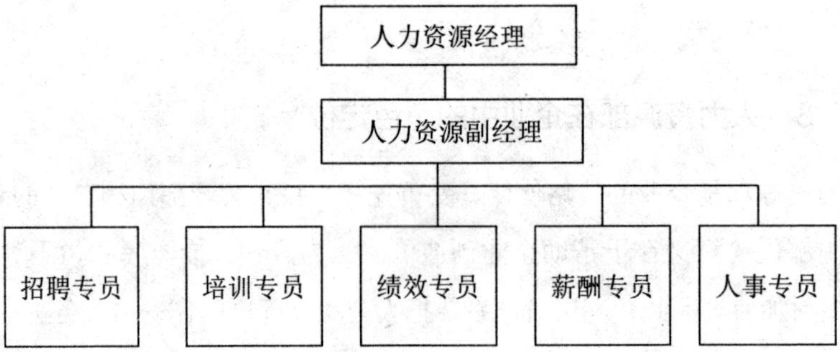

图 1.3　人力资源部组织结构图三

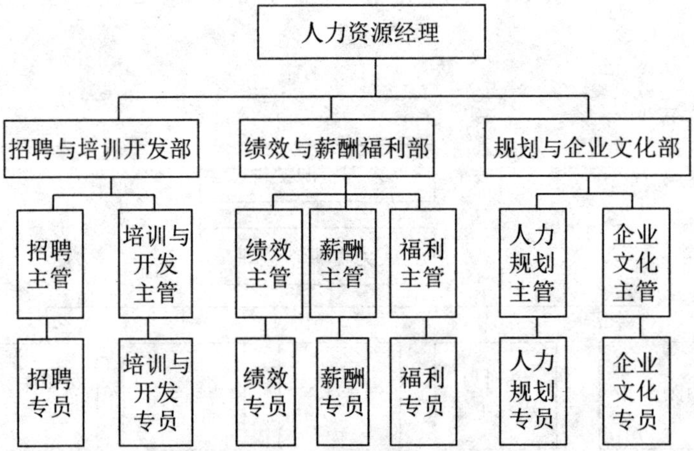

图 1.4　人力资源部组织结构图四

从图 1.1 至 1.4 可以看出，人力资源部门根据公司发展战略的要求，制定人力资源规划，组织实施招聘管理、培训开发、绩效管理、薪酬福利管理及日常人事管理等。有些组织的部分法务工作也归并入人力资源部，为组织员工关系管理活动，如劳动纠纷、劳动争议等提供法律服务，化解组织经营中与人力资源相关的法律风险，最终实现组织人力资源的有效提升和合理配置。

1.2.5　人力资源部的主要职能

人力资源部门的主要职能有以下几个。

1. 人力资源规划与管理职能

（1）依据组织发展战略，制定人力资源战略和发展规划。

（2）制定本公司人力资源管理的基本方针、政策和规章制度、实施细则和工作程序。

（3）对每年人力资源现状和质量体系运行情况进行分析，对人才战略进行评价并提出改进措施。

（4）监督各部门人力资源管理情况，确保工作符合国家法律法规、公司内部规章制度。

（5）制定年度人力资源管理质量目标并组织有效实施。

2. 岗位与编制管理职能

（1）制定岗位管理办法，组织修订和完善部门说明书和职务说明书。

（2）掌握公司工作岗位的基本信息，设置岗位、描述岗位职责，并评定岗位价值。

（3）岗位设置和编制管理，根据公司发展需要进行必要的完善和调整。

3. 人力资源聘任和调配职能

（1）制定公司人力资源聘任和调配管理办法。

（2）负责协调公司内部人员招聘与调配工作。

（3）负责掌握各部门的用人需求，组织外部招聘。

（4）负责办理退休人员返聘手续，负责返聘人员和临时聘用人员的管理。

（5）负责办理离职手续。

（6）依据公司发展需求和公司领导的指示，组织实施竞聘上岗。

（7）负责公司专业职务的聘任与解聘工作。

4. 薪酬福利管理职能

（1）组织建立公司的薪酬福利体系，制定薪酬福利调整方案。

（2）负责人工成本的预算编制和控制。

（3）负责员工各项社会保险的管理及标准核定。

（4）负责住房公积金的管理及标准核定。

（5）负责遗属生活费的管理及标准核定。

（6）负责办理工伤事故认定，确认赔付标准。

（7）负责津贴、补贴管理与标准核定。

5. 绩效考核职能

（1）负责建立员工绩效考核体系，并组织实施考核与评价工作。

（2）负责组织各岗位人员的年度考核工作。

（3）负责新员工试用期满考核及转正定级考核。

（4）根据绩效考核结果进行绩效工资和年终奖金的计算与核定。

6. 员工培训职能

（1）制定继续教育管理制度并组织实施。

（2）制定年度培训计划并组织实施。

（3）组织、实施新员工培训及各类内部培训。

（4）负责员工培训手续的办理及培训效果的评估。

（5）后备干部培养及员工职业生涯规划。

7. 劳动合同管理职能

（1）负责与员工签订劳动合同。

（2）负责制定并组织实施劳动合同管理制度。

（3）负责解除劳动合同人员违约金、经济补偿金核定工作。

（4）协助相关部门处理劳动争议问题。

8. 干部管理职能

（1）协助组织管理者做好中层及以上干部的设置和调整工作。

（2）负责公司中层及以上干部的考察工作。

9. 专业技能管理职能

（1）制定专业技术职务任职资格和技能鉴定的评审办法，以及人员聘任办法。

（2）定期召开年度专业技术职务任职资格评审和技能鉴定会议。

（3）组织晋升专业技术职务任职资格人员的考试报名工作。

10. 其他工作职能

（1）负责日常考勤工作。

（2）档案管理。

（3）负责制定本部门内部管理制度。

（4）完成领导交办的其他工作，配合其他部门工作。

由此可见，人力资源管理的职能部门的工作权限包括：制定公司人力资源规划、对公司用人招聘决策提出建议、调整组织薪酬水平和员工薪酬等级、根据组织战略进行职位调整并进行人员任免的建议、对违反制度及有损公司利益的行为进行处罚、协调部门之间工作、协调解决劳资纠纷等。

1.3 人力资源管理工作的岗位要求

1.3.1 高层人员——人力资源总监

人力资源总监通常为大型企业的人力资源领导者，负责组织人力资源系统，主要负责制定、组织实施公司人力资源战略，促进公司经营目标的实现和长远发展，为公司经营业务和管理的有序开展提供人力资源方面的保障和支持。

1. 岗位职责

人力资源总监的岗位职责主要包括以下六个方面：

（1）企业组织建设。确定组织结构，为企业进行部门设置并适时做出相应的调整，优化企业的组织结构。对各个岗位进行设计与分工，定岗定编，明确各项工作流程，降低企业运营成本。结合企业实际制定各项规章制度，例如招聘、薪酬福利、培训与开发、绩效考核、员工守则等规章制度，细化工作方案和程序，并组织实施。

（2）制定企业人力资源战略规划。制定与企业总体发展战略一致的人力资源战略规划，预测企业人力资源需求，收集并分析企业招聘、录用、培训与开发、绩效考核、薪酬福利等各方面的信息，制定并负责执行人力资源战略规划并对规划进行及时监控与评估。

（3）领导人力资源部门的工作。构建并优化人力资源管理体系，研究、设计人力资源管理模式，组织制定公司各项人力资源管理制度和工作程序。

（4）沟通与激励。在企业中打造上下级之间无障碍的沟通渠道；积极听取员工的建议和意见，并进行及时反馈与处理；建立企业激励机制，通过多种方式调动员工的工作积极性，发挥他们的主观能动性。

（5）人力资源经费预算与控制。根据企业的财务制度分配人力资源经费预算，按月做出预算及工作计划，经批准后执行。

（6）工作报告。定期总结工作内容，并以书面形式向总经理汇报，一方面与总经理进行有效的信息交换与沟通，并提出合理化的建议；另一方面将沟通结果及时传达给下级。

2. 素质要求

人力资源总监必须具备人格魅力、工作能力和业务能力三方面的能力。

（1）人格魅力。人格魅力体现在人力资源总监的凝聚力和号召力方面，能坚定、有条不紊地应对工作中遇到的困难和挑战。

第一，人力资源总监要对企业忠诚，从企业大局出发，以企业利益为重。

第二，要公平公正、客观地处理各项事务，为人正直，在员工中树立威信。

第三，人力资源总监一定要有较强的情绪控制能力，尽可能心平气和地处理问题，调节整体工作氛围。

第四，要有坚韧的意志力，有原则，不受外界干扰，抗压能力强。

第五，人力资源总监在掌握人力资源现状的情况下，用战略的眼光分析未来的机遇和挑战，执行战略规划。

第六，需要具备良好的人际关系处理技巧，协调组织与员工、员工与员工之间的关系。

（2）工作能力。人力资源总监应该具备的工作能力包括写作能力、观察能力、表达能力、组织能力、危机处理能力和信息处理能力。

第一，扎实的写作能力有助于人力资源总监按标准起草规章制度、撰写工作报告等。

第二，人力资源总监通过分析企业中的人和事，做出理性的判断。

第三，向上级汇报、向下级传达，与人沟通交流都需要人力资源总监拥有较强的表达能力。

第四，作为组织中的协调者，人力资源总监需要精心组织、妥善安排各项人力资源管理工作。

第五，人力资源总监经常遇到突发事件，如员工跳槽、劳动争议、组织裁员等，因此需要具备危机处理能力，且要时刻保持危机意识，建立起有效的人力资源危机预警机制，在发生突发事件的时候以最快的速度化险为夷。

第六，人力资源管理各项职能制度的制定必须综合考虑国家的相关政策法规、当前市场行情、竞争对手的情况、员工的具体能力等各个方面的信息。为了能够进行科学的选择和决策，人力资源总监需要具备信息收集和分析能力。

（3）业务能力。人力资源总监承担着企业人力资源管理的职能。因此，必须具备扎实的专业知识和业务能力，这样才能指导各个职能模块的工作。

1.3.2 中层人员——人力资源经理

人力资源经理主要是协助制定、组织实施人力资源战略，根据自身学习和积累的实践经验指导各个职能模块的工作质量。人力资源经理具有人事任免权、调配权，工资总额管理控制权，部门预算经费的管理权和使用权等。人力资源经理在上级面前是助手和参谋，在同级面前是服务者和监督者，在下级面前是示范者和训练者。因此，他们需要具备较强的计划、组织、执行能力，也要有较强的沟通协调能力，更重要的是，要拥有强烈的责任意识和事业心。

1.3.3 基层人员——人力资源专员

人力资源专员是人力资源初级职业，主要包括招聘专员、培训专员、绩效专员、薪酬专员、劳动关系专员。人力资源专员主要负责管理劳动合同，办理用、退工手续等；制作填写人力资源统计报表；负责公司人力资源管理信息系统建立、更新、维护工作；组织策划员工的各类活动；协助上级推进人力资源管理制度的实施；协助上级完成对员工的绩效考核；办理养老保险、医疗保险、失业保险、工伤保险、住房公积金等；提供员工社会保险缴费明细；完成人力资源经理临时交办的各项工作任务。

1. 招聘专员

招聘专员是招聘工作的直接执行人，主要从事招募、选拔和配置新员工的工作。招聘专员的工作职责一般包括以下几点。

（1）发布招聘广告、分析报告及趋势。

（2）建立并拓展招聘渠道，保证招聘来源，负责招聘渠道的维护与开拓。

（3）进行简历甄别。

（4）邀约求职者面试，做好面试后的跟踪工作。

（5）完成上级领导交办的其他工作。

2. 培训专员

培训专员主要负责协助培训经理制定和完善员工培训制度和管理办法，并根据组织需要对员工开展内外部培训等。培训专员的工作职责一般包括以下几点。

（1）调查并分析员工的培训需求。

（2）协助做好内外部培训的安排及过程跟进工作。

（3）组织新员工的入职培训工作。

（4）评估培训效果。

（5）完成上级领导安排的其他工作任务。

3. 绩效专员

绩效专员负责实施企业员工的绩效考核工作。协助绩效经理为各岗位的人员制定并动态调整相应的绩效考核指标和标准，选择适当的考核方法，完善考核体系。组织各部门开展绩效考核工作，并负责汇总统计考核结果。绩效专员的工作职责一般包括以下几点。

（1）编制各部门员工绩效考核表，协助绩效经理制定各部门绩效考核指标体系。

（2）掌握各部门考核动态，及时向考核主管汇报。

（3）协助各部门开展绩效考核。

（4）跟踪各部门的考核过程并解答问题。

（5）处理员工层面的绩效考核申诉工作。

（6）审核员工层面的绩效考核结果。

（7）保存和分类整理考核档案。

（8）协助本部门其他同事完成其他工作。

（9）完成上级领导临时交办的其他工作。

4. 薪酬专员

薪酬专员负责配合薪酬经理制定企业每月的工资报表，并完成岗位相关工作。薪酬专员的工作职责一般包括以下几点。

（1）薪酬政策的搜集及影响分析。

（2）工资管理。

（3）考勤管理。

（4）奖金发放。

（5）人力成本测算。

（6）薪酬体系文件维护与修订。

（7）完成上级领导临时交办的其他工作。

5. 劳动关系专员

劳动关系专员需要关注、整理、研究国家及地方的劳动法律法规政策，负责企业劳动关系管理整体方案的设计与优化，负责竞业限制、协商解除劳动合同、医疗期管理以及违纪案例处理等工作，并建立公司劳动关系协调机制。劳动关系专员的工作职责一般包括以下几点。

（1）收集研究与劳动关系相关的现行法律法规。

（2）受理劳动争议和纠纷。

（3）了解员工工作和生活情况。

（4）搭建企业与员工沟通的桥梁。

（5）协助本部门其他同事完成人力资源方面的工作。

（6）完成上级领导临时交办的工作。

第 2 章

人力资源规划

组织想要发展、实现战略规划，就需要有不同能力的人才来支撑。在组织内外部环境因素的影响下，人力资源规划通过科学的预测方法为组织所需的人力资源数量、质量和结构提供依据，提升人力资源对组织战略的支撑能力和业务开展的服务能力。

2.1 组织结构设计

2.1.1 部门组织结构的设计

组织结构设计是结合组织内外部环境变化，组合、协调企业运作流程、权力和工作责任，以提高企业运行效率和经济效益的一种活动。

1. 直线型组织结构

直线型组织结构是一种简单的组织结构形式。在这种组织结构下，上下级的权责关系是直线型。高层直接自上而下传递和分解职权，职权从最高管理层到组织最低层。组织中的上级在其职权范围内具有直接指挥权、决策权和监督权，每一位上级管理人员对其直接下属拥有直接职权。组织中的每一个人只向他的直接上级报告工作。（见图 2.1）

直线型组织结构适用于规模较小、目标任务单一的组织或现场作业。其优点是结构简单、命令自上而下迅速决策、责权明确、令行禁止。缺点是高度集权、对管理人员要求高、容易独断专行，组织成员忽视横向沟通。

2. 职能型组织结构

职能型组织结构把承担同样职能的管理业务设置到统一的管理部门，给从事相同业务的人安置相应的管理职务。这一组织制度实行高度的专业化分工，技术专门化，可以避免职位的重复设置，提高内部效率。企业最高领导层纵观全局发展，管理权力高度集中。（见图 2.2）

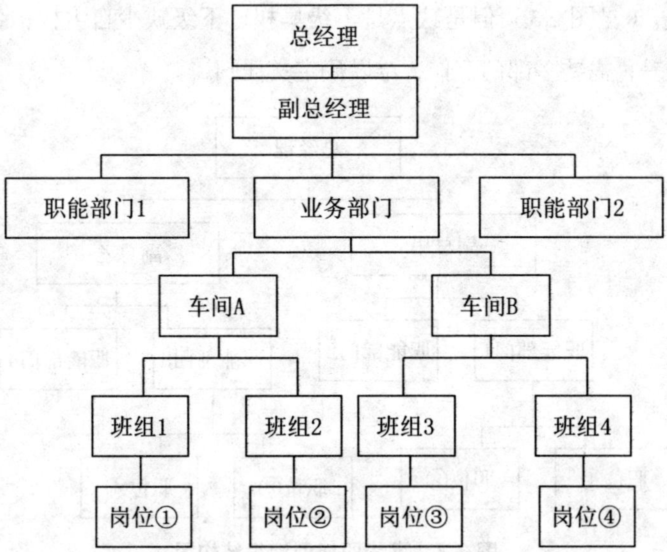

图 2.1　直线型组织结构图

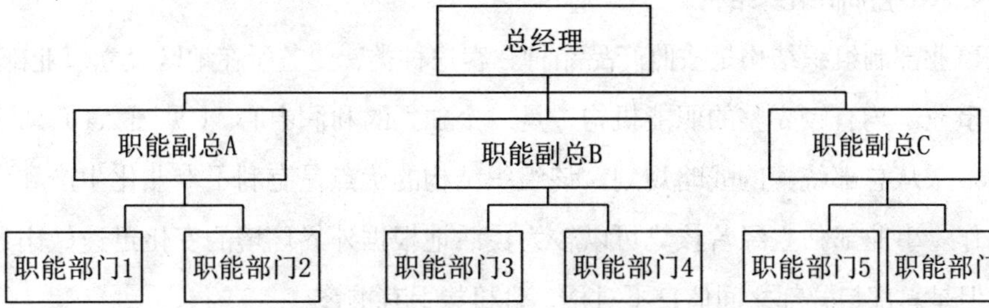

图 2.2　职能型组织结构图

职能型组织结构主要适用于技术复杂、管理分工细致的组织。整合各个专业职能部门，避免重复建设和浪费；专业分工有助于发挥专业优势，进而促进组织实现职能目标。但是，部门间缺少协调，容易造成管理混乱，进而对外界环境变化反应变慢。由于不同职能部门有各自的利益，所以容易造成忽视组织整体目标，只关注自己部门利益和目标的现象。

3. 直线职能型组织结构

直线职能型组织结构把职能部门设置在主管领导之下，下级机构既受上级部门的管理，又受同级职能管理部门的业务指导和监督，在一定程度上解决了多头领导的问题。这种组织结构的优点是统一指挥，注重专业化管理，管理工作效率较高。（见图 2.3）但是缺点是上级集权、下级缺少自主权；各部门之间横向联系较差；需要多部门合作，难以确定责任归属。

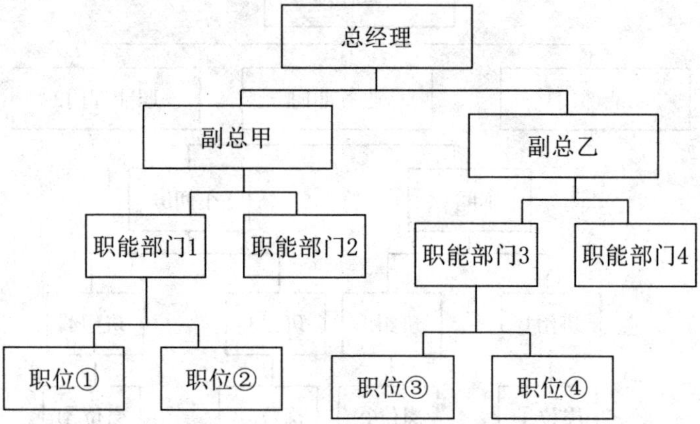

图 2.3 直线职能型组织结构图

4. 事业部制组织结构

事业部制组织结构是按照产品品种、客户种类、业务所在地区设立事业部，每个事业部均有较完整的职能机构，是一个独立的利润中心。（见图 2.4）所有部门都服从总部统一的战略规划。该组织结构的优点是有利于专业化生产和内部协作。事业部独立经营核算可以较为灵活地根据外界环境的变化迅速做出调整。但是总部与分部之间信息不对称，且机构上有重叠。

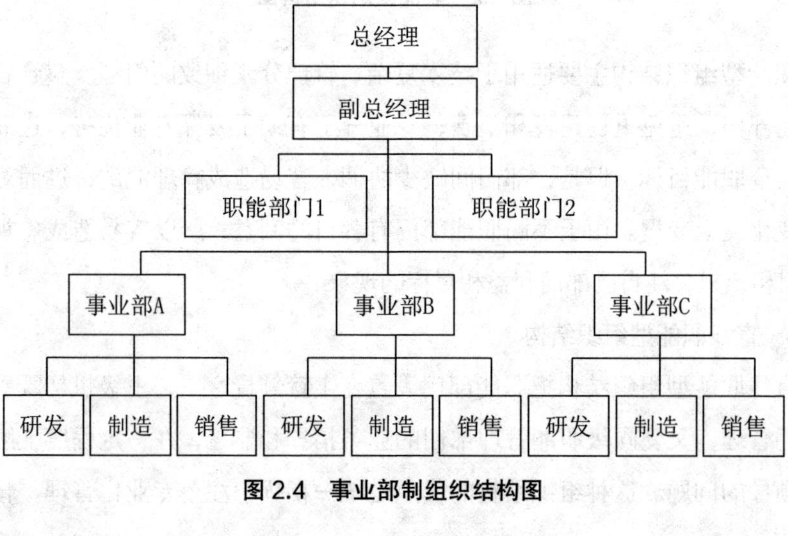

图 2.4 事业部制组织结构图

5. 超事业部制组织结构

超事业部制组织结构是在事业部制组织结构的基础上建立的。它是在最高管理层和各事业部之间增加了负责管辖和协调所属事业部的经营活动的管理机构。其优点是集中几个事业部的力量，可以更好地协调各事业部之间的经营活动，减轻公司总部的工作负荷、增强组织的灵活性。（见图 2.5）由于增加了一级管理机构，所以组织的人员和费用支出也相应增加。

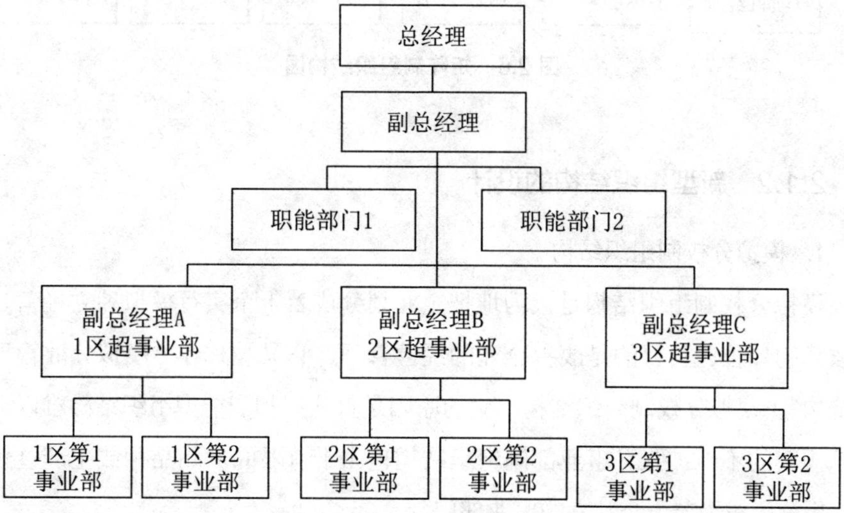

图 2.5　超事业部制组织结构图

6. 矩阵制组织结构

矩阵制组织结构以任务为中心，围绕某项专门任务，将人力、物力和财务资源进行整合，构建一个横向联系较强、有一定弹性的跨职能部门。比如组成一个新产品项目组开发新产品。由相关部门选派人员参加设计、研发、制造等各个阶段的工作，协调相关部门的活动，确保完成任务。矩阵制组织结构的形式是固定的，但是因为项目组需要的人员时常发生变动，所以人员属于按需进出。项目组和负责人也是临时的，一旦任务完成后就解散，各自回到原来的部门和岗位工作。因此，矩阵制组织结构适用于横向协作和攻关项目。（见图 2.6）

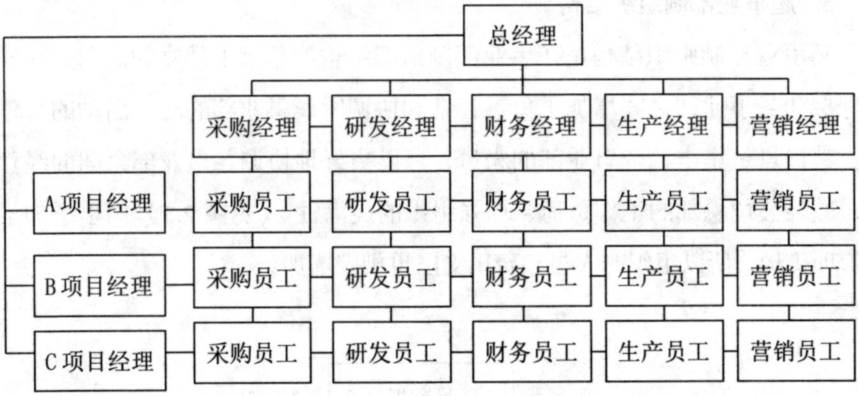

图 2.6 矩阵制组织结构图

2.1.2 新型组织结构的设计

1. 模拟分权制组织结构

模拟分权制组织结构是人为地把企业划分成若干个实行模拟独立经营、单独核算的单位，其目的是改善企业的经营管理，它又被称作“模拟分散管理组织结构”。模拟分权制组织结构产生的原因是直线型和职能型组织结构难以适应组织规模的不断扩张，事业部制组织结构也由于有限的产品品种或生产过程而无法再分解成为若干个独立的事业部门。

独立经营、独立核算是模拟分权制的特点之一。模拟分权制组织结构在一定程度上解决了企业规模过大而难于管理的问题。企业最高层管理者在可控范围内分权给各“事业部”，这样高层可以减少一部分行政工作，将精力集中在研究战略问题上。

2. 多维立体型组织结构

多维立体型组织结构是矩阵制和事业部制组织结构的综合体。多维指的是在组织内部存在三方面（含三方面）以上的管理系统。这几个方面的管理系统分别按照产品（项目或服务）、职能和地区划分成不同的中心。（见图 2.7）

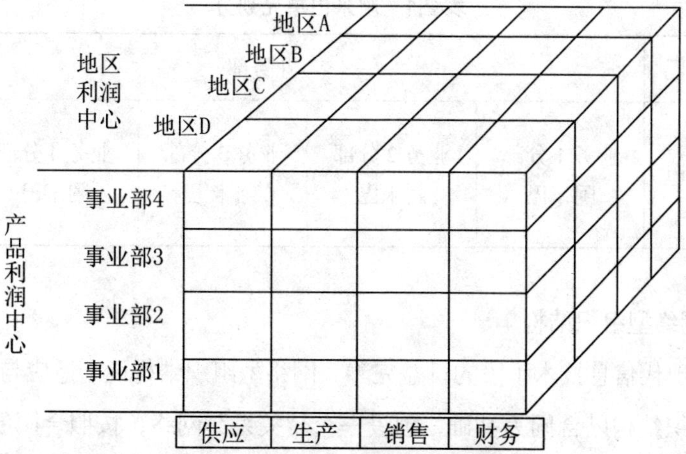

图 2.7　多维立体型组织结构

多维立体型组织结构中的单个系统不能单独做决定，只有从组织整体角度考虑问题，三方共享信息、共同协调、群策群力才有效。因此，多维立体型组织结构形式适用于跨国公司或规模巨大的跨地区公司。

3. 阿米巴组织结构

1964 年，日本京瓷公司创始人稻盛和夫独创了阿米巴经营方式。"阿米巴"也叫"变形虫"，即通过不断地自我调整来适应环境的变化。阿米巴经营模式将整个组织分割成许多个小组织，各个小组织独立经营。各职能部门的每道工序或者同一部门的不同产品都可以分割成若干个阿米巴，并通过与市场直接联系，独立核算运营。

阿米巴单元划分得是否合理，直接影响到阿米巴经营模式的成功与否。一般来说，要同时满足三个条件才能划分阿米巴单元：能够独立核算，各个业务流程可以独立完成，统一执行公司的整体目标和方针。以组织中的业务部门为例，依据原有业务部门和人员分配，将整个业务部门作为一级阿米巴，任命业务部负责人为阿米巴领导人。以业务分部形式划分二级阿米巴，业务分部经理作为二级阿米巴领导人，一级阿米巴对二级阿米巴起领导作用，同时又可以在各个阿米巴之间进行协调互助。（见表 2.1）

表 2.1 阿米巴单元划分

一级阿米巴	业务部				
二级阿米巴	业务 1 分部阿米巴	业务 2 分部阿米巴	业务 3 分部阿米巴	业务 4 分部阿米巴	……

4. 网络型组织结构

随着现代信息技术手段的日益完善，网络型组织结构逐渐适应与发展起来。网络型组织结构以合同为基础，创设一个“关系”网络，按照合同的要求依靠其他组织进行制造、销售或其他关键业务的经营活动。组织将大部分的职能都外包出去，管理机构只负责监管组织内部的活动，同时协调和控制与外部机构之间的关系。这些外部机构有独立的制造商和销售代理商等。（见图 2.8）

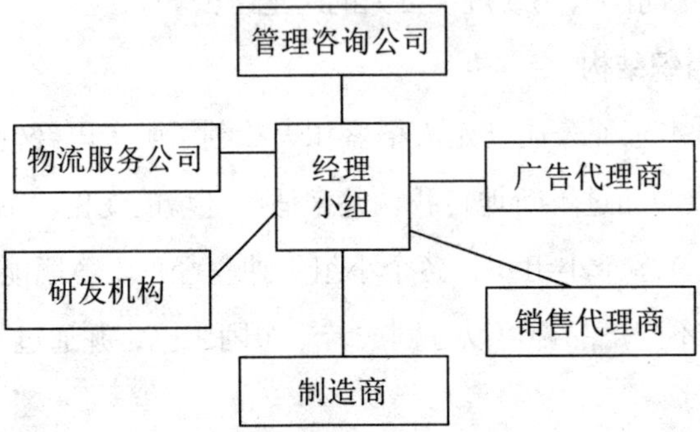

图 2.8 网络型组织结构图

2.1.3 常见的组织结构范例

1. 电子商务企业的组织结构

电子商务是在互联网进行交易活动，但是它不仅限于此，还包括通过网络查询、采购原材料、产品展示、订购到出品、仓储运输、电子支付等一系列的贸易活动。这些活动都是基于电子信息技术开展的，旨在降低组织成本，增加商业价值。电子商务企业的组织结构见图 2.9。

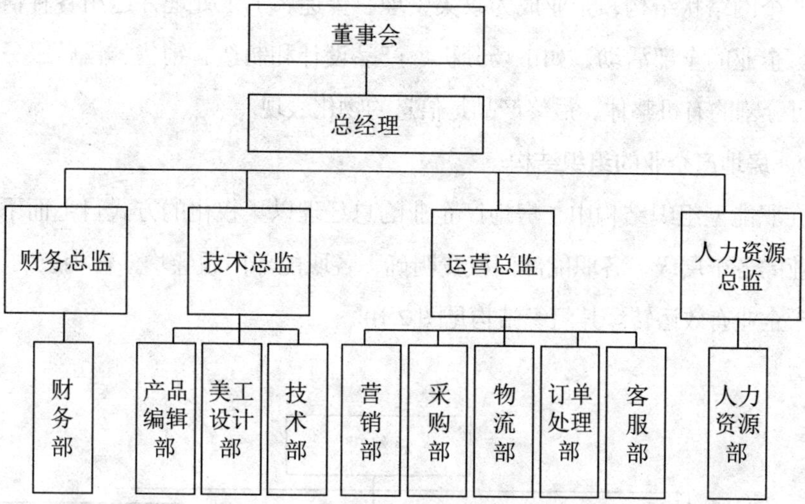

图 2.9　电子商务企业的组织结构图

电子商务加强了企业获取以及处理信息的能力，有助于企业更加便捷有效地获取和传递信息。开放和可供交流的网络为不同企业提供了建立新的合作关系的机会，形成企业间的组织形态。电子商务企业能够及时、准确地对剧烈变化的市场做出决策，管理扁平化、无边界化，工作效率高。

（1）扁平化。互联网技术的应用使得大量复杂信息处理和传输更加迅捷，大大缩减了原有的进行信息处理和传输的中间管理层，加强了决策层与执行层的直接沟通。企业内部形成扁平化的组织结构。这种紧凑化的组织结构减少了管理层次和管理人员的数量，依靠高效率、高速度提高企业营运水平，降低了管理成本。

（2）柔性化。构建临时的、以任务为导向的组织，以适应环境动态的变化。

（3）网络化。网络型组织通过互联网、产业供应链和资金市场建立企业的合作关系。组织以工作或任务为中心，增加横向分工，协作增多，组织结构相对平等和自主。

（4）无边界化。电子商务技术，在物理空间上消除了企业与外部环境之间的障碍，使企业变得无边界。

（5）组织流程集成化。电子商务企业以知识信息为中心，通过互相联系构成了一个网络状结构，企业成为收集整理、传递、加工处理并运用各种信息的中心。企业的全部活动，如市场分析、产品设计和制造、销售、售后服务等形成不可分割的有机整体，最终产品是信息的物化表现。

2. 房地产企业的组织结构

在职能型组织结构中，房地产企业的总经理以集权化的方式自上而下控制本企业的各个层级，各职能部门权责明确，各职能部门领导均分管相应的下属，有助于企业有效运转。其组织结构见图 2.10。

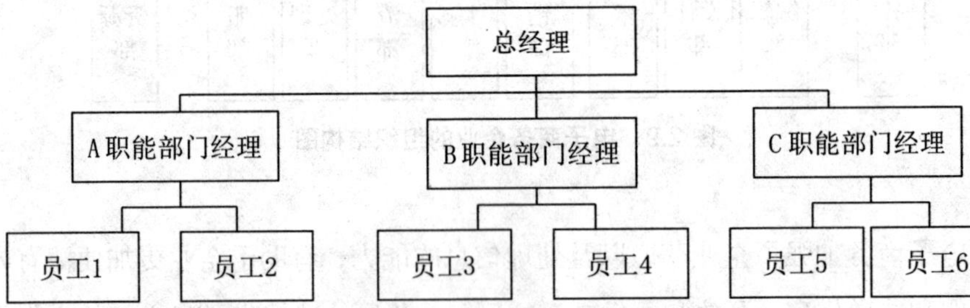

图 2.10 职能型组织结构图

在事业部制组织结构中，房地产企业根据地产的类型可以分为住宅地产事业部、商业地产事业部、工业地产事业部等。（见图 2.11）各事业部开发各自相对独立的市场，独立核算，自负盈亏。

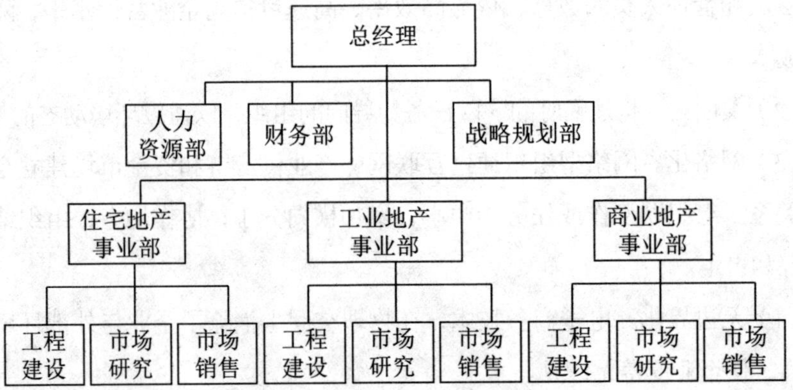

图 2.11 事业部制组织结构图

当开发新项目时，房地产企业也可以采用矩阵制组织结构，将相关职能人员抽调至不同的项目组。原职能部门和新的项目组交叉形成矩阵结构。（见图 2.12）

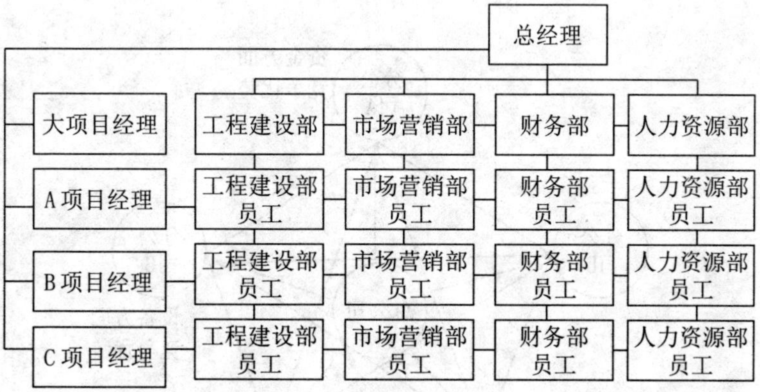

图 2.12　矩阵制组织结构图

子公司制组织结构是母公司持有子公司部分或全部股份，子公司在法律上具有独立的法人资格，自主经营，自负盈亏。其组织结构见图 2.13。

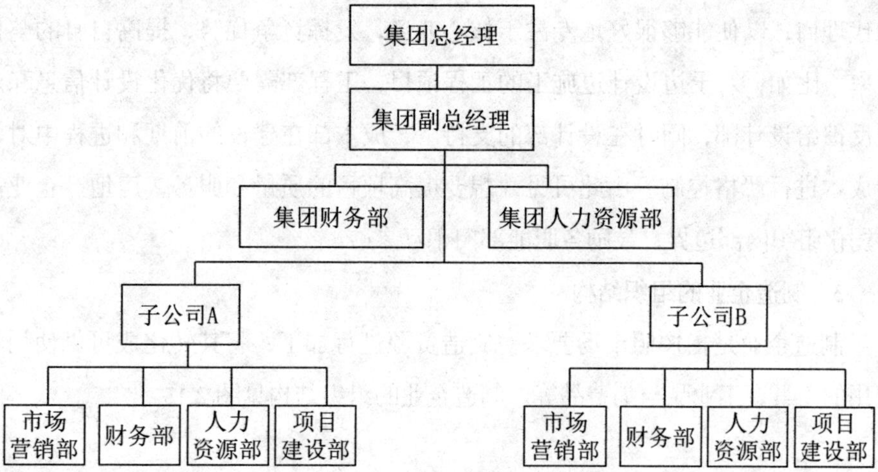

图 2.13　子公司制组织结构图

在网络型组织结构中，房地产企业员工或者是子公司通过全方位的信息沟通参与到企业的管理中来。当有特定的项目和任务需要时，员工组成多个临时的工作团队，团队间相互合作。团队中的成员可能会随着项目或者任务的完成回到原来的岗位上，也可能根据需要加入一个新的临时团队。其组织结构见图 2.14。

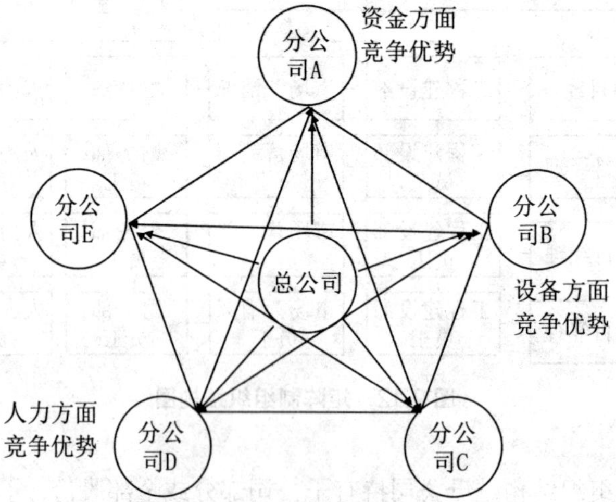

图 2.14　网络型组织结构图

随着工作分工的日益细化，有些房地产企业将一些非核心业务外包给指定的代理商，以便能够很好地专注于核心业务，发挥竞争优势，提高自身的整体效率。比如，对于边设计边施工的工程项目，工程部需要将优化设计信息和建议反馈给设计部，同时在设计部的支持下，成本部在建设的前期和进程中对建设成本进行严格控制。由此可见，想要提高项目的质量和服务，房地产企业需要弱化组织内部边界，鼓励各职能部门相互渗透。

3. 制造企业的组织结构

制造企业是指按照市场要求对制造资源进行加工，将其转化成可供使用和利用的工具、工业品与消费品等。制造企业的组织结构见图 2.15。

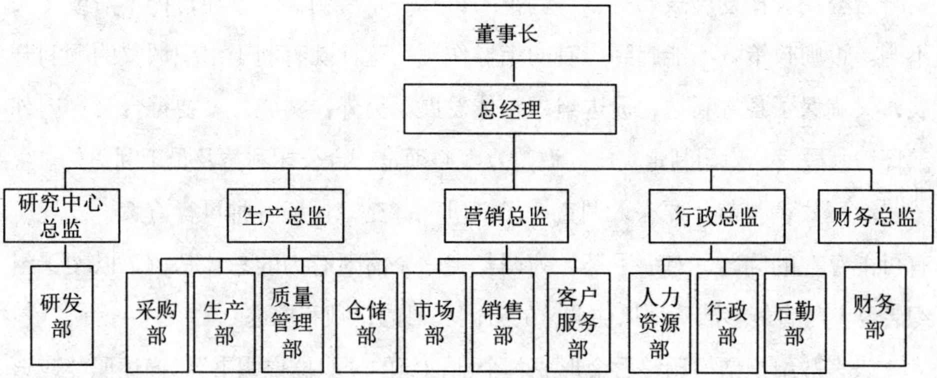

图 2.15　制造企业组织结构图

2.1.4　组织结构调整

1. 组织结构调整的原因

组织结构会随着组织的战略调整而发生变革。组织结构调整是指组织为适应组织内外环境的变化对目前的结构进行有目的、系统的调整和革新。组织结构调整是实现公司战略目标的手段，对每一个公司的发展都有着至关重要的影响。组织结构调整就是改变组织内部结构。那么，为什么要进行组织结构调整呢？原因有两方面：一方面是组织外部环境的变化，如产业政策与产业结构的调整、竞争者和潜在替代者的竞争策略的变化、供应链生态环境等要素的变化等；另一方面是随着组织业务的迅速发展，组织规模不断扩张的企业内部环境的变化。

组织根据其自身所处的内外部环境的变化，选定调整方向和内容，需要依照调整内容和时机而定。通常可以分为量变式、质变式、突变式。量变式，主要是在增设或者撤销部门时组织机构数量的变化，以及增加或减少管理人员时而产生的人员数量的变化。质变式通过使组织效能和组织内部关系发生根本变化，来解决组织深层次的矛盾。突变式的变革一步到位，在短时间内迅速、全面地调整组织结构、解决问题。

2. 组织结构调整的具体事项

组织结构调整涉及公司绩效、利益及发展前途，所以要求调整的策略及方案符合公司长期发展战略规划。调整的目标一定要明确，不能含糊不清或定义不明。否则政策就不能起到应有的指导作用。这样既有利于组织调整的顺利开展，又确保了各方利益，促进组织整体发展。另外，实施方案要符合公司内外部环境。最后，公司制定实施的调整方案必须是符合公司利益及员工利益的。

在正式调整前，要深入调查、仔细研究，充分论证各种可行方案，发现所有可能存在的问题，对症下药。为调整定一个清晰有力的总体基调，以便于组织者和参与者能够准确地抓住调整的方向和目的，顺利推进。

大多数组织结构调整后会形成各个部门新的“职位说明书”。描述职能应该以概括性的语言，简短精练地说清楚不同岗位的员工需要完成哪类工作，合格工作的标准程度是怎样的，避免出现职能缺失和职能交叉的现象。

在调整方案中，如果只是增加部门，现有的总体运作流程不变的话，那么要重新确认一下业务流程上这些变化后部门的分工情况。如果是业务流程的变革，则需要先打乱原有部门的职责，根据新的业务流程，重新确定各职能要点，形成新业务模式下的组织分工。

调整实施首先应该进行全面动员。动员的主要任务是使全体员工认识到调整的目的、原则、程序、方法和意义。其次，调整方案一旦确定，就需要明确新岗位、新职责，然后交接岗位。再次，组织结构调整过程需要预留出一段过渡期，在过渡期内，新老岗位负责人落实交接工作。调整时还需要关注部门业务知识的连续性。一些知识文件、图纸、表格、程序、制度等都要在交接时确认，这样有助于新岗位人员能够尽快了解和熟悉原来岗位的业务等，节省组织资源和人力资源。

组织结构调整实施的具体步骤如下。

第一步，新组织结构的明确。人力资源部组织相关部门负责人结合企业发展规划，在企业总体战略方向的指引下，对现有组织结构进行评估，征求管理者的意见，提出基于新组织结构的调整方向。明确各部门或层级权、责、利的变化。各部门依据组织结构调整方向进行优化，如有异议，需要组织利益相关方再次确认，总经理终审通过后方可生效。

第二步，新组织人员的匹配。新组织结构建立后将明确人员定位，所有组织结构优化任务完成后，再明确各岗位所需要的人员数量。

第三步，开展宣传培训。组织调整必须得到企业最高管理层的认可与支持，因此要逐层、全面地宣传组织调整的目标与意义。通过各层级会议进行组织调整方向的传达与说明，让更多的员工理解并相信企业组织调整的决心。管理者需要为人员提供相应的培训，介绍新的组织结构、岗位任务、调整后的各项程序与制度，以及新岗位所需要的知识技能等，确保新组织结构的正常运作。

第四步，成立组织调整项目管理团队。将组织调整工作当作一个项目对待，制定项目里程碑与关键绩效，跟进项目进度达成情况，进行项目过程的总结与反馈。由最高管理层担任项目决策者，在其他管理层挑选具备所需素质并具有较强执行力、影响力及专业知识的成员担当项目成员。项目管理团队与企业各部门负责人要定期就发现的问题直接沟通，快速反馈。通过项目管理明确重要的发现及项目推进过程中遇到的障碍，掌握全面的信息，确保项目有序、有质量地推进。

第五步，制定组织调整实施流程。组织调整涉及人员众多，持续周期长，不确定因素多，因此需要制定清晰的实施计划与步骤。依据整体规划，设定项目实施周期，制订项目计划表，明确项目实施过程中相关角色的职责、流程与决策权，将项目任务进行细化分解，确保各环节无遗漏。设计可操作且操作性强的方案，及时发现并识别组织调整时受到的阻碍和存在的困难，并及时对实施难点提出解决对策。

第六步，组织调整的实施。依据确定的组织结构调整规则，项目成员与业务部门协同实施组织调整，交付项目产出成果，依据详细的任务计划，进行组织调整项目实施过程辅导，推动执行，组织调整需要进行全过程的风险管控。

2.2 人力资源预测与平衡

2.2.1 如何预测人力资源的需求

人力资源需求预测是制定人力资源规划过程中一项重要而又复杂的工作。在对企业未来一定时期内所需要的人力资源数量、质量及结构进行预测时，既要充分考虑企业内外部各种因素对人力资源需求的影响，又要根据企业的特点以及人力资源规划期限的长短等具体情况，为企业选择适宜的人力资源需求预测方法。

1. 什么是人力资源需求预测

组织的发展受到组织内外部环境因素的影响，以及组织战略目标与发展规划的指导，在此基础上，组织的管理者或组织聘请的外部专家，通过适当的预测技术，预测组织在某一阶段（阶段的时间长短取决于组织的战略需要）内需要多少人力资源，这些人力资源需要具备哪些素质，以及人力资源的结构等。预测人力资源需求时需要考虑以下四个重点问题。

（1）预测前要进行组织内外部环境扫描，预测必须要符合组织现实情况。

（2）预测要服务于组织的发展规划。

（3）从科学性、经济性和可行性等各方面，综合选择预测技术。

（4）预测组织未来人力资源的数量、质量和结构，应该体现在预测结果中。

2. 影响企业人力资源需求的因素

（1）组织规模的变化。组织规模可以由大变小，也可以由小变大。这取决于组织业务范围和战略调整的变化。这些变化均会影响人力资源需求的数量和结构。一般来说，扩大组织规模和开展新业务时会增加对人力资源的需求；反之，缩小组织规模或放弃某项业务时人力资源需求则会减少。

（2）技术、设备条件的变化。组织技术水平越先进、越精湛，设备自动化程度越高，需要的人就有可能越少，二者呈反比关系。

（3）组织经营方向的变化。组织经营目标和经营方向的转变，也会对人力资源数量和结构产生影响。例如，施工企业转为房地产开发企业，会减少大量建筑技工的需求量，而增加营销策划人员。

（4）企业的人力资源政策。人力资源的需求直接受到企业人力资源政策的影响，当然，这些政策也需要合法合规，且符合组织战略发展需要。

（5）企业员工的流动率。一般情况下，企业员工的流动率如辞职、离职和退休等提高，企业需要的人员就会增加；相反，企业员工流动率降低，企业需要的人员就会减少。需要注意的是，企业员工的流动率与企业的人力资源政策和员工满意程度等有关。

3. 人力资源需求预测九步走

人力资源需求预测包括预测现实的人力资源需求、预测未来的人力资源需求和预测未来流失的人力资源三类。具体步骤如下。

（1）根据组织结构，进行工作分析，然后确定各岗位的人员编制数量以及人员配置情况。

（2）盘点现有的人力资源，一方面要统计出哪些岗位缺编、哪些岗位超编，另一方面要将岗位中员工的胜任力与任职资格标准进行对比。

（3）将（1）和（2）的结论与各部门管理者进行交流讨论，修正统计结论，即得出实际需要多少人力资源，以及现实人力资源需求。

（4）根据组织战略和发展规划，为各部门进行定额，确定工作量。

（5）根据工作量的增长情况，确定、统计、汇总各部门需要增加的岗位及人员数量，即得出未来的人力资源需求。

（6）统计预测期内哪些岗位会有人退休，并确定将要退休人员的数量。

（7）根据历史经验数据，预测未来有可能在哪些岗位出现离职情况以及离职数量。

（8）将（6）和（7）的统计和预测结果进行汇总，即得出未来流失的人力资源。

（9）将现实人力资源需求、未来人力资源需求和未来流失人力资源汇总，即可预测组织整体人力资源需求。

以下为三种常用的人员需求预测表。（见表 2.2—2.4）

表 2.2 年度人员需求预测表

单位：人

人员状况		第一年	第二年	第三年	……
年初需求状况	年初人员需求数				
	预测年度内需求增加 / 减少				
预计年度内人员变动情况	因调动和晋升而补充的人员				
	因调动和晋升而缺少的人员				
	因资源浪费而缺少的人员				
	因退休而缺少的人员				
	因辞职而损耗的人员				
预计年度人员需求数量	预计年度内人员不足或富余数				
	预计年度内人员损耗总数				
	预计年度人员需求总数				

填表人： 审核人：

表 2.3　按职位类别划分的人员需求预测表

单位：人

人员类别（按职务分）	现有人员	计划人员	余缺	预期人员的损失							本年度预计人员需求总数
				调职	晋升	辞职	退休	辞退	其他	合计	
高层管理者											
中层管理者											
基层管理者											
一般员工											
……											
合计											

填表人：　　　　　　　　　　　　审核人：

表 2.4　月份人员需求预测表

单位名称：　　　　　　　　　　　　年　月

需求原因	管理人员				信息技术人员			一般职员		
详细说明	高层	中层	基层	小计	程序开发专员	信息工程师	小计	行政人员	销售人员	小计

填表人：　　　　　　　　　　　　审核人：

4. 人力资源需求预测五种常见的方法

（1）德尔菲法。德尔菲法也称专家调查法，有关专家对组织某一主题或者问题解决方案通过多轮匿名评价最终达成一致的结构性方法。德尔菲法采用通信方式（如电子邮件）分别将所需分析的主题或者解决的问题单独发送到各个专家手中，专家之间相互不知道对方的基本信息，也不能互相讨论，任何信息反馈或者问题的咨询都只能与调查人员联系。专家完成第一轮的分析任务后，返给调查人员，调查人员收集汇总全部专家的意见后再整理出综合意见。通常情况下，意见会出现不统一的现象。随后再将整理出来的第一次意见反馈给专家，进行第二轮的征集，各专家依据初次的反馈修改自己原有的意见，然后再二次汇总。这样反复循环多次，逐步取得比较一致的预测结果。（见图 2.16）

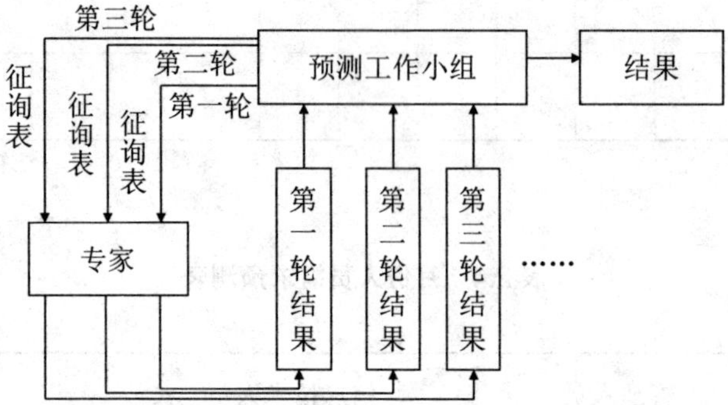

图 2.16　德尔菲法程序图

（2）统计预测法。统计预测法是根据历史的情况和资料，通过相关理论建立数学模型进行统计预测。常用的统计预测法有比例趋势分析法、经济计量模型法、一元线性回归预测、多元线性回归预测、非线性回归预测等。

（3）工作负荷分析法。以某生产销售企业为例，第一步要进行销售预测。首先，统计企业过去几年的销售记录。其次，按照地区或者产品种类等，预测未来的销售情况，形成销售预测数字。再次，估计消费者的购买力。最后，分析市场和经济趋势，对未来的销量进行预判。第二步制定生产进程。即按照计划生产的产品确定生产日期。通常来说，大多数企业的产品销售存在一定的波动，但是其生产基本是稳定的且满足销售需求。如果产品的销售波动较大，或者属于季节性产品，那么就要适当通过加班或者减少工作量等方式调整生产进程。根据过去生产的实际记录计算出所需要的人力资源。一般来说，只要企业的业务性质和组织结构不变，那么企业职能部门或非直接生产单位的员工数量也相对固定。因此，生产销售企业中的全部生产人员与非生产人员构成企业的总资源，即企业的工作力。第三步明确可以参与实际工作的人力资源数量。

（4）转换比率法。转换比率法中人力资源的需求取决于组织的业务量。通常情况下，该方法假设组织劳动生产率不变，但是如果考虑劳动生产率变化对员工需求量的影响时，可以使用员工总量需求预测方法，其计算公式为：

计划期末需要的员工数量 =（目前的业务量 + 计划期业务的增长量）÷［目前人均业务量 ×（1+ 生产率的增长率）］

（5）计算机模拟法。运用专业的软件和数学模型，使用计算机进行模拟测试后预测出各种人力资源需求的方案，以供企业选择。

2.2.2　如何预测人力资源的供给

人力资源供给预测，是人力资源规划制定过程中的另一个重要环节。人力资源供给分析和需求分析的一个重要差别在于：需求分析是研究组织内部需要多少数量和质量的人力资源，而供给分析则需要研究组织内部和外部能提供多少数量和质量的人力资源。

1. 什么是人力资源供给预测

人力资源供给预测是指在未来某一时期内，能否满足生产目标的组织内部现有的以及外部人力资源市场能够提供的人力资源的数量、质量和结构。

2. 人力资源供给预测的步骤

人力资源供给预测通常情况下有以下七个步骤。

（1）盘点企业现有人力资源的数量、质量和结构，了解企业运营情况。

（2）根据企业人力资源管理制度和历年员工异动的数据，计算出员工异动的比例。

（3）向各部门负责人了解可能出现的人员异动情况。

（4）汇总上述数据，预测企业内部人力资源供给。

（5）分析影响外部人力资源供给的地域性和全国性因素。

（6）依据（5）的结果预测企业外部人力资源供给情况。

（7）汇总企业内外部人力资源供给预测结果。

3. 企业内部人力资源供给预测的方法

企业内部人力资源供给预测是预测在未来一段时期内，企业现职员工在多大程度上可以满足企业的需求。常用的方法有以下五种。

（1）技能清单法。技能清单列出了雇员从事职业劳动的相关能力特征，其中的内容包括所接受过的培训课程、工作经验、持有的职业 / 执业资格证书、通过的考试类型、拥有的技能、是否有意愿进行岗位轮换等。（见表 2.5）技能清单罗列出的关键能力是员工竞争力的反映，以帮助管理者按照员工的能力预测其从事新工作的可能性，以及潜在的人力资源供给。

表 2.5 技能清单

<table>
<tr><td colspan="2">姓名：</td><td>部门：</td><td>到职日期：</td><td>填表日期：</td></tr>
<tr><td colspan="2">婚姻状况：</td><td>出生年月：</td><td>职位：</td><td>职称：</td></tr>
<tr><td rowspan="5">教育背景</td><td>类别</td><td>学校</td><td>毕业日期</td><td>专业</td></tr>
<tr><td></td><td></td><td></td><td></td></tr>
<tr><td></td><td></td><td></td><td></td></tr>
<tr><td></td><td></td><td></td><td></td></tr>
<tr><td></td><td></td><td></td><td></td></tr>
<tr><td rowspan="3">培训背景</td><td colspan="2">培训主题</td><td>培训机构</td><td>培训时间</td></tr>
<tr><td colspan="2"></td><td></td><td></td></tr>
<tr><td colspan="2"></td><td></td><td></td></tr>
</table>

（续表）

技能	技能种类	所获证书	
志向	是否愿意从事其他类型的工作	是	否
	是否愿意到其他部门工作	是	否
	是否愿意接受工作轮换	是	否
你认为自己需要接受何种培训			
你认为自己可以接受何种工作			

（2）现状核查法。现状核查法通过对企业（通常为小企业）各工作岗位进行分类并划分级别，再确定各岗位和级别上有多少员工，为人力资源决策提供科学的依据。

例：某企业把技术类员工用 A 代表，该类职系有 4 个级别。则技术类员工状况从第一级别到第四级别分别是 2 人、9 人、26 人和 61 人。（见图 2.17）

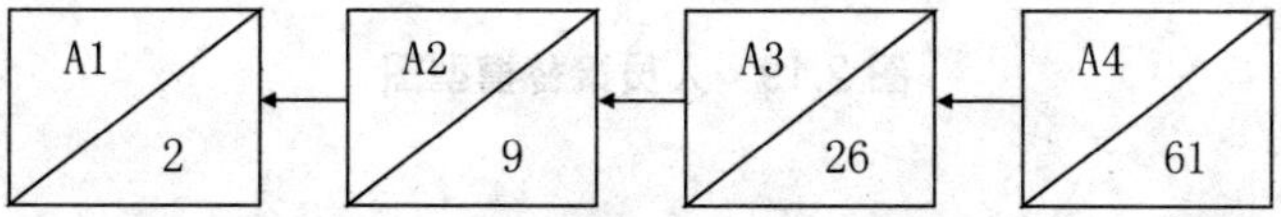

图 2.17　某企业每类职系的员工状况图

（3）管理人员替代法。管理人员替代法也称管理人员置换图、职位置换卡，根据企业的中高层管理人员的工作绩效、晋升的可能性以及所需接受的培训进行分析，并完成待补充职位的供给预测。制定管理人员替代法的过程为：确定需要替代的管理职位范围、确定补充管理职位上候选人员、评价候选人目前的工作情况是否达到提升的要求。图 2.18 是某管理人员置换图示。

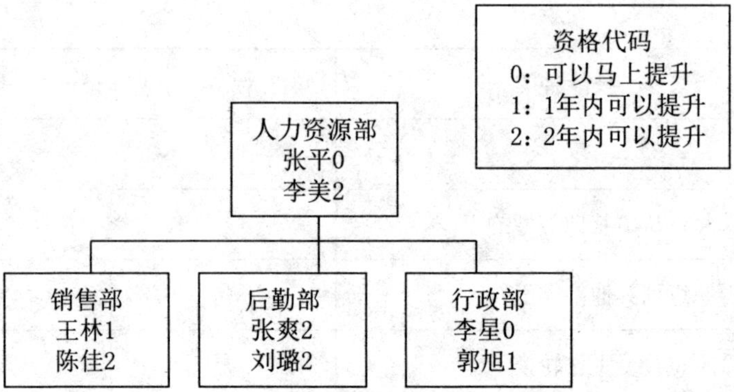

图 2.18　管理人员置换图

（4）人员接替模型法。人员接替模型法也是确认特定职位的内部候选人，但其涉及面更大，对各职位之间的关系也描述得更具体。企业首先根据职务说明书确定一位或几位候选人，然后综合考虑候选人情况与企业员工的流动情况，控制好员工流动方式与不同职位人员接替方式之间的关系，对企业人力资源进行动态管理。人员接替模型见图 2.19，企业人员调换流程见图 2.20。

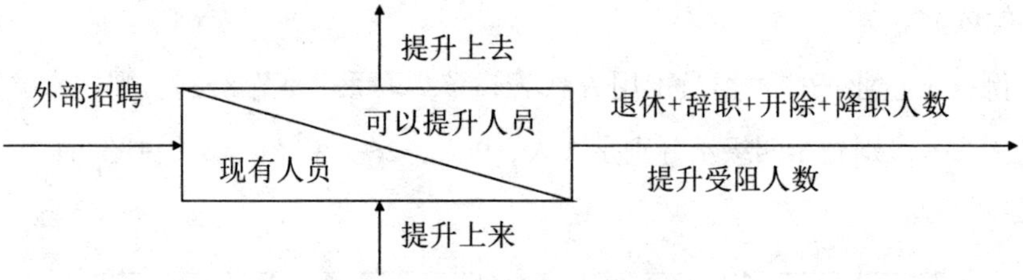

图 2.19　人员接替模型图

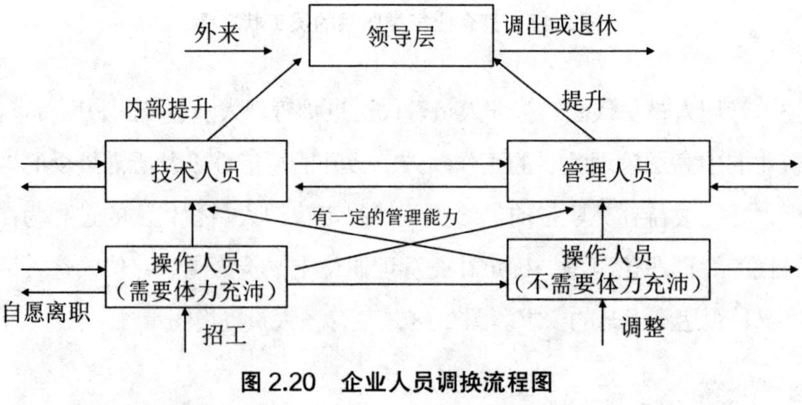

图 2.20　企业人员调换流程图

（5）马尔科夫模型法。马尔科夫模型法通过收集历史数据，找出组织人员的变化规律（流入、流出、内部调动），并推测未来企业内部人员的异动趋势。

假设一家零售公司有五类职位，各类人员在 2020 年初的分布情况见表 2.6。

表 2.6　零售公司人员分布情况

职位	公司经理	经理助理	区域经理	部门经理	销售员
人数	12	36	96	288	1 440

根据预测，2020 至 2021 年各类人员的变动情况见表 2.7。

表 2.7　零售公司人员变动马尔科夫预测

2020—2021	公司经理	经理助理	区域经理	部门经理	销售员	离职
集团经理	90%					10%
经理助理	11%	83%				6%
区域经理		11%	66%	8%		15%
部门经理			10%	72%	2%	16%
销售员				6%	74%	20%

2020 年初，公司经理有 12 人，在当年期间平均 90％的公司经理仍在岗，10％的经理离职，期初 36 位经理助理有 11％晋升到经理岗位，83％留在原来的职位，6％离职；如果人员的变动频率是相对稳定的，那么在 2021 年留在经理职位上有 11 人（12×90％），另外，经理助理中有 4 人（36×11％）晋升到经理职位，最后经理的总数是 15 人（11 ＋ 4）。根据这一矩阵得到其他岗位的人员供给情况，也可以计算出其后各个时期的预测结果。（见表 2.8）

表 2.8　2021 年零售公司人员分布情况

2020 年初期人数	公司经理	经理助理	区域经理	部门经理	销售员	离职
公司经理（n=12）	11					1
经理助理（n=36）	4	30				2
区域经理（n=96）		11	63	8		14
部门经理（n=288）			29	207	6	46
销售员（n=1 440）				86	1 066	288
2021 年供给预测	15	41	92	301	1 072	351

4. 企业外部人力资源供给预测的方法

企业外部人力资源供给预测主要是预计企业外部未来可能提供的人力资源供给数量和结构，以确定企业在今后一段时间内能够获取的人力资源供给量。外部供给根据过去的经验研究潜在员工的数量和能力等因素，预测企业未来可供利用的外部人力资源状况，可以通过企业外部人力资源供给预测模型（见图 2.21）进行。

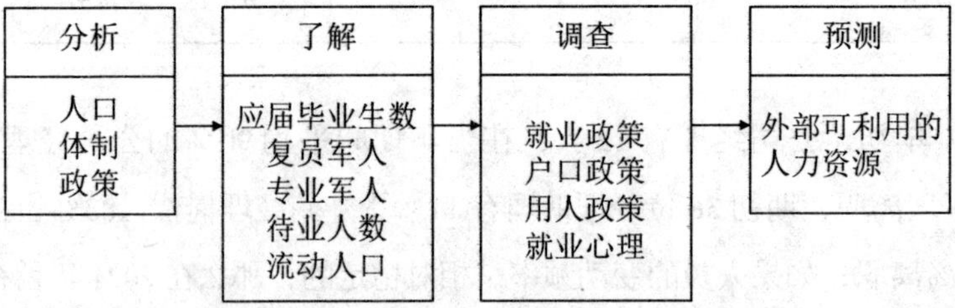

图 2.21　企业外部人力资源供给预测模型图

2.2.3　如何调整人力资源的供求关系

比较企业人力资源供给和需求预测一般有以下三种结果：供求平衡但结构

失衡，供给大于需求，供给小于需求。这三种结果分别要采取不同的措施来调整人力资源的供求关系。（见表 2.9）

表 2.9　人力资源供求关系汇总

人力资源供求关系	采取措施
供求平衡，结构失衡	重新配置人员 开展有针对性的培训，如转岗技能培训 人员置换
供给大于需求	辞退员工或者不再与员工续签劳动合同 鼓励提前退休 转岗培训 减少工作时间 由两个或两个以上的员工分担一份工作任务
供给小于需求	开展培训，提升技能 岗位调动 延长工作时间 以提高劳动生产率为依据进行工作设计 雇用临时员工或者雇用劳务派遣员工 更新改良技术 对外招聘

2.3 人力资源规划方案的制定

2.3.1 如何分析人力资源规划报告

在人力资源规划报告中，我们可以根据一些信息来对组织人力资源情况进行初步分析。

（1）人力资源数量分析。分析现有人力资源总量是否符合额定的标准。

（2）人员类别分析。分析业务人员、技术人员、生产人员和管理人员的数量和结构，以及这类人员在人力资源市场的供应情况。

（3）人员素质分析。根据工作的任职需要，分析现有人力资源的教育经历和培训背景。

（4）年龄结构分析。分析现有人力资源是年轻化还是老龄化。员工年龄不同会对智力、体力、接受能力有不同程度的影响，甚至也会影响岗位或职务的人员配置。

（5）职位结构分析。体现了组织管理幅度的大小，以及管理层次的多少。通过分析职位结构可以评价组织结构的合理化程度，以及工作程序繁简程度等。

2.3.2 如何制定人力资源规划方案

人力资源规划方案包括人力资源总体规划及各项业务规划。人力资源总体规划包括规划期内人力资源的总体目标、方针政策、实施步骤及预算等。在制定人力资源预算时，可以参照表 2.10 的内容。

表 2.10　人力资源预算表

编号：　　　　　　　　　　　　　　　　　　　　　　单位：元

序号	费用项目			上年度实际	本年度预测	变动量	变动率 %	备注
1	工资成本	计时工资						
		计件工资						
		职务工资						
		奖金						
		津贴						
		补贴						
		基础工资						
		加班工资						
2	福利与保险	福利	员工福利费					
			住房公积金					
			员工教育培训经费					
		保险	基本养老保险					
			基本医疗保险					
			失业保险					
			工伤保险					
			生育保险					

（续表）

<table>
<tr><th>序号</th><th colspan="3">费用项目</th><th>上年度实际</th><th>本年度预测</th><th>变动量</th><th>变动率%</th><th>备注</th></tr>
<tr><td rowspan="2">3</td><td rowspan="2">招聘费用</td><td colspan="2">招聘广告费</td><td></td><td></td><td></td><td></td><td></td></tr>
<tr><td colspan="2">差旅费和招聘资料费</td><td></td><td></td><td></td><td></td><td></td></tr>
<tr><td rowspan="4">4</td><td rowspan="4">培训费</td><td rowspan="4">培训</td><td>内部讲师劳务费</td><td></td><td></td><td></td><td></td><td></td></tr>
<tr><td>外部讲师劳务费</td><td></td><td></td><td></td><td></td><td></td></tr>
<tr><td>培训资料费</td><td></td><td></td><td></td><td></td><td></td></tr>
<tr><td>差旅费</td><td></td><td></td><td></td><td></td><td></td></tr>
<tr><td rowspan="2">5</td><td rowspan="2">行政管理费</td><td colspan="2">办公用品与设备费</td><td></td><td></td><td></td><td></td><td></td></tr>
<tr><td colspan="2">法律咨询费</td><td></td><td></td><td></td><td></td><td></td></tr>
<tr><td>6</td><td>其他支出</td><td colspan="2">辞退员工补偿费</td><td></td><td></td><td></td><td></td><td></td></tr>
<tr><td colspan="2">合计</td><td colspan="2"></td><td></td><td></td><td></td><td></td><td></td></tr>
</table>

各项业务规划包括：人力资源补充规划、人力资源配置规划、退休解聘规划、培训开发规划、绩效规划、薪酬福利规划等。一般来说，人力资源规划方案可以考虑以下七个方面。（见表 2.11）

表 2.11　组织人力资源规划方案格式

组织人力资源规划

1. 组织发展战略

一般情况以 5 年战略为标准。

2. 组织人力资源总体规划

人力资源总规划阐述了人力资源规划的总原则、总方针和总目标。

3. 组织人力资源现状分析

（1）员工数量分析。

（2）员工素质分析。

（3）员工年龄结构分析。

（4）员工类别分析。

（5）职位结构分析。

4. 职位编制规划

包括组织结构、职位设置、职位描述、职位资格要求等内容。

5. 人力资源各项业务规划

（1）人员配置规划。包括组织每个岗位上的人员数量，岗位上的人员异动，岗位人员空缺数量等。

（2）人员补充规划。包括人员的招聘渠道、人员内部招聘政策、人员外部招聘政策等。

（3）培训开发规划。包括培训开发需求、培训开发内容、培训评估等。

（4）绩效规划。包括绩效考核制度、绩效考核体系、绩效考核办法。

（5）薪酬福利规划。包括薪酬政策和福利制度。

（6）退休解聘规划。

6. 人力资源管理费用预算

7. 人力资源管理政策调整规划

明确规划期内人力资源政策的调整原因、调整的步骤和调整的范围等。

2.3.3　如何评价人力资源规划方案

人力资源规划是企业人力资源管理工作的关键。如果规划不好，企业会受到各种人员配置问题的困扰，要么可能出现人员短缺，要么由于人员冗余需要大量裁员。评价人力资源规划方案，可以对比某个时期的规划需求水平与到达该时期的实际情况之间的契合程度。

人力资源规划方案要明确各业务规划的责任和要求，以确保规划方案的实用性和有效性。人力资源规划编写的周期需要根据企业的生命周期、企业的战略发展规划以及企业所在地的人力资源市场的变化趋势决定。通常情况下，企业会以年度为单位编制人力资源规划。当然，有时也可能编制更长期的如三至五年的；或者更短期的，如一年以内的。

第 3 章

工作分析与岗位管理

工作是员工进入组织需要完成的一系列任务。员工因专业和能力的差异在不同的岗位上从事不同的任务。组织中的工作特点和作业标准，各岗位数量、工作内容和职责，以及从事工作的人需要什么样的任职资格等，都需要通过工作分析获取信息并形成规范。

3.1 “四定”管理

3.1.1 什么是“四定”

人力资源管理工作的“四定”即定岗、定编、定员、定额。

1. 定岗

定岗即确定“工作的位置”。每个岗位都有岗位职责、工作内容、工作量，以及在岗位上的人有哪些素质要求。而定岗就是通过科学化的组织和合理的设计，基于生产和劳动方面从时间和空间上明确各岗位的分工与协作关系。通过定岗我们能够知道岗位的名称、不同岗位的职级和职责、岗位上的人的任职资格等。员工也会通过定岗知道该岗位应该做好哪些事。

2. 定编

定岗之后要进行定编，就是根据组织的战略发展目标确定需要多少职能部门和业务机构，并对它们进行合理的设置和布局。定编要根据企业的实际发展需要以及工作的情况，以需求为导向开展岗位数量的定编工作。定编是要解决用多少人的问题，只有确定了用人数量，才能制订生产经营计划，才能调配人力资源，从而使组织结构更加完善和优化，提高组织生产效率。

3. 定员

定员即确定岗位上有哪些人，解决用谁的问题。定员有两层含义：一是根据工作量和生产规模确定该岗位需要多少名员工；二是按照岗位不同和员工承担的职责不同，寻求与岗位相匹配的合适人才。

4. 定额

定额是一种劳动消耗量标准。这种标准要基于组织的特定生产技术条件。因为只有在此条件下，才能制定符合标准要求的生产量、合格产品的数量以及符合质量标准的工作。

劳动定额又分为工作定额和产量定额。工作定额是在单位时间内需要完成的工作量是多少，如一天 8 小时内必须生产 4 件合格品。产量定额是生产单位产量必须花费的时间，如生产 1 件合格品需要 2 个小时。这两种定额在数值上互为倒数关系。企业在生产实际工作中会根据发展需要确定使用哪种类型的定额。通常情况下，大批量生产的企业使用产量定额，工作定额适用于从事小批量生产的企业。

3.1.2　如何定岗

1. 企业中常见的岗位

（1）生产岗位：直接从事产品生产、安装、维护和制造的岗位。

（2）辅助生产岗位：为直接生产做辅助工作的岗位。如动力供暖、供给装备等岗位。

（3）服务岗位：为员工的生产和生活提供服务的岗位。如食堂、保安等工作岗位。服务岗位分服务性的工人岗位和服务性的干部岗位。

（4）管理岗位：在相关职能部门或直接生产和辅助生产单位开展管理工作的岗位。如技术开发管理、人力资源管理、生产作业管理、市场销售管理、财务管理、行政管理、政工工作等岗位。

（5）工程技术岗位：承担工程技术工作的岗位。如生产计划调度、工程技术设计、工艺、检测、计量及安全技术管理等岗位。

如建筑施工企业项目可以设置工程部、经营部、安全部、材料部、试验室、测量队、财务部、人力资源部、综合办公室等部门。部门可以设置部长、副部长、主管、主办四个岗位级别。

2. 定岗管理流程

定岗管理流程包括以下八个步骤。

第一步，确定企业战略发展规划、年度战略目标、盈利模式。

第二步，明确工作流程，并确定哪些是主要流程，哪些是辅助流程。

第三步，根据企业战略发展规划和工作流程进行组织结构设计。

第四步，确定企业的管理和控制模式，明确各级部门的权力。

第五步，界定各部门的职责内容和工作汇报关系。

第六步，根据关键岗位设计辅助岗位和支持岗位。

第七步，详细划分各部门的职责以及工作任务。

第八步，根据工作环境与流程的变化适当调整岗位。

3.1.3 如何定编

1. 定编管理流程

定编管理流程包括以下六个步骤。

第一步，分析有哪些因素会影响到部门定编。

第二步，分析之后就要确定有哪些关键因素会重点影响部门定编。

第三步，设计部门和岗位的定编方法。

第四步，整体评估企业人员编制与人工成本。

第五步，结合企业中人员的实际情况调整编制。

第六步，实施长期动态的定编管理与预测。

2. 七种常用的定编方法

（1）劳动效率定编法。组织根据各岗位的生产任务、出勤率和工作效率等因素计算各岗位需要的人员数量。用这种方法计算岗位人数，需要结合具体的工作量来定额。因此实施起来工作量较大，投入的成本也比较高，实施周期长。

（2）业务数据分析定编法。根据组织市场占有率、销售收入、利润、人工成本等历史数据和战略发展目标，确定未来一定时期内组织岗位所需要的人数。这种方法适用于有可延续且稳定历史数据的处在成熟期的组织。

（3）行业比例定编法。这是一种按照企业职工总数与满足某一类需要的职工总数的比例确定岗位人数的方法。如人力资源管理类人员与业务人员之间的比例通常为1∶100~1∶120，那么，如果某单位业务人员为2 000人，则应该配备的人力资源管理人员为20~24人。当然，确定这个比例的依据要通过调查、搜集所需信息所在行业的行业数据，因此成本较高，难度也较大。但是，如果需要确定相应辅助性或支持性岗位员工的数量，这种方法也是非常有效的。

（4）职责范围和业务分工定编法。根据部门和岗位职责、各岗位工作量的饱满程度和难易程度，以及员工的工作能力和技术水平确定岗位人数。这种方法适用于分工明确、专业化生产程度较高的组织。

（5）预算控制定编法。各部门负责人在预算范围内，自行决定各岗位员工的具体数量。在进行预算时也需要依据所在部门的业务目标、岗位设置情况和员工数量等。

（6）工作分析、业务流程分析定编法。根据企业总体业务目标，确定工作总量；通过工作分析确定各岗位上的单个员工在单位时间内需要完成多少工作量，如单位时间的生产量、单位时间处理的业务量等。此外，也可以根据企业具体的业务目标和流程，确定各岗位的人员编制比例。

（7）专家访谈定编法，即德尔菲法。这是一种辅助的定编方法，通常需要结合其他定编方法一起使用。

某单位定编情况统计表见表 3.1。

表 3.1　定编情况统计表

<table>
<tr><td rowspan="4">单位</td><td colspan="6">岗位及定编情况</td></tr>
<tr><td colspan="5">岗位设置及编制</td><td rowspan="3">岗位细目</td></tr>
<tr><td rowspan="2">小计</td><td colspan="2">管理层</td><td colspan="2">执行层</td></tr>
<tr><td>正职</td><td>副职</td><td>专业业务</td><td>工勤</td></tr>
<tr><td></td><td></td><td></td><td></td><td></td><td></td><td></td></tr>
</table>

3.1.4　如何定员

1. 定员管理流程

定员管理流程包括以下四步。

第一步，确定企业组织结构。

第二步，划分职能部门及科室。

第三步，明确各类业务内容及职责范围。

第四步，根据各类业务的具体工作量，结合管理人员的工作能力和专业技术人员的技术水平进行定员。

2. 确定一线业务人员总规模

一线业务人员直接为客户生产产品或提供服务。确定一线业务人员总规模有以下几种方法。

（1）根据工作中需要使用的设备进行定员。比如生产型企业，可以根据每台生产机器额定的看管定额或操作机位确定生产人员。例如，岗位定员 = 设备台数（台）/ 看管定额（台 / 人）。也可以按照生产线规定的机位来确定需要多少生产人员。

（2）根据服务定员。服务型企业，可以根据服务人员和所需服务对象之间的比例关系确定服务人员规模。

（3）根据劳动效率定员。根据企业预计的生产总量和人均劳动效率，计算生产人员总量。

3. 确定管理人员总规模

管理岗位员工数量与生产岗位员工数量之间的比例是因行业特点而各不相同的。通常情况下，管理人员在劳动密集型行业的比例较低，而在资本和智力密集型行业比例较高。不同行业都有一个相对合适、合理的比例范围，企业可以参考同行业中的标杆企业、平均水平和企业自身情况确定一个较为合理的比例。

4. 分配管理人员总定员

企业在确定了一共需要多少名管理人员之后，则要根据之前确定的部门设置，将管理人员分配到各部门中去。不同部门，确定比例的标准也各有差异。人力资源部门和行政部门按照员工数量的一定比例来确定；财务部门则基于财务部门的工作量来确定；销售部门基于公司销售模式和目标确定销售管理方式来确定；研发部门比较特殊，需要充分考虑企业的研发策略和研发投入力度来确定。

3.1.5　如何定额

1. 定额管理流程

定额管理要整理、汇总历史同期生产的同类型产品、零件及所耗工时或产量的统计资料。根据数据统计，先计算出各道工序的平均实做工时，再计算平均先进工时。定额管理时一方面要考虑企业的生产组织条件、生产工人技术熟练程度、改进和提高的可能性，另一方面还要进行对比分析。

2. 定额常用的方法

（1）经验估计法。由定额员和经验丰富的专业员工及其他有关人员，根据历史工作经验，比照相关历史数据资料，结合生产中能够使用到的设备、工具、技术条件和其他工作条件，估计想要完成规定的合格品数量和商品销售量所需要的劳动量。

这种方法相对简单，容易操作、估算时间快、工作量小。但是，过去的经验不一定适合对未来进行预测，因此这个方法缺少技术依据，准确性不高。所以通常适用于小批生产、新产品试制或一次性的生产任务。

（2）统计分析法。这种方法通过整理和分析企业过去的生产或经营统计资料，制定符合企业未来生产或经营条件的定额。统计分析法简便易行、充分利用了已有工作消耗的统计资料，能够较为准确地反映实际情况。但是，同经验估计法类似，统计资料只能反映过去的水平，而过去的资料也有可能包括一些不合理的甚至是错误、虚假的因素，如果按此标准，则会影响制定定额的准确性。这种方法一般适用于生产条件正常、批量生产、原始记录和统计资料均健全的企业。

（3）比较类推法。使用比较类推法制定劳动定额需要参照对比同类产品的定额标准、生产工序的标准以及类似零件的定额标准。需要强调的是，这些产品、生产工序和零件一定是和实际情况需求有可比性的，否则将无法保持定额水平的平衡。因此，在生产同类型产品较多的小批量或单件生产的企业，使用比较类推法比较合适。

（4）技术测定法。该方法通过加总成品各组成部分的单件工时定额，得出总定额。该方法的技术依据充分，定额的准确性较高，但工作量大，难度也大。因此，主要适用于进行大批量生产的企业。

在定额管理中，不仅要关注使用何种方式制定定额，还要贯彻执行定额。此外，定额不是一成不变的，它需要随着企业生产技术和生产条件的变化而进行动态调整。

3.2　工作分析

3.2.1　工作分析流程的操作

工作分析的过程包括准备阶段、调查阶段、分析阶段和完成阶段四个步骤。

第一步，准备阶段。在进行工作分析之前，首先，应由管理者（组织高层管理人员、人力资源管理部门管理者、其他职能部门管理者）向有关人员（如组织中的员工、可能直接与工作分析发生联系的员工）介绍并解释工作分析的意义、目的，消除他们对此项活动不必要的误解和恐惧心理。其次，组建工作分析小组，小组成员包括在职人员、需要分析的岗位直接管理者、外部专家（通常来自咨询机构、人力资源服务机构、高校或各大研究院所）。再次，明确工作分析的方法与步骤，并确定有代表性的工作分析对象的样本。最后，根据工作分析的任务和程序，将工作分析分解成若干个工作环节和时间节点，并逐项完成。

第二步，调查阶段。本阶段首先要编制《工作分析调查问卷》和提纲。调查方法根据需要调查的内容，选择访谈法、观察法、问卷调查法、参与法、实验法等。其次，根据工作分析的目的，搜集相关的工作特征以及所需要的各种数据资料。最后，对各类工作特征、岗位中人员特征发生的频率和重要程度进行等级评定。

第三步，分析阶段。对第二阶段获得的信息进行分类、整理和分析。整理分析资料是加工整理分析调查到的有关工作的资料。接下来，分析各岗位的主要成分和关键因素。最后归纳、总结出进行工作分析所必需的材料和要素。

第四步，完成阶段。在分析和总结的基础上，编制工作说明书和资格说明书。在正式确定工作说明书和资格说明书之前，需要召开会议，将草拟的“职位描述”与“任职资格说明”与现行的工作进行对比，以决定是否需要进行修正或者再次调查。如需要修正某些岗位，尤其是重要岗位的“职位描述”与“任职资格说明”时，还应按前面的步骤进行再修订。修订无异议时就可以将“职务描述”与“任职资格说明”应用于实际工作中，并注意收集应用的反馈信息，以便对这两份文件进行完善。

通常情况，为了满足实际工作变化的要求，工作说明书需要定期进行审核评估。同时还需要邀请员工参与到工作分析的过程中来，共同探讨、分析原因，制定调整方案等。只有员工亲身参与，设身处地地参与到实际的活动中，才能加强他们对工作分析的认识程度和认同感，日后将工作分析结果应用到实践中时也会被有效实施。

3.2.2 工作分析的方法

1. 访谈法与访谈提纲

（1）访谈法。访谈法就是我们俗称的面谈法或者座谈法，是在工作分析中应用较多的一种方法。工作分析人员与工作执行者通过面对面的一问一答形式来交换信息，工作分析人员尽可能在既定的访谈时间范围内提问、收集、记录他们所需要的信息资料。他们围绕工作目标、工作内容与范围、工作性质、工作责任等方面的问题当面交流，进行工作分析。此方法既可以了解工作执行者的工作内容，也可以探究工作执行者的工作态度与工作动机。访谈法既给了员工交流的机会，也为员工提供了一个发泄不满和提出意见的渠道。

实施访谈时尽量使用事先设计好的结构化问题提纲，在访谈时确定收集信息的内容并制定详细的提问提纲，并把握问题与提问目的之间的关联度，注意选取有代表性的人员进行访谈。这些访谈对象可以包括在岗位上直接从事实际工作的员工、工作执行者的直接管理者、工作执行者的下属（如有），以及与该岗位工作联系比较密切的其他工作人员等。

这种方法操作方便，通过直接的沟通，可以简单快速地收集资料，可控性强，并且能够第一时间问到或者追问到想获得的信息。但是，这种方法对面谈者的专业技巧要求较高；花费时间较长，工作成本较高；工作分析人员素质有差异；被面谈者对这种面谈方式的理解程度不同等，这些因素会导致人为地夸大或弱化某些职责，出现信息的部分偏差，所以无法避免收集到的信息存在失真的情况，对分析结果造成一定的影响。

（2）访谈提纲。访谈时可以采取结构化访谈（见表 3.2）和非结构化访谈（见表 3.3）的方式。

表 3.2　结构化访谈提纲及记录表

1. 岗位基本信息

被访谈人姓名		部门		岗位	
职务		同岗位任职的人员数量		工作汇报对象	
直接下级（如有）		直接下级人数（如有）		访谈人姓名	
访谈时间		访谈地点			

2. 岗位设置的目的

（1）该岗位的绩效目标。

（2）该岗位在组织中的重要程度 / 与组织战略目标实现的关联度。

3. 工作关系

询问完成该岗位工作需要的组织内外部利益相关者有哪些，以及与他们之间的联系程度。

（1）完成该岗位任务，需要获得组织内部哪些岗位或部门的信息资料及服务支持。

（2）这些信息或服务需要达到何种标准才能满足岗位需求。

（3）完成该岗位任务，需要和组织外部的哪些机构发生联系，具体的联系内容有哪些。

（4）该岗位受哪个部门 / 哪类人员的监督和管控。

（续表）

（5）如果工作中需要管理下属，请列举管理下属的方式和具体做法，并简要说明每位下属的工作范畴。

4. 工作职责和任务

工作职责是工作所需实现的职能。工作任务指为达到某一特定目标而开展的工作活动和各活动程序。

（1）列举所在岗位的职责。

（2）这些职责对应的工作任务和工作内容。

（3）如何开展工作。

（4）对岗位职责的重要程度由大到小进行排序。

（5）岗位中完成各项工作的时间占比情况，以及精力投入度。

（6）工作完成情况的好坏标准。

（7）除岗位规定必须要完成的任务外，还需要承担的临时工作任务，以及这些工作任务的发生频率。

（8）该岗位职责是否与其他工作岗位职责有交叉和重叠，如果有，需要逐一列举并说明如何协调这些交叉和重叠。

5. 工作特征

根据岗位实际情况在每项对应处打“√”。

工作特征记录表

（1）本岗位是否能够按时上班？	（　）是　（　）否
（2）本岗位是否能够按时下班？	（　）是　（　）否
（3）本岗位的工作量是否存在忙闲周期？	（　）是　（　）否
（4）本岗位的忙碌时间周期（可以按日、周、月、季度进行划分）：	（　）至（　）
（5）本岗位是否有外出工作任务？	（　）是　（　）否
（6）外出工作时间占总工作时间的比例：	比例（　）
（7）工作量情况：	（　）超负荷（　）饱满 （　）基本饱满（　）不饱满

（续表）

6. **工作中使用的设备和工作环境**

工作设备和工作环境记录表

工作活动	所需使用的设备	设备的使用频率	使用设备所需的专业技术	工作环境（湿度、温度、嘈杂度、室内、室外等）

7. **工作失误分析**

工作失误分析记录表

容易引发失误的工作环节	工作环境（湿度、温度、嘈杂度、室内、室外等）	失误产生的原因	发生失误所导致的后果	注意事项 / 如何避免失误

8. **岗位任职资格**

岗位任职资格记录表

项目	记录内容
专业知识	
专业技能	
受教育程度	
职业资格证书	
所需的培训	

（续表）

项目			记录内容
能力要求	管理能力	计划能力	
		组织能力	
		决策能力	
		控制能力	
		领导能力	
	人际沟通能力	人际关系处理能力	
		书面表达能力	
		语言表达能力	
		沟通能力	
		倾听能力	
		其他能力	
	其他能力		

9. 其他

（1）询问工作执行者在工作中遇到的问题和挑战有哪些，都如何处理。

（2）让工作执行者对自己的工作状态进行满意度自评，并说明原因。

（3）询问工作执行者是否参与过组织或部门的重大决策或活动，并举例说明。

（4）询问工作执行者的工作权限。

非结构化访谈是指，访谈的问题除了像表 3.3 中的一些岗位的基本信息、岗位设置目的外，其余的问题都是根据访谈者和工作执行者现场的问答情况，随机进行提问和追问。追问是非结构化访谈的特点，因为追问的问题通常是事先无法预设的，只能根据现场的谈话情况随机应变。

表 3.3　非结构化的访谈问题样本

1. 岗位基本信息

被访谈人姓名		部门		岗位	
职务		同岗位任职的人员数量		工作汇报对象	
直接下级（如有）		直接下级人数（如有）		访谈人姓名	
访谈时间		访谈地点			

2. 岗位设置的目的

（1）该岗位的绩效目标。

（2）该岗位在组织中的重要程度 / 与组织战略目标实现的关联度。

3. 根据访谈者和工作执行者现场的问答情况随机进行提问和追问

2. 观察法及操作举例

观察法是观察人员到工作执行者的作业环境中，如工作执行者是教师，则观察人员到教室观察；如工作执行者是生产线员工，则观察人员到车间一线，观察、收集工作执行者的工作活动，并用文字或图形等形式记录有关工作内容的信息，再进行分析和归纳总结。观察前，观察人员需要准备详细的观察提纲和该岗位工作行为标准。观察时一边观察一边对照提纲和标准。采用观察法时，观察人员尽量不要对被观察者产生干扰，不能打扰他们的工作，否则很容易导致工作执行者的行为出现偏差，影响观察信息的真实可靠程度。

观察法可以广泛了解较为客观的信息，适用于标准化程度高、动作行为周期较短的体力工作，不适用于脑力劳动较多的复杂性工作。而且这些工作是相对稳定的，即在一定时间内，岗位规定的工作内容、工作程序及对从事岗位的人的资格要求不发生明显的变化。（见表 3.4）

观察者应经过一定的培训，了解工作性质，明确观察和记录的内容，才能确保基本信息不被遗漏。在实施观察之前，应做好充足的了解和记录准备。注意所观察的工作岗位应具有较强的代表性。现场观察不要引起在岗工作人员的反感，不要影响工作人员的正常工作。

表 3.4 ××× 人员的现场观察样本

被观察者姓名		观察日期		观察时间	
观察者		岗位名称		所属部门	
一、观察内容					
1. 工作地点					
2. 工作准备内容及所花费时间（如有）					
3. 正式开始工作的时间					
4. 工作的主要内容及时间段					
工作的主要内容			时间段（ 时 分一 时 分）		
二、工作环境（如：潮湿、干燥、安静、嘈杂、空旷、拥挤、明亮、昏暗等物理环境）					

3. 问卷调查法及操作举例

问卷调查法是工作分析人员借助设计好的问卷向工作执行者获取信息、征求意见。工作执行者通过回答问卷上的问题来描述其工作内容、任务和职责的方法。工作分析人员可以通过精心设计的问卷获取大量信息。问卷调查法要求任职者和管理人员对各种工作行为、工作特征、工作要求有较清晰的描述和评价。（见表 3.5）问卷调查法的关键在于如何编制出一份切实可行、科学合理的调查问卷，另外，还需要选择有代表性的工作执行者并分析调查结果。问卷应由在岗人员填写，由直接管理者进行掌控，专业人员进行工作分析。新工作岗位的问卷由直接管理者填写，空缺岗位则由同类岗位的员工协助填写。

这种方法的特点是成本低、速度快，可以在短时间内对所有员工进行调查，获得较为准确的信息，调查结果可以用计算机处理。

但问卷调查法在问题设计和问卷编制上费时费力，而且不易了解到被调人员的工作态度与动机心理等较深层次的内容。另外，问卷填写人员和专业分析人员都有可能曲解文字返回的信息。

表 3.5　问卷调查表

<table>
<tr><td colspan="6">一、基本信息</td></tr>
<tr><td>姓名</td><td></td><td>岗位名称</td><td></td><td>职务</td><td></td></tr>
<tr><td>所属部门</td><td></td><td>直接上级</td><td></td><td>从事本岗位时间</td><td></td></tr>
<tr><td colspan="6">二、工作职责</td></tr>
<tr><td colspan="6">1. 工作职责</td></tr>
<tr><td colspan="6">岗位设置目的</td></tr>
<tr><td colspan="6">工作目标</td></tr>
<tr><td colspan="6">2. 具体工作内容</td></tr>
<tr><td colspan="2">常规的工作</td><td colspan="2">职责</td><td colspan="2">工作花费的时间占比</td></tr>
<tr><td colspan="2">（1）</td><td colspan="2"></td><td colspan="2"></td></tr>
<tr><td colspan="2">（2）</td><td colspan="2"></td><td colspan="2"></td></tr>
<tr><td colspan="2">突发、临时性的工作</td><td colspan="2">职责</td><td colspan="2">工作花费的时间占比</td></tr>
<tr><td colspan="2">（1）</td><td colspan="2"></td><td colspan="2"></td></tr>
<tr><td colspan="2">（2）</td><td colspan="2"></td><td colspan="2"></td></tr>
<tr><td colspan="6">三、工作权限</td></tr>
<tr><td colspan="6">（1）</td></tr>
<tr><td colspan="6">（2）</td></tr>
</table>

（续表）

<table>
<tr><td colspan="6">四、工作联系</td></tr>
<tr><td>联系程度</td><td colspan="3">组织内部部门及人员</td><td colspan="2">组织外部机构及人员</td></tr>
<tr><td>A 无联系
B 偶尔联系
C 经常联系
D 频繁联系</td><td colspan="3">部门 1</td><td colspan="2">机构 1</td></tr>
<tr><td>A 无联系
B 偶尔联系
C 经常联系
D 频繁联系</td><td colspan="3">部门 2</td><td colspan="2">机构 2</td></tr>
<tr><td colspan="6">五、管理宽度（如有）</td></tr>
<tr><td colspan="6">1. 直接管理岗位数</td></tr>
<tr><td colspan="6">2. 直接下属人数</td></tr>
<tr><td colspan="6">六、工作风险点及其影响程度</td></tr>
<tr><td colspan="6">1. 工作中的风险点</td></tr>
<tr><td colspan="6">2. 工作风险点产生的影响</td></tr>
<tr><td colspan="6">（　）对自己有影响（　）对所在部门有影响（　）对整个组织有影响</td></tr>
<tr><td colspan="6">3. 工作风险点的影响程度</td></tr>
<tr><td colspan="6">（　）非常严重（　）严重（　）比较严重（　）没影响</td></tr>
<tr><td colspan="6">七、工作压力（本部分根据工作需要投入的精力、时间、工作任务量等进行题目设计）</td></tr>
<tr><td colspan="6">八、工作时间</td></tr>
<tr><td colspan="6">（1）每日工作时长（　）小时，每日工作起止时间：（　）时（　）分至（　）时（　）分</td></tr>
<tr><td colspan="6">（2）加班情况说明</td></tr>
<tr><td colspan="6">九、培训与发展</td></tr>
<tr><td colspan="6">1. 参加过的培训</td></tr>
<tr><td colspan="2">项目名称</td><td colspan="2">培训内容</td><td colspan="2">培训时间</td></tr>
<tr><td colspan="2">（1）</td><td colspan="2"></td><td colspan="2"></td></tr>
</table>

（续表）

（2）		
2. 希望接受的培训		
项目名称	培训内容	培训时间
（1）		
（2）		
十、所在岗位的关键绩效指标		
（1）		
（2）		
十一、工作环境		
（1）物理环境		
（2）组织氛围		
十二、岗位任职资格		
学历：		
工作经验（年限）：		
外语水平：		
计算机 / 办公软件操作技能：		
机器设备操作技能：		
能力评价	项目	得分
	（1）×× 能力	1 2 3 4 5
	（2）×× 能力	1 2 3 4 5
	（3）×× 能力	1 2 3 4 5
	（4）×× 能力	1 2 3 4 5
其他		

4. 关键事件法及操作举例

关键事件法是由工作执行者的直接上级记录被分析者日常工作中做得特别好的和做得不好的事件。关键事件主要包含观察、记录员工的行为和与工作成败相关的事实这三项内容。（见表 3.6）

表 3.6 关键事件描述记录单

行为人		地点		时间		记录人	
事情发生的背景	描述事情发生的时间和事情的起因。如 18：30 某高校辅导员接到学生电话，说他打篮球的时候把脚崴伤了						
行为人的行为表现	描述行为人对此件事情的态度和处理方式。如：尽管已是下班休息时间，但是辅导员仍然从家赶到学生受伤的篮球场，第一时间送学生去医院治疗						
行为后果	描述行为人的态度和处理方式带来的结果或造成的影响。如：学生因为收治及时，在医生一段时间的治疗下，脚伤康复。学生和学生家长都很感谢辅导员，并对辅导员的做法称赞有加						

在收集工作分析信息的过程中，遇到工作执行者不十分清楚其工作职责或任职资格时，则可以使用关键事件法询问工作执行者。如，在过去的三个月，工作中遇到过哪些你认为比较重要的事件，你觉得解决这些事件最正确的行为有哪些，最不恰当的行为有哪些，解决这些事件需要具备哪些技能和能力等问题。此外，还可以让工作执行者评价解决这些关键事件所需的技术或能力等素质的重要程度。通过大量收集关键事件，工作分析者可以分门别类地总结出工作的关键特征和行为要求。

但是关键事件耗时较大，时间成本高，不能反映工作的平均绩效水平。因为记录的是关键事件，欠缺了对日常工作的描述，不能反映平均绩效水平。工作描述不够完整，无法全面地分析职位。因此使用关键事件记录法进行工作分析应注意累积、总结提炼多个关键事件的分析。同时，对于关键事件的选择应具有代表性、客观性和可重复性。

5. 工作日志法及操作举例

工作日志法是指由任职人员在工作过程中记录下工作内容，以此来进行工作分析的方法。工作日志法通常可与访谈法相结合，即通过对工作日志的汇总分析，再以面谈的形式解决其中的疑问，以更准确地记录整理。

工作日志法由工作执行者按照工作任务每天发生的时间先后顺序，在工作日记或工作笔记上记录某段时间内的工作活动，并由工作分析者归纳提炼，获得该岗位工作的信息资料。（见表 3.7）该方法能较为准确地显示工作任务、工作程序、工作职责、工作方法以及各项工作所花费的时间等信息，而且花费不高，可以提供的工作信息量较大。由工作执行者本人记录非常经济方便。但是该方法使用范围比较小，只适用于那些工作循环周期较短、工作状态稳定，且内容繁多、事务较杂的工作。另一方面，会加重员工的负担。工作执行者如果不认真记录，则会遗漏许多信息，得到的信息也比较凌乱，出现误差，难以组织。而且一旦记录中带有主观色彩，那么就会在一定程度上影响正常的工作分析结果。所以使用这种方法，工作执行者的直接上级也需要进行监督。

表 3.7　工作日志样例

<table>
<tr><td colspan="6">姓名：
年龄：
职务：
所属部门：
____年____月____日，工作开始时间________，工作结束时间________。</td></tr>
<tr><td>起止时间</td><td>工作活动名称</td><td>工作活动内容</td><td>工作活动结果</td><td>工作性质（经常、突发的）</td><td>备注</td></tr>
<tr><td></td><td></td><td></td><td></td><td></td><td></td></tr>
<tr><td></td><td></td><td></td><td></td><td></td><td></td></tr>
</table>

6. 工作体验法

工作体验法是工作分析人员亲自体验工作，获取被分析工作需要的一手信息和资料等。这种方法不经常使用，仅适合在短期内就能掌握的简单工作。但是，需要进行大量训练才能掌握的或者有危险的工作，则不适合使用这种方法。

7. 职位分析问卷法

职位分析问卷法通过问卷收集岗位信息，并比较各岗位间的价值高低。通过职位分析问卷一方面可以建立职位能力模型，另一方面可以确定相应的报酬水平。

职位分析问卷法涵盖 187 项工作元素、7 项薪酬项目。职位问卷分析主要收集以下六类信息。

（1）信息输入。获得信息来源的渠道，以及了解完成工作所需的信息。

（2）思考过程。掌握工作中需要进行哪些推理、决策、判断、计划和信息处理等活动。

（3）工作产出。考察完成工作需要哪些体力活动和使用哪些机器、工具、设施和辅助工具等问题。

（4）人际关系。了解在执行工作时与其他人的关系，如指导、指挥他人，或与顾客的关系等。

（5）工作环境。完成工作的物理环境和社会环境。

（6）其他特征。上述内容之外，与工作相关的其他特征。

职位分析问卷法定义了每类项目并赋予了相应的等级代码。（见表 3.8）

表 3.8　职位分析问卷工作元素的分类

类别	内容	例子	工作元素数目
信息输入	获得信息来源的渠道，以及了解完成工作所需的信息	书面材料、图形资料等	
思考过程	掌握工作中需要进行哪些推理、决策、判断、计划和信息处理等活动	解决问题的难度	
工作产出	考察完成工作需要哪些体力活动和使用哪些机器、工具、设施和辅助工具等问题	使用数控机床、测温仪等	
人际关系	了解在执行工作时与其他人的关系	指导、指挥他人，配合某部门完成活动，与公众和顾客搭建良好的关系	

（续表）

类别	内容	例子	工作元素数目
工作环境	完成工作的物理环境和社会环境	物理环境如湿度、温度、照明等，社会环境如高压、轻松等	
其他特征	与工作相关的其他特征	工作时间安排、薪酬结构、职务要求	

使用职位分析问卷法时，第一，要明确通过该方法实现某些人力资源管理职能。第二，要获得组织管理层的支持。第三，要确定是由工作分析专业人员填写问卷，还是由工作执行者填写问卷。第四，要对工作分析人员进行几天系统的培训，加深他们对此项工作的理解和认识。第五，要和工作执行者乃至组织中的全体员工进行沟通，获得他们的信任、理解和配合。第六，收集信息并进行编码。第七，整理工作分析结果，进行工作总结和评价。

8. 管理职位描述问卷法

管理职位描述问卷法是专门为管理职位设计的一种工作分析方法。它以工作为中心，描述、比较和评价管理者的工作，它涉及管理者的工作行为、工作职责、工作范围、工作联系、素质要求以及与工作密切相关的各种特征。

管理职位描述问卷法主要包括信息收集、信息分析和信息输出三个部分。信息收集是管理职位分析问卷的主体，所含的项目内容由管理职位的任职者来填写。信息分析分别从管理工作要素、管理绩效要素和工作评价要素这三个维度对收集来的信息进行评价。信息输出是在分析的基础上把分析的结果应用到人力资源管理各职能工作中。

9. 功能性工作分析法

功能性工作分析法也称职能工作分析法，是一种以工作为导向的分析方法。功能性工作分析法围绕着工作执行者应该发挥的职能要素，详细分析每项工作任务的要求，全面描述工作内容。功能性工作分析法围着工作执行者的信息/数据职能等级、人员职能等级、事/物职能等级的关系活动展开。（见表3.9）

表 3.9 职能等级

信息 / 数据		人		事 / 物	
号码	描述	号码	描述	号码	描述
1	综合	1	教导	1	装配
2	协调	2	谈判	2	精确操作
3	分析	3	指导	3	操作控制
4	编辑	4	监督	4	处理
5	计算	5	管理	5	操纵
6	创新	6	劝说	6	看管
7	比较	7	进行口头指导	7	送进—移出
		8	服务	8	驾驭
		9	接受指导帮助		

3.2.3 工作说明书的编写技巧

1. 确定工作说明书的核心内容

（1）确定职位目标。确定职位目标一般包括该职位设置目的、职位职责范围、职位的主要工作内容。

（2）确定职位主要职责。一般按照职责重要程度由高到低的顺序，罗列主要工作内容，并用动词表述该职位应承担的责任。

通常情况下，一个工作说明书包括：①职位基本信息，②工作概述，③职位职责，④业绩标准，⑤工作关系，⑥工作设备，⑦工作环境 / 工作条件。下面将结合这些项目来具体解释应该如何编写工作说明书。

职位基本信息一般包括：工作执行者的姓名、职务、职务编号、所在部门、职务等级、直接上级职务、职位薪级、编制日期、编制人、审核部门等。职务编号是企业根据自己的实际情况编制的代码。职位薪级通过工作评价得出，反映该职位在企业中的重要程度。

工作概要可以用一两句话简要概括职位的主要工作职责，无论熟悉此岗位还是不熟悉此岗位的，通过工作概要可以一目了然地知道这个岗位主要是做什么的。

职位职责就是具体细化职位概要的内容，将职位的整体工作活动分解成若干项职责，然后再将每项职责分解成不同的工作任务。（见图 3.1）

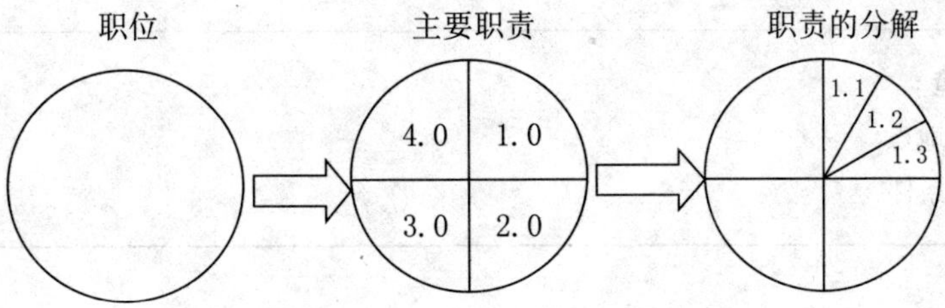

图 3.1　职位职责的分解示意图

业绩标准是衡量工作完成的标准。对照业绩标准就能知道哪些职责完成得好，哪些职责完成得不好。衡量标准是用具体的数字或者百分比评价这些要素必须达到的最低要求。

工作关系是指工作执行者在日常工作中与组织内外部的哪些部门、机构、职位和人员存在联系或者工作关系。

工作设备是工作过程中工作执行者需要使用哪些仪器、工具、车辆等设备。

工作环境 / 工作条件是指该职位的工作时间、工作地点以及工作的物理环境等。

2. 工作说明书范例

表 3.10 工作说明书范例一

工作名称		部门	
工作概要			
工作职责 1. 2. 3.			
工作环境 1. 工作地点 2. 工作条件			

表 3.11 工作说明书范例二

职位名称		所属部门	
职务编码		编制日期	
职位概要		编制人	
职位职责			
职责一 职责二 职责三			
关键绩效指标			
1. 2. 3.			

（续表）

主要关系	
关系性质	
直接上级（如有）	
直接下级（如有）	
对内联系	
对外联系	
工作环境和条件	
工作环境	
工作设备	
工作条件	
工作时间	
备注	

表 3.12　工作说明书范例三

职位编号		职位名称		所属部门	
职位类型		上级职位		编写日期	
职位概要					
履行职责及考核要点					
履行职责			绩效标准		

（续表）

工作关系	直接下属人数		间接下属人数	
	内部关系			
	外部关系			
工作条件	工作场所			
	工作时间			
	使用设备			
职位关系	可转换的职位	部门：	职位：	
	可晋升的职位	部门：	职位：	
其他事项				

表3.10是一种相对简单的描述式的工作说明书，而表3.11和表3.12则是一种相对复杂的表格式的工作说明书，此外，还有其他格式的工作说明书。不管格式如何变化，工作说明书都要包括相关岗位工作内容和职责，以及工作规范两项内容。

3.2.4 职务说明书的编写技巧

工作说明书是以事为中心的，主要体现岗位的工作内容、工作标准和岗位职责。但是仅有“事”是不够的，还需要知道做事的人是什么样的。因此，还需要编写任职资格说明书。任职资格说明书是以人为中心，规定了从事某种岗位的人需要哪些素质。比如个人基本特征（性别、年龄、身高、体重、视力等）、教育经历（学历、学位、专业）、工作经历、性格要求、技术能力要求、综合素质等。（见表3.13和表3.14）

表 3.13　任职资格说明书范例一

项目	要求
学历学位要求	
专业要求	
所需资格证书	
工作经验	
知识要求	
技能要求	
能力要求	
个性要求	

表 3.14　任职资格说明书范例二

<table>
<tr><td rowspan="4">一般条件</td><td>学历</td><td></td><td>学位</td><td></td></tr>
<tr><td>专业</td><td colspan="3"></td></tr>
<tr><td>资格证书</td><td colspan="3"></td></tr>
<tr><td>年龄</td><td></td><td>性别</td><td></td></tr>
<tr><td rowspan="4">知识和经验</td><td>基础知识</td><td colspan="3"></td></tr>
<tr><td>外语程度</td><td colspan="3"></td></tr>
<tr><td>计算机程度</td><td colspan="3"></td></tr>
<tr><td>工作经验</td><td colspan="3"></td></tr>
<tr><td>基本业务培训</td><td colspan="4"></td></tr>
<tr><td rowspan="2">基本能力和工作态度</td><td>能力</td><td colspan="3"></td></tr>
<tr><td>态度</td><td colspan="3"></td></tr>
</table>

工作说明书和任职资格说明书结合在一起就是职务说明书。职务说明书一岗一书，基本构成包含了以下几个部分。

（1）基本信息——职位编码、职位名称、所属部门、直接主管、编制时间等。

（2）任职资格——为了顺利履行岗位职责所必备的条件：学历、专业、工作经验、专业知识、职称及能力要求。

（3）职位目的——简要叙述设立该职位的理由。

（4）工作权限——明确该岗位在人、财、业务方面的建议、决定权限。

（5）沟通关系——明确该职位与公司内、外的联系程度。

（6）直接下属——明确该职位直接领导的下属人数。

（7）工作环境及条件——明确该职位所处的工作环境及条件。

（8）职责——明确该职位的工作职责、占用时间比例、责任程度、衡量标准、所执行的规程。

第 4 章

招聘管理

成功的招聘对构建和维持组织体系起到至关重要的作用。人力资源是第一资源，是管理的核心。组织中的任何职能活动如果缺少合适的人来管理，即使有再好的技术，组织绩效也不会高。因此，招募选拔合适的人才并最大限度地激励和留住合适的人才是人力资源管理过程中的核心环节。

人才的获得是组织成功的开始，招聘的实质即是获得人才。招聘既是一门学问，又是一门艺术。如何成功地开展招募与选拔工作、获得合适的人才，是很多企业面临的难题。

4.1 招聘流程

招聘的根本目的是实现人员与岗位的匹配，即人岗匹配。一般而言，企业的招聘流程基本可以分为以下几个环节。（见图 4.1）

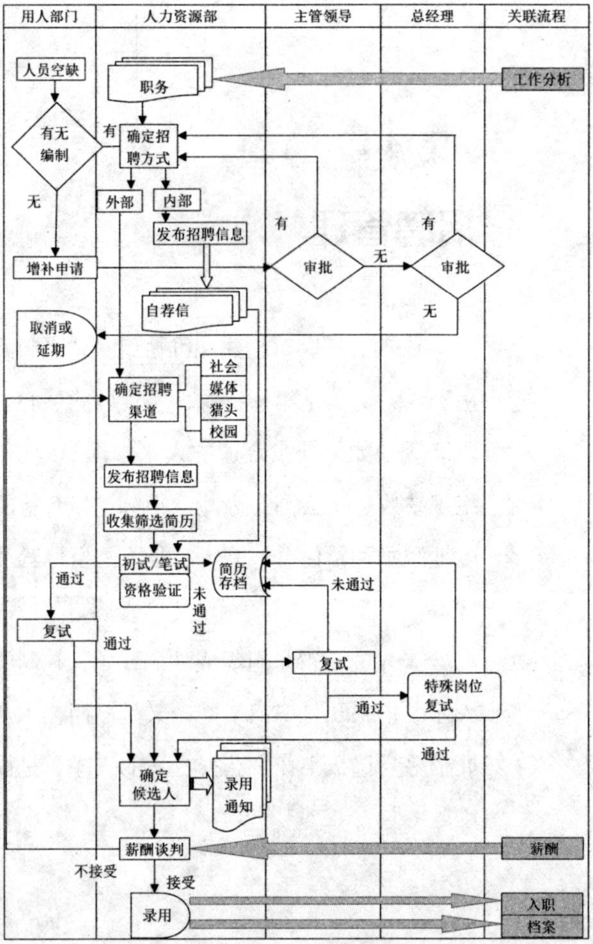

图 4.1　员工招聘流程示例图

4.1.1　如何制订招聘计划

招聘工作的开展主要依据招聘计划。它由各部门主管根据本部门岗位职责，结合公司战略发展规划，确定本部门的组织架构，并向人力资源部提出岗位招聘需求，提供详细的招聘计划、职责定位及招聘相关信息。（见表 4.1）人力资源部根据用人需求部门的实际情况，结合公司人力资源管理政策，制订招聘计划。

表 4.1　人员招聘需求统计表

部门	需求时间	需要理由					人员需求		录用条件				备注
		A	B	C	D	E	职务	人数	性别	年龄	学历	其他	

填表：　　　　　　　　　　　审核：　　　　　　　　　　批准：

说明：需要理由——A，递补；B，增产；C，新增；D，储备；E，其他。

一般来说，招聘计划主要包括以下五个方面。

1. 招聘规模

招聘规模就是有多少应聘者被企业组织的招聘活动所吸引。企业一般可以通过招聘录用金字塔来确定招聘规模。从图 4.2 可以看出整个招聘过程可以分为六个阶段，每一阶段都有参加人数和通过进入下一轮选拔的人数，而招聘规模就是根据这两者的比例来确定的。

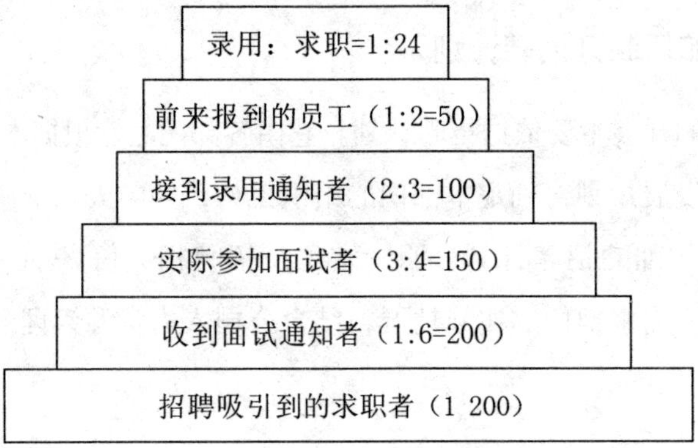

图 4.2 招聘录用金字塔模型图

2. 招聘范围

招聘范围是指企业开展招聘活动的地域范围。招聘范围的确定要根据不同行业的人才分布规律、人力资源供给状况以及招聘成本高低来确定。根据招聘人员的职位高低，可以遵循这一原则：高级经营管理人才可以在全国范围内招聘，甚至可以跨国招聘；专业技术人才可以跨地区招聘；一般办事人员在本地区招聘即可。

3. 招聘时间

招聘时间就是从招聘活动开始到适合的员工上岗任职的时间范围。补充一个岗位空缺是需要时间的。招聘、选拔、录用和配置活动也有时间消耗。因此，为了避免出现人员短缺影响企业正常运转的情况，必须合理确定招聘时间。

招聘日期 = 用人日期 − 准备日期 = 用人日期 − 培训日期 − 招聘周期

4. 任职资格

空缺岗位的工作性质和岗位特征决定了需要招募具备哪类知识、技能、能力等素质的员工。因此，任职资格就是对这一系列素质的界定。

5. 费用预算

招聘费用主要包括人工费用，如工作人员的薪酬福利、差旅费、津贴补助等；业务费用，如通信费、咨询服务费、广告费等；其他费用，如设备租用费、办公用品费、水电及物业管理费等。

4.1.2　如何开展招募

人员招募旨在吸引更多的求职者前来应聘，这样企业才会有很大的选择空间。有效的招募活动可以提高企业的招聘质量，减少企业和个人的损失。

1. 选择招聘渠道

由人力资源部通过组织内外部的各种招聘渠道发布招聘信息。由于这两种渠道各有利弊，因此企业需要根据招聘岗位的要求和实际情况来选择合适的招聘渠道。

2. 确定招聘的来源和方法

招聘的来源是指应聘者属于哪一类目标群体，招聘方法是指将招聘信息通过某种方法和途径让应聘者知道。招聘的来源和方法关系到企业能否挑选到符合空缺岗位要求的员工。

3. 发布信息和接收应聘者的申请

企业根据空缺岗位的要求，通过确定的招聘渠道将招聘信息发布出去，吸引应聘者，并按照事先确定的招聘规模接收符合条件的应聘者递交他们的应聘申请。

4.1.3　选拔的流程

企业根据招聘标准，采用笔试或面试等方法对应聘者进行审核、比较和选择。人力资源部首先进行初步筛选，将符合基本条件的应聘者的简历递交给各用人部门。用人部门主管或指定的部门助理进行简历的第二轮筛选，挑选出符合部门要求的应聘者，把他们的简历交给人力资源部安排面试；不符合要求的简历由人力资源部门存档。

在面试前，应聘者填写完应聘登记表后，交给人力资源招聘专员，由招聘专员根据应聘登记表中的信息进行初试，初步了解应聘者的基本情况和品行。经过初试后，再确定能否进入下一轮的面试。原则上，只要符合招聘要求的应聘者，均应由用人部门主管进行面试。用人部门主管针对自己所在部门的用人需求，对应聘人员的知识、技能进行考核，并书面记录考核意见和面试结果，初步确定是否为合格应聘者。有些岗位需要组织高层管理者面试，因此需要经过最高管理者决定是否录用及录用后的薪酬待遇。

4.1.4　决定是否录用

选拔的结果是决定是否录用，企业会选择那些符合要求且能够填补职位空缺的合适人员。首先，人力资源部对拟录用人员进行备案，准备入职手续；对不录用的人员，根据面试的评定意见，分别对简历进行销毁、保存或备用。其次，向拟录用人员发送录用通知，待员工办理入职手续时，再与其签订劳动合同。最后，组织新员工进行岗前培训和安排工作。

4.1.5　开展评价

招聘评价是对招聘工作的整体总结，并对今后招聘管理工作提出更高的要求，它是招聘过程不可缺少的环节，主要包括招聘收益和成本评价，以及录用结果的评价。

表 4.2、4.3、4.4 为制订招聘计划中各种表格的样例。

表 4.2　招聘计划

招聘目标		
职务名称	数量	任职资格
信息发布渠道和时间		

（续表）

<table>
<tr><td colspan="4">招聘小组成员</td></tr>
<tr><td>组长</td><td></td><td>职责</td><td></td></tr>
<tr><td>组员</td><td></td><td>职责</td><td></td></tr>
<tr><td colspan="4">选拔方案及时间安排</td></tr>
<tr><td>招聘岗位</td><td>具体步骤</td><td>负责人</td><td>截止时间</td></tr>
<tr><td></td><td></td><td></td><td></td></tr>
<tr><td></td><td></td><td></td><td></td></tr>
<tr><td colspan="4">招聘费用预算</td></tr>
<tr><td colspan="2">经费项目名称</td><td colspan="2">金额（元）</td></tr>
<tr><td colspan="2"></td><td colspan="2"></td></tr>
<tr><td colspan="2"></td><td colspan="2"></td></tr>
<tr><td colspan="4">招聘工作时间安排</td></tr>
<tr><td>时间</td><td colspan="3">工作内容</td></tr>
<tr><td></td><td colspan="3"></td></tr>
<tr><td></td><td colspan="3"></td></tr>
<tr><td>制定人</td><td></td><td>部门经理签字</td><td></td></tr>
<tr><td colspan="4">分管副总经理意见

签字：
年　月　日</td></tr>
</table>

制表日期：

表 4.3 招聘计划举例

一、招聘目标（人员需求）

职务名称	人员数量	其他要求
软件工程师	5	此处要注明岗位任职资格，如学历、年龄、工作年限要求
销售代表	3	此处要注明岗位任职资格，如学历、年龄、工作年限要求
行政专员	1	此处要注明岗位任职资格，如学历、年龄、工作年限要求

二、信息发布时间和渠道

1. ×× 日报　　1 月 18 日

2. ×× 招聘网站　　1 月 18 日

三、招聘小组成员名单

组长：王成（人力资源部经理）全面负责招聘活动

成员：刘刚（人力资源部专员）接待应聘人员、整理应聘资料

赵英（人力资源部专员）发布招聘信息、安排笔试和面试

四、选拔方案及时间安排

1. 软件工程师

简历筛选　负责人：×××　日期：× 月 × 日至 × 月 × 日

初试　负责人：×××　日期：× 月 × 日

复试　负责人：×××　日期：× 月 × 日

2. 销售代表

简历筛选　负责人：×××　日期：× 月 × 日至 × 月 × 日

初试　负责人：×××　日期：× 月 × 日

复试　负责人：×××　日期：× 月 × 日

3. 行政专员

简历筛选　负责人：×××　日期：× 月 × 日至 × 月 × 日

初试　负责人：×××　日期：× 月 × 日

复试　负责人：×××　日期：× 月 × 日

五、新员工报到时间和上岗时间

报到时间：× 年 × 月 × 日

上岗时间：× 年 × 月 × 日

（续表）

六、招聘费用预算 1. ×× 日报广告刊登费　　　××元 2. ×× 招聘网站信息刊登费　　　××元 合 计：××元 **七、招聘工作时间表** × 月 × 日至 × 月 × 日：制作招聘广告 × 月 × 日：联系媒体约定发布招聘广告等事宜 × 月 × 日：在事先约定好的媒体上发布招聘广告 × 月 × 日至 × 月 × 日：接受应聘者简历，整理、筛选应聘资料 × 月 × 日：通知应聘者参加初试 × 月 × 日：进行初试 × 月 × 日：进行复试 × 月 × 日：向通过复试的人员发放录用通知 × 月 × 日：新员工报到 人力资源部 ×× 年 ×× 月 ×× 日

表 4.4　人力资源部 ×× 年度招聘计划报批表

部门情况	录用部门	录用职位概况				选拔事宜		
		职位名称	人数	专业	资格条件	选拔方法	范围	对象
公司核定的编制数								
本年度缺编人数								
本年度计划减员数								
本年度拟录用人数								
备注	年　月　日							

4.2 招聘渠道

4.2.1 网络招聘的操作流程

人力资源部组织开展网络招聘相关工作，各用人部门配合实施。其流程包括整理招聘岗位及要求、查阅及下载简历、招聘信息更新及维护、安排面试、通知报到。

1. 整理招聘岗位及要求

人力资源部招聘主管根据职务说明书和岗位需求审核用人部门的招聘申请。用人部门一般根据部门现有的人员配置和职位职责等因素确定招聘需求。

2. 查阅及下载简历

简历下载分为接收简历和搜索简历两类活动。点击各岗位的收件链接能查阅求职者投递的简历，将符合岗位要求的简历下载保存到本地电脑里。然后根据收到简历的优劣情况设置合适的筛选条件。对急需用人的岗位，使用简历搜索功能，在简历资源库中下载合适的简历。经过筛选，将符合基本任职要求的简历按照职位类型分类汇总。每周一下班前，由人力资源部指定人员将前一周整理好的简历报送给各用人部门，供用人部门经理进行筛选。各用人部门经理经过1~2天的简历筛选，一般在第三或第四天的下午将符合要求的简历交还给人力资源部指定人员。人力资源部根据各用人部门经理的反馈结果确定面试人员。

3. 招聘信息更新及维护

人力资源部根据各用人部门的岗位需求及时更新招聘信息，并依据简历的接收情况对招聘信息进行适当调整，旨在确保招聘信息的时效性。人力资源部需要定期对岗位信息进行清查，防止出现重复发布同一岗位招聘信息的情况。若发现有此类情况，则需要及时删除，并暂停或者停止发布不再需要的招聘职位信息。

4. 安排面试、通知报到

面试通知可以通过集中发送电子邮件（邮件最好设置查阅回执，这样便于统计待面试者接收邮件的情况）或者直接以打电话的方式通知面试人员，并集中安排面试。面试的时间没有特殊的要求，全天都可以安排面试。但是一般上午的面试时间多安排在 9：30—11：30，下午的面试时间多安排在 14：00—16：30，并给每位面试人员预留一定的时间。面试全部结束后，用人单位会通过电子邮件、手机短信、电话通知等形式将面试结果告知候选人，并通知候选人报到日期和具体事宜。

4.2.2　校园招聘的实施方法

1. 制订计划

开展校园招聘之前，首先要制订详细的计划。一般开展校园招聘时有的公司会召开宣讲会，在宣讲会上介绍公司历史、经营理念、产品、市场情况、工作环境、招聘岗位及具体要求、薪酬福利、企业文化等。有些公司还会邀请往届被录用的优秀校友到宣讲会上介绍公司情况。有些公司会向参会的同学赠送印有公司标识的纪念品。参加招聘的学生有可能人数较多，可以事先准备一些公司的宣传单或者宣传手册，内附公司基本情况及招聘职位的要求等。将这些宣传资料在同学们入场时发给他们，这样可以让他们了解公司的基本情况，留下一个好印象，然后再进行宣讲说明。

2. 了解学校

不同学校、不同专业有可能在学制上存在差异。这些信息可以通过查询学校网站和专业的设置情况获得，然后再根据公司空缺岗位的特点和用人需求，选择对应的学校。

3. 确定招聘时间

一般情况下，公司会在每年的 9 月至 11 月之间开展校园招聘。当然，也有早一点儿或迟一点儿的，有的也可能在 5 月份进行，5 月份招聘到的学生通常是考研未成功或者对已签订《普通高校毕业生就业协议书》的单位不太满意的应届毕业生。

4. 确定联系人开展专场招聘

与学校约定开展专场招聘会时，要充分、广泛地进行宣传。要与学校负责招生就业的老师联系。有很多设有分校区的高校，有的是由总校区制订就业工作计划，有的则由分校区独立负责学生的就业工作，还有一些学校是各院系学生办公室直接负责学生的就业工作。因此，校园招聘要找准联系人。

5. 充分利用好宣讲会

在宣讲会上，不仅要宣传公司的情况，也要传达企业的文化和价值理念。宣讲会上要实话实说、简洁准确。宣讲会控制在 1 小时左右。如果时间允许，还可以介绍企业所在城市的人文及地理环境，让非当地户籍的学生对企业及企业所在地有一个大概的了解。

6. 现场面试

现场面试时，除了考查学生的专业知识外，还要关注学生的言谈举止，考察其是否懂礼貌、正直、自信、稳重等。

7. 录用与招聘总结

校园招聘结束后要出具一份带照片的总结报告，报告的内容包括学校的基本介绍、校风、参与宣讲会人数、面试人数、拟签订三方协议人数。待全部招聘工作结束后，再增加报到人数等信息。

8. 实习及正式上班安排

对签订了三方协议拟录用的学生可以安排到企业实习，这样的专业实践一方面增强了学生对企业的了解，待正式入职后可以更快地适应工作岗位；另一方面也可以考察学生的情况。

表 4.5 为校园宣讲会流程，可供参考。

表 4.5　校园宣讲会流程

一、前期准备工作
1. 掌握各高校层次、所设专业、应届毕业生数量。
2. 联系就业部门的工作人员以及各学院负责就业的领导和老师。
3. 确定宣传用品。如喷绘、海报、条幅、易拉宝、宣传单以及带有公司标识的纪念品等。
4. 制作宣讲用的 PPT，内容要突出主题。
5. 确定每所院校的宣讲人。
6. 确认宣讲计划。
二、宣讲会实施阶段
1. 进驻高校布置会场，如悬挂条幅、张贴海报。
2. 测试现场电子设备使用情况，如电脑投影是否正常运行、音响的音质等。
3. 安排专人现场发放宣传资料。
4. 专人负责宣讲。
5. 专人负责操作电子影像设备。
6. 安排专人现场接收学生简历。
三、宣讲效果评估
1. 宣讲会到场人数。
2. 宣讲会收到的简历数。
3. 宣讲成本费用。包括宣传品、礼品费用、宣讲当天的其他花费。

4.2.3　社会招聘的开展措施

开展社会招聘的主要流程如下。

第一步，用人单位与招聘会的主办单位洽谈招聘活动的具体事宜，预订展位。整理招聘岗位相关信息，把电子版资料发给招聘会主办单位，以便提前在招聘现场通过 LED 屏或展示栏等发布。确定招聘会的时间、地点，确定展会的环境，确定展台的具体位置。

第二步，根据所在展位的地理位置优劣势，制定宣传方案。宣传方案制定的原则是：最大限度地吸引所有应聘者的注意，达到简历收取数量最大化的效果。需要注意，造势不等于哗众取宠，不可低俗或惹人厌烦，不要影响到其他招聘单位。

第三步，根据招聘场地的实际条件和招聘岗位的情况布置场地，制作宣传资料。宣传资料主要包括喷绘、海报、室内广告、易拉宝、宣传手册等。

第四步，确定参加招聘会的工作人员名单，明确招聘流程以及各工作人员的任务。召开参会相关工作人员的动员会，确定招聘会的工作分工、作业流程，培训招聘会现场的沟通技巧、突发状况的处置技巧等相关内容。

第五步，召开管理层会议，与相关人员沟通，推动组织相关部门及相关人员对招聘活动的关注、支持和协助。

第六步，利用其他宣传渠道，宣传招聘会信息。目前也可以利用手机直播平台开展同步网络直播宣传。

第七步，招聘会当天工作人员提前入场，布置会场。如会场已提前布置好，则当天还需要对设备进行测试，或者检查是否有遗漏的材料等，做好与招聘相关的准备工作。

第八步，现场初试合适的人员，发放面试通知单，告知候选人在规定的时间，凭通知单到指定地点面试。

4.2.4 组织内部招聘的具体办法

在企业中，当出现岗位空缺需要招聘时，管理者首先想到的是能否通过组织内部招聘填补岗位空缺问题。组织内部招聘流程见图 4.3。

组织内部招聘流程主要分为七步。

第一步，由岗位空缺部门的部门经理填写《人员增补申请表》（见表 4.6），递交至人力资源部。人力资源部门审查批准后，进一步了解部门用人需求，核实是否优先采用内部招聘。经核实确认，该岗位可优先考虑或只考虑内部招聘，最后准备发布信息。

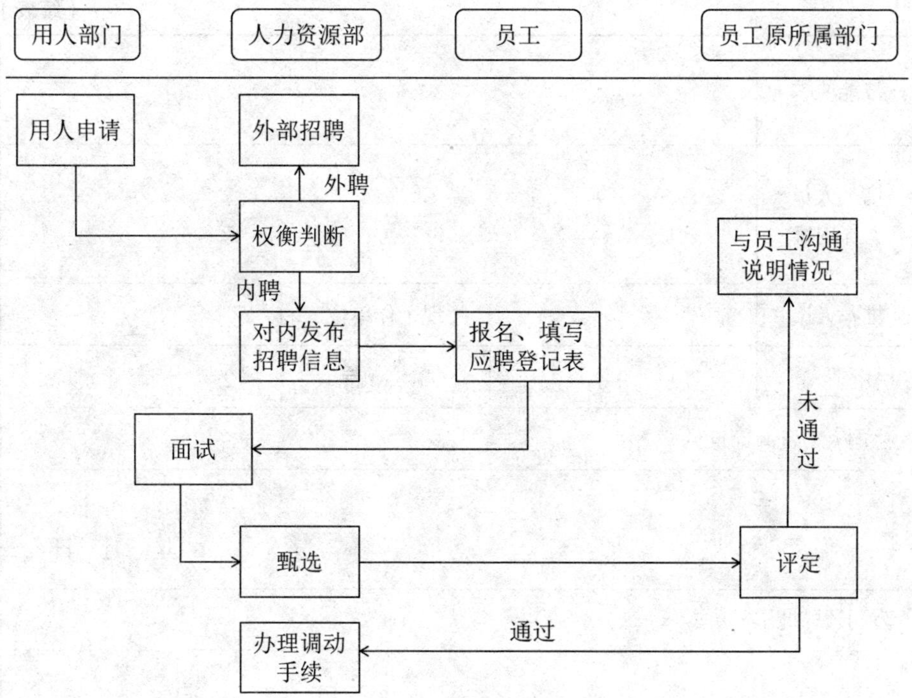

图 4.3　组织内部招聘流程图

表 4.6　人员增补申请表

申请单位			申请部门		
增补职位及人数					
申请增补理由			希望到岗日期		
应具资格条件					
性　别		职称		增补方式	调、借、聘
学　历		所持资格证书情况		使用期限	
经历要求					

（续表）

技能要求			
增加人员工作内容			
推荐人选		现工作单位	
申请人		单位领导	
公司人力资源部意见			
签字： 年　月　日			
公司领导批示			
签字： 年　月　日			

第二步，撰写内部招聘广告。内部招聘广告主要包含空缺岗位名称、人员需求数量、岗位职责、应聘人员技能要求等内容。然后选择内部有效的招聘平台发布信息，如公司内网、工作群（QQ群或者微信群）等。

第三步，组织有应征意向的员工根据自身情况及招聘要求，向人力资源部门提交《内部应聘登记表》（见表4.7）。人力资源部根据招聘广告及空缺岗位的需求对内聘申请者进行初步审核，审核内容包括应聘者的个人素质、能力、工作表现等。不同级别的内部应聘者，将采用不同类型的知识、技能、能力等测试，并给出每一位参与初审测评的内部应聘者相关书面评估意见。评估意见包括应聘者的优点、缺点、建议等。对不符合要求的应聘者，人力资源部应向其说明未入选原因，并鼓励其努力争取下次机会；对符合要求的应聘者，人力资源部将应聘资料转至用人部门，并与用人部门确定面试时间、地点、方式等具体事宜。

表 4.7　内部应聘登记表

<table>
<tr><td>姓名</td><td></td><td>现部门</td><td></td><td>现科室</td><td></td></tr>
<tr><td>现职位</td><td></td><td colspan="2">申请职位</td><td colspan="2"></td></tr>
<tr><td>在本公司工作经历</td><td>开始时间</td><td>结束时间</td><td colspan="2">工作内容描述</td><td>薪酬</td></tr>
<tr><td>× × 部门</td><td></td><td></td><td colspan="2"></td><td></td></tr>
<tr><td>× × 部门</td><td></td><td></td><td colspan="2"></td><td></td></tr>
<tr><td colspan="6">内部培训情况</td></tr>
<tr><td>培训名称</td><td>开始时间</td><td>结束时间</td><td colspan="2">是否参加过考试</td><td>考试成绩</td></tr>
<tr><td></td><td></td><td></td><td colspan="2"></td><td></td></tr>
<tr><td></td><td></td><td></td><td colspan="2"></td><td></td></tr>
<tr><td colspan="6">业余爱好</td></tr>
<tr><td colspan="6"></td></tr>
<tr><td colspan="6">应聘岗位的原因</td></tr>
<tr><td colspan="6"></td></tr>
<tr><td colspan="6">补充说明</td></tr>
<tr><td colspan="6"></td></tr>
<tr><td colspan="6">签字：
年　月　日</td></tr>
</table>

第四步，人力资源部安排用人部门复试初审合格的内部应聘者。人力资源部监督复试的过程及结果，确保用人部门在复试时，对内部应聘者的通过标准和外部求职者的标准相同。内部应聘者经复试考核后，未被录用的由人力资源部配合用人部门负责向内部应聘者解释未录用原因并鼓励其继续努力，争取下次机会。

第五步，复试合格的内部应聘者，由员工现所在部门的直接管理者、部门经理，用人部门经理，人力资源部主任进行员工背景及部门意见调查。用人部门可以直接向内部应聘者的现任上级或部门经理了解应聘者的工作表现，并征求其经理意见，即是否同意员工调动。如同意，还要进一步就工作交接等事宜达成共识。如果内聘人员被提升到某个岗位或者是组织内部的安排，那么直接管理者和经理只要是无特别的理由，就需要同意员工调动，并在规定时间内找到合适的人选来接替其现职工作。

第六步，确定已录取的候选人后，由用人部门管理者填写《人员调配通知单》(见表 4.8)，上交人力资源部，人力资源部负责办理员工调动手续。普通岗位的内聘，仅需要给拟录取的内部人员发送录用通知，中层管理者及以上的内聘职位，则需要在组织平台上发布录用公告。

表 4.8　人员调配通知单

姓名		通知日期		入职日期	
现任岗位		调任岗位		到岗时间	
调动事由					
现任岗位负责人			签字：　　　年　月　日		
调入岗位负责人			签字：　　　年　月　日		

第七步，被录取的人员到人力资源部领取并填写一式两份的《岗位调配登记表》(见表 4.9)，并逐级递交审批后返至人力资源部，再由人力资源部抄送财务部。如果内聘人员新到的岗位需要调整职级和薪金，则需要由用人部门管理

者填写《员工入职薪酬确认书》，经（副）总经理批准后，交至人力资源部审核备案。内聘员工必须在规定时间内完成调动手续和工作交接任务，才能去新部门报到。人力资源部根据最新的资料更新员工的岗位信息和薪资记录并存档。

表 4.9　岗位调配登记表

<table>
<tr><td>姓名</td><td></td><td>性别</td><td></td><td>出生年月</td><td></td></tr>
<tr><td>政治面貌</td><td></td><td>学历</td><td></td><td>入本公司时间</td><td></td></tr>
<tr><td>原部门</td><td colspan="2"></td><td>调至部门</td><td colspan="2"></td></tr>
<tr><td>现级别</td><td colspan="2"></td><td>申请级别</td><td colspan="2"></td></tr>
<tr><td>原工资</td><td colspan="2"></td><td>调动后工资</td><td colspan="2"></td></tr>
<tr><td>调职日期</td><td colspan="5"></td></tr>
<tr><td>调职理由</td><td colspan="5"></td></tr>
<tr><td colspan="2">调出部门意见</td><td></td><td colspan="2">调入部门意见</td><td></td></tr>
<tr><td colspan="2">人力资源部门 / 行政部门意见</td><td></td><td colspan="2">主管副总意见</td><td></td></tr>
<tr><td rowspan="5">审批意见</td><td colspan="2">调整后岗位</td><td colspan="3"></td></tr>
<tr><td colspan="2">批准调整月薪</td><td colspan="3"></td></tr>
<tr><td colspan="2">批准生效日期</td><td colspan="3"></td></tr>
<tr><td colspan="2">人力 / 行政副总意见</td><td colspan="3"></td></tr>
<tr><td colspan="2">总经理意见</td><td colspan="3"></td></tr>
</table>

4.3 甄选方法

4.3.1 简历或申请表的筛选技巧

简历筛选的时间是有限且短暂的，经验丰富的人力资源管理者一般只需花十几秒的时间粗略浏览，便可在简历中发现符合岗位要求的内容。简历可以反映出一个人的基本素质。因此，简历要格式规范、整洁美观，内容简洁易懂、没有错别字。在浏览简历时，如果发现缺失了一些必要的信息，可以先记录下来，再后续了解。

1. 社会求职者的简历筛选

社会求职者的简历主要包括求职者基本信息、受教育程度、工作经历和个人业绩四个方面。个人基本信息包括姓名、性别、年龄、民族、政治面貌、专业、毕业院校、学历学位等，受教育程度包括教育经历和参加各类培训经历，工作经历包括历任工作单位名称、历任工作的起止时间、工作内容等，个人业绩包括获得的各类奖励、荣誉称号等。

在筛选个人信息时，有些要求严格的岗位要采取“一项否决”的原则，即只要性别、年龄、工作经验、学历等指标有一项不符合职位要求的，则立即淘汰。对硬性指标要求不太严格的岗位，可以结合岗位要求进行筛选。

在筛选受教育程度时，所学的专业可能会影响到工作选择的趋向，也可以判断其与招聘岗位的匹配程度。另外，要特别注意一些模糊的表述，比如受教育年限、所学专业、学历学位获得情况。在筛选培训经历时，要重点关注那些参加过的专业培训和资格证书培训是否与应聘岗位的需求相关。如发现有令人质疑的信息，则需要记录下来，如能进入下一阶段的筛选，再着重了解。

求职者的工作经历在一定程度上可以反映求职者的基本能力。如历任工作时间的长短、跳槽或转岗频率、前后两份工作的衔接时长等都或多或少地反映了求职者工作经验的丰富程度以及工作稳定性。通常从进入工作到完全熟悉工作任务并取得一定成绩，至少要经历 6~12 个月的时间，如果工作时间短于 6 个月，则意味着工作经历短暂、工作经验不足。同时，还需要重点了解求职者频繁跳槽或者离职的原因。

另外，还需确认前后两份工作的衔接时长，如果衔接时长超过 2 个月，即视为出现时间空白，这时候就需要询问求职者在这段空白时间内在做什么；如果两份工作在时间上有交叉，则表明其中一份可能是兼职工作，并有必要了解其兼职的目的等。

工作内容能反映出求职者的工作范围、工作能力和工作经验等。简历筛选时要注意工作内容描述得是否翔实、工作内容与所学专业的契合度、工作职位与所招聘职位要求是否匹配等。

个人业绩主要考查简历中求职者的个人成绩是否符合职位要求。

公司可以制定社会人才录用管理办法，办法如下。

第一条　社会人才的录用条件

1. 专业要求：
2. 学历要求：
3. 个人素质要求：
4. 职业资格要求：
5. 不予录用情况：

第二条　社会人才的甄选程序

第三条　应聘者资格审查程序

1. 资格审核标准：
2. 资格审核程序：

第四条　办理入职程序

第五条　试用期及考核说明

2. 筛选应届毕业生简历

应届毕业生的简历除了关注其信息的真实性外，主要还是看学生的学习成绩、实习经历和社会活动经历中是否有亮点。学习成绩优异，则意味着学生专业知识掌握得扎实牢固。出彩的实习经历或社会活动、兼职经历等反映了学生的综合素质，且有望得到面试官的重视。

公司可以制定应届毕业生录用管理办法，具体如下。

第一条　应届毕业生的录用条件

1. 学校要求：

2. 学历要求：

3. 专业要求：

4. 成绩要求：

5. 素质要求：

第二条　有下列情形之一的不予录用

1. 被学校处分的；

2. 被行政处罚的；

3. 获奖证书作假的。

第三条　应届毕业生的甄选流程

第四条　应届毕业生的实习管理

第五条　应届毕业生的见习期管理

4.3.2　笔试的方法及优缺点

1. 笔试的含义

笔试是通过选择、判断、匹配、填空、论述、案例分析等文字测验的形式考查应聘者的文字表达能力、专业知识、分析能力等。笔试在招聘规模较大的情况下，可以在短时间内了解员工的基本素质。

2. 笔试的优缺点

笔试可以一次性地编制数量繁多的试题，大规模考试的取样较多，考核的信度和效度较高，花费时间少、效率高，成绩评定比较客观。

但是它无法全面地考察应聘者的工作动机、组织能力、语言表达能力、工作态度和空缺岗位实际操作技能等。

4.3.3　面试的方法与技巧

1. 电话邀约面试技巧

采用网络招聘渠道，通常要给应聘者打电话，邀约其前来面试。常用的电话邀约话术主要有以下几种类型。

（1）针对主管级别及以下的人员。“×× 先生 / 女士您好，我是 ×× 公司人力资源招聘专员 ××（姓名），我公司在 ×× 网上（招聘网站的名称或者公司官网）收到您投递的简历，我公司招聘的岗位是 ××，想约您在 ×× 年 ×× 月 ×× 日 ×× 时来我公司进行面试。我公司的详细地址是：××（要详细到具体的门牌号，并提供一个附近容易辨识的地标建筑）。稍后我会把我公司的具体地址和面试时间以短信的形式发送至您的手机，请您注意查收，谢谢。”最后是礼貌性的结束语。

（2）针对主管级别及以上职位。“×× 经理或 ×× 总您好，我是公司人力资源招聘专员 ××（姓名），在 ×× 网上（招聘网站的名称或者公司官网）收到您投递的简历，我公司招聘的岗位是 ××，您现在是否方便通话？”如对方表示方便继续通话，那么就可以继续和对方通过电话沟通招聘岗位的概况。如果交谈顺利且达到面谈标准的话，可以说：“我公司想约您在 ×× 年 ×× 月 ×× 日 ×× 时到公司详细交流，请问您这个时间方便吗？”如果对方回答不方便，那么就根据双方（尤其是被面试方）都方便的时间重新约定时间。如果对方回答时间方便的话，那么就告知其详细的面试地址（一般为公司）。并说：“×× 经理或 ×× 总，稍后我会把我公司的详细地址和面试时间以短信的形式发送至您的手机，请您注意查收。如您有任何不明白的地方，可以直接给我打电话，我的手机号码随后也会发到您手机上。”最后是礼貌性的结束语。

（3）招聘专员电话邀约。示例一：“您好，请问您是 ×× 先生吗？您好 ×× 先生，我是 ×× 公司人力资源招聘专员 ××，请问您现在方便接听电话吗？”如回答方便则继续：“我们在 ×× 网站上收到您向我公司申请 ××（职位名称）的简历。我公司经过初步筛选，认为您的基本情况比较符合该职位的任职要求，想诚邀您来公司进行详细深入的面谈，加深双方对彼此的了解和认识。您看 ×× 年 ×× 月 ×× 日 ×× 时到 ×× 时这个时间您方便来我公司面谈吗？”如果对方说不方便，就问对方哪个时间方便，可以再约定一个时间。如果时间方便，则继续：“稍后我会把我公司的详细地址、面谈时间和我的手机号码一起以短信的形式发送至您的手机，请注意查收。如您有不明白的地方，可以直接给我打电话。×× 先生，我们期待和您在公司见面，再见！”

有时候，有的公司也会在各大招聘网站中搜索简历，寻找符合岗位要求的人选，这时候就需要使用如下的电话邀约技巧。

示例二：“您好，请问您是 ×× 先生吗？您好，×× 先生，我是 ×× 公司人力资源招聘专员 ××，请问您现在方便接听电话吗？”如回答方便则继续：“我们在 ×× 网站上看到您正在寻找 ××（应征岗位名称）工作，是吗？”如果对方回答不是，招聘专员则对此次通话给对方造成打扰致歉，并挂断电话。如果对方回答是，招聘专员则继续介绍公司所在行业、主营业务、所在区域以及能够给对方提供的岗位名称，并介绍岗位的基本职责。接着邀请对方在 ×× 年 ×× 月 ×× 日 ×× 时到 ×× 时来公司面谈。如果对方回答邀约时间不方便，则重新约定时间。如果时间方便，则继续：“稍后我会把我公司的详细地址、面谈时间和我的手机号码一起以短信的形式发送至您的手机，请注意查收。如您有不明白的地方，可以直接给我打电话。×× 先生，我们期待和您在公司见面，再见！”

由此可见，无论哪种电话邀约方式，用人单位首先要告知对方自己的身份，以及从哪种渠道获得岗位申请人的信息。其次，要询问对方此时是否方便继续接听电话。如果得到肯定回答，则需要向岗位申请人介绍公司的基本情况，以及可提供岗位的基本情况，如工作内容、工作职责等。如果岗位申请人对岗位感兴趣，接下来就要邀请其来公司面谈，并告知对方面试的具体时间、地点、抵达路线等信息。等确认之后再发送通知短信并进行提醒。最后是礼貌性的结束语。

2. 面试准备阶段

（1）面试官的组成。面试官队伍一般由人力资源部门与用人部门的负责人组成，必要时可以聘请人力资源服务机构、科研院所的外部专家。人力资源部门负责规划面试、实施面试和评价面试过程；用人部门负责确定空缺岗位的关键素质指标和标准、测评被面试者的专业素质。

（2）确定测评指标。面试会根据岗位职责确定若干个关键测评指标。例如，销售员的评价指标可以为自我激励能力、行为举止、抗压能力、人际交往能力、信息处理能力、说服客户的能力等。

（3）分析应聘者简历。着重关注简历中空白或省略的内容、与所应聘岗位或行业相关的工作经历、工作变动的频率、对薪酬的要求等信息。

（4）安排面试时间和场地。面试时间尽量安排在周一到周五的上午，这样可以在一定程度上不影响面试者在现任单位的工作。面试场地要选择安静的场所，如会议室、专用的办公室等。面试座位的座椅摆放要遵循便于沟通的原则。当然，有些面试如压力面试，也需要有特定的座位摆放布局。在会议室面试，会议室的布局会更正式一些。在办公室面试，更适合内部应聘者，气氛相对随和一些，但是其正式程度不如在会议室面试。如果进行小组面试，则座位摆放需要正式一些，应聘者与面试小组成员隔着长形桌子相对交流，这样的气氛比较严肃。

（5）核对必备资料。面试前要准备候选人的简历、公司制定的与面试相关的表格资料，有时还需要准备面试官（人力资源部人员）的名片。

（6）制定面试表。根据被面试者的人数准备面试表（见表 4.10），内容包括被面试者个人基本信息、个人简历中的疑点、相关面试测评指标等。

表 4.10　面试表

<table>
<tr><td>面试职位</td><td></td><td>姓名</td><td></td><td>年龄</td><td></td><td colspan="2">面试编号</td><td></td></tr>
<tr><td>居住地</td><td colspan="3"></td><td colspan="2">联系方式
（电话、电子邮箱）</td><td colspan="3"></td></tr>
<tr><td>毕业学校</td><td></td><td>专业</td><td colspan="2"></td><td colspan="2">学历</td><td colspan="2"></td></tr>
<tr><td>学位</td><td></td><td>期望月薪</td><td colspan="2"></td><td colspan="2">特长</td><td colspan="2"></td></tr>
<tr><td colspan="9">工作经历</td></tr>
<tr><td colspan="9"></td></tr>
<tr><td colspan="9">面试测评</td></tr>
<tr><td colspan="3">问　题</td><td colspan="3">回　答</td><td colspan="3">评价（分数）</td></tr>
<tr><td colspan="3" rowspan="2">1.</td><td colspan="3" rowspan="2"></td><td colspan="3"></td></tr>
<tr><td>评语</td><td colspan="2"></td></tr>
<tr><td colspan="3" rowspan="2">2.</td><td colspan="3" rowspan="2"></td><td colspan="3"></td></tr>
<tr><td>评语</td><td colspan="2"></td></tr>
<tr><td colspan="3" rowspan="2">3.</td><td colspan="3" rowspan="2"></td><td colspan="3"></td></tr>
<tr><td>评语</td><td colspan="2"></td></tr>
<tr><td colspan="3">综合评价（分数）</td><td colspan="3">考官评语</td><td>分数
总计</td><td colspan="2"></td></tr>
</table>

3. 面试开始阶段

面试官和被面试者落座之后，面试官需要向被面试者做如下说明：介绍面试官成员，告知整个面试需要花费多少时间，告诉被面试者在面试过程中考官会做一些必要的书面记录或者录像。这个事前说明环节占整个面试时间的 2% 左右。为了缓解被面试者的紧张情绪，建立轻松的气氛，面试官可以先提与工作无关的诸如天气、到达面试地点的出行方式等问题，让被面试者从精神上放松下来，以发挥出正常的水平。接下来则从被面试者熟悉的、开放性的问题问起，如“请您做个自我介绍吧”“请谈一下您以前（或者现任）的工作内容和工作职责是什么”等，这个环节占整个面试时间的 8% 左右。

4. 正式核心面试阶段

本阶段会决定被面试者是否被录用。在此阶段，重点测评招聘岗位的关键指标，收集被面试者的核心竞争力，以行为性和探索性问题为主。该环节占整个面试时间的 80% 左右。

5. 确认面试阶段

面试官进一步确认测评结果，检查面试中各重要指标是否都被考评到，如有遗漏，要通过开放性问题加以追问。该环节占整个面试时间的 5% 左右。

6. 结束面试阶段

首先，给被面试者留出一定的提问时间来解答他们关心的问题。其次，告诉被面试者何时会收到是否被录用的通知。最后，感谢被面试者前来参与面试和对公司的关注。该环节占整个面试时间的 5% 左右。

7. 面试的种类

按照面试的结构可以将面试分为结构化面试与非结构化面试。

（1）结构化面试按照预先拟定的面试提纲向被面试者提问，并按照标准格式记录被面试者的回答内容并撰写评价意见。当某一岗位有多个面试者时，使用结构化面试可以按照统一的顺序、问题、评价标准逐一考查被面试者。这样得出的结果比较准确和可靠。在结构化面试中，面试的问题要围绕着招聘岗位的素质要求。（见表 4.11）

（2）非结构化面试没有预先设定的面试问题，面试官针对被面试者的特点即兴向被面试者提出问题、进行追问。每个问题没有固定的回答标准。问题内容和提问顺序由面试官的即兴发挥和被面试者的回答决定。面试官一般会提供某个案例考查被面试者的分析能力，使用脑筋急转弯考查被面试者的思维方式和应变能力，用情景模拟考查被面试者的综合素质等。但是，非结构化面试容易受到面试官主观因素的影响，既无法对被面试者的面试结果进行量化，也无法与同岗位的其他被面试者进行横向比较。

表 4.11 结构化面试问题列表

姓名________________申请职位________________

1. 工作兴趣
- 您是通过何种方式知道我公司的招聘信息的？
- 您认为本岗位的工作内容有哪些？
- 您为什么应聘本岗位？
- 您认为您能胜任本岗位吗？
- 您对在我公司工作有哪些薪酬福利上的要求？

2. 目前的工作状况
- 您当前的工作单位名称和岗位职责是什么？
- 如果您被录用，何时可以来我公司正式报到上班？

3. 工作经历
- 在历任公司工作期间您是否一直从事相同岗位的工作？
- 如不是，请说明您历任的工作岗位、工作时间和工作任务。
- 您目前 / 最近一份工作的薪酬福利情况。
- 您为什么要辞职 / 换工作？

4. 教育背景
- 介绍一下您接受的学历教育情况以及您的收获。
- 介绍一下您接受的职业教育 / 培训情况以及您的收获。
- 您认为哪些教育经历有助于您胜任工作？

5. 工作以外的活动
- 您有哪些业余爱好？请简要谈一下您的业余爱好。

6. 个人问题
- 您能够接受出差任务吗？
- 您能接受的每月 / 季度 / 年度出差时间？
- 您能够接受加班任务吗？
- 您能够接受周末上班吗？

7. 自我评价
- 您的优点是什么？
- 您的缺点是什么？

8. 请谈一下您当前 / 最近一份工作取得的成绩 / 不满意之处

9. 请谈一下您与上、下级及同事的关系怎么样

10. 您认为您能胜任本岗位的理由有哪些

11. 请介绍一下您的家庭情况

按照面试的目的可以将面试分为压力面试和非压力面试。

（1）面试官在压力面试中人为制造压抑、紧张的气氛，以考查被面试者如何应对压力。有时面试官故意用生硬的、不礼貌的问题让被面试者感到不舒服。有时还会特意针对被面试者回答的某一问题连续发问。这样做的目的是考查被面试者在压力环境下的承受能力和应变能力。

（2）非压力面试中面试官营造一种宽松亲切的氛围，使被面试者在最小的压力环境下回答问题，以获取需要的信息。一般来讲，除非是真正需要在压力下工作的岗位，绝大多数情况下都使用非压力面试。

8. **面试评价**

面试记录单的最后一项是面试评价，面试官需要撰写面试评价。（见表 4.12、4.13）面试评价一方面体现出用人单位对被面试者的重视度，另一方面为用人单位做录取决策参考和人才储备参考等。

表 4.12　面试记录单

姓名			应聘岗位		
说明	在每道题适当空格内画"√"				
评分项目	评分				
	5	4	3	2	1
外在形象	非常好	好	一般	略差	极差
服务公司意愿	非常强烈	强烈	普通	犹豫	极低
语言表达能力	极强	强	一般	差	极差

（续表）

社交能力和人际关系	强	外向主动	一般	内向	自我封闭
情绪控制能力	极强	强	一般	差	极差
行动与协调能力	极强	强	一般	差	极差
责任心、纪律性	极强	强	一般	差	极差
专业技能与公司需求匹配程度	非常匹配	匹配	一般	不匹配	非常不匹配
评定意见： □给予试用　□给予复试　□不予录用				评定人签名： 年　月　日	

表 4.13　面试评分表（样表）

测评指标	逻辑思维	创新意识	组织协调	经营决策	仪表气质	专业知识	专业技能	综合能力
权重	10	15	10	20	5	10	10	20

（续表）

评分要点	言语表达、思维品质	管理创新	团队建设、人际交往	决策程序、决策行为	外表、言语的亲和力，对他人的感染力、影响力	岗位所需要的专业理论知识	岗位所需要的行业经验	能够综合应用所掌握的知识、技能和实际经验
评分	9–10	12–15	9–10	16–20	4–5	9–10	9–10	16–20
	6–8	8–11	6–8	11–15	3	6–8	6–8	11–15
	3–5	4–7	3–5	6–10	2	3–5	3–5	6–10
	0–2	0–3	0–2	0–5	0–1	0–2	0–2	0–5
得分								
总分								
评语	面试官签字： 年　月　日							

4.3.4　评价中心设计和应用

1. 心理测试

心理测试是通过一系列科学的方法测量被面试者的智力水平以及个性方面的差异。心理测验的内容包含以下常见的三种：

（1）能力测试。能力包括普通能力和特殊职业能力。普通能力如分析能力、思维能力、记忆能力、推理能力、数学能力、语言能力等。特殊职业能力是从事职业中的某些能力。目的是发现具备从事某种职业的有特殊潜能的人才。

（2）人格测试。应聘者的人格特征会对工作产生较大的影响。不同类型的岗位需要气质、性格相匹配的从业者。因此对某些重要的工作岗位来说，有必要通过人格测试来选择合适的人才。

（3）兴趣测试。兴趣是最好的老师，也在一定程度上反映了应聘者的工作投入度。兴趣测试是为了进行合理的人岗配置。根据人们的职业兴趣倾向进行职位配置，会最大限度地发挥从业人员的潜力，保证圆满完成工作。

2. 情景模拟测试

情景模拟测试是通过一系列接近实际的情景，要求应聘者扮演情境中的某一角色进行事务处理、解决问题。面试官观察并记录应聘者的行为，测评其素质潜能，判断其素质能否胜任拟任岗位的要求。情景模拟包括机关通用文件处理模拟、角色扮演、工作活动的模拟、模拟会议等。

不同的岗位、职务也会对应着使用不同的测评工具。（见表 4.14）

表 4.14 测评工具对照表

职位	生理素质	心理素质			专业素质
		智能	职业兴趣	性格	
技术类	体检	智商测试卷，威廉斯创造力测验，倾向测量表，创新能力测试	霍兰德职业倾向测试	MBTI 性格类型倾向，EPQ	面试，专业笔试
现场施工类	体检	智商测试，威廉斯创造力测验，倾向测量表，问题处理能力测试	霍兰德职业倾向测试	MBTI 性格类型倾向，EPQ	面试，专业笔试

（续表）

职位	生理素质	心理素质			专业素质
		智能	职业兴趣	性格	
行政与人力资源类	体检	智商测试，问题处理能力测试，人际交往能力测试	霍兰德职业倾向测试	MBTI 性格类型倾向，MMPI	面试，评价中心
市场类	体检	智商测试，人际交往能力测试，自律能力测试	霍兰德职业倾向测试	MBTI 性格类型倾向，MMPI	面试，评价中心
财务审计类	体检	智商测试，自律能力测试	霍兰德职业倾向测试	MBTI 性格类型倾向，EPQ	面试，专业笔试
应届毕业生类	体检	智商测试，人际交往能力测试，自信心测试	霍兰德职业倾向测试	MBTI 性格类型倾向，EPQ，性格倾向测试	面试，专业笔试
中高层管理者类	体检	智商测试，人际交往能力测试，成就欲望测试		MBTI 性格类型倾向，MMPI	面试，评价中心

4.3.5　背景调查的方法与技巧

1．什么是背景调查

背景调查是从与应聘者有工作关系的人，如同事、上级、下级、客户等或者历任工作单位那里核实应聘者个人资料的真伪行为。背景调查能够直接证明应聘者的实际情况。

背景调查通常要围绕着查谁、查什么、向谁查以及何时查这四个问题进行。

2. 哪些岗位需要进行背景调查

进行背景调查的岗位主要有以下类型：

（1）关键岗位。组织中的高级财务人员、高级销售人员、专业技术骨干等都需要掌握他们的背景信息，这样才能预防技术泄露、信息外传、转移客户的事故。

（2）公司中高层管理者。

（3）在面试中发现可疑点的岗位。比如受教育时长、学历、教育经历和工作时间出现重叠、历任工作时间存在重叠或者断层等情况发生时，都需要进行背景调查。

（4）不能有职业操守问题的岗位。

3. 背景调查的内容

背景调查主要调查应聘者的学历、工作经历、业绩或能力、综合素质。（见表 4.15）如果公司希望招聘到适合的员工，就应该认真审核求职者提供的相关信息。用人单位只有招聘到品行端正、经验丰富、信用度较高的员工，才能在一定程度上避免因用人不慎而导致企业直接或间接经济损失的情况发生。

表 4.15 员工背景信息调查报告

基本信息			
被调查者姓名			
身份证号码		性别	
出生日期		调查员	
背景调查报告			
一、身份验证			
被调查者身份内容		真实性	说明
身份证号		是（ ）否（ ）	
验证来源			

（续表）

<table>
<tr><td colspan="4">二、学历认证</td></tr>
<tr><td colspan="2">被调查者提供信息</td><td>真实性</td><td>说明</td></tr>
<tr><td>学校名称</td><td></td><td>是（　）否（　）</td><td></td></tr>
<tr><td>学习年限</td><td></td><td>是（　）否（　）</td><td></td></tr>
<tr><td>专业</td><td></td><td>是（　）否（　）</td><td></td></tr>
<tr><td colspan="4">验证来源：　证明人 / 机构：　　　　职位：</td></tr>
<tr><td colspan="4">三、专业资格认证</td></tr>
<tr><td colspan="2">被调查者提供信息</td><td>真实性</td><td>说明</td></tr>
<tr><td>认证机构</td><td></td><td>是（　）否（　）</td><td></td></tr>
<tr><td>获得认证时间</td><td></td><td>是（　）否（　）</td><td></td></tr>
<tr><td>证书名称</td><td></td><td>是（　）否（　）</td><td></td></tr>
<tr><td colspan="4">验证来源：　证明人 / 机构：</td></tr>
<tr><td colspan="4">四、工作履历验证</td></tr>
<tr><td colspan="2">被调查者提供信息</td><td>真实性</td><td>说明</td></tr>
<tr><td>雇主公司名称</td><td></td><td>是（　）否（　）</td><td></td></tr>
<tr><td>雇主公司地址</td><td></td><td>是（　）否（　）</td><td></td></tr>
<tr><td>雇佣时间</td><td></td><td>是（　）否（　）</td><td></td></tr>
<tr><td>职务名称</td><td></td><td>是（　）否（　）</td><td></td></tr>
<tr><td>离职原因</td><td></td><td>是（　）否（　）</td><td></td></tr>
<tr><td colspan="2">是否存在劳动争议</td><td>是（　）否（　）</td><td></td></tr>
<tr><td colspan="2">是否有违纪违规行为</td><td>是（　）否（　）</td><td></td></tr>
<tr><td colspan="4">证明人：　　　　职务：　　　　调查时间：</td></tr>
</table>

（续表）

五、工作履历复核（注：此部分与被调查者未提供的联系人核实）			
被调查者提供信息		真实性	说明
雇主公司名称		是（ ）否（ ）	
雇主公司注册地		是（ ）否（ ）	
雇佣时间		是（ ）否（ ）	
职务名称		是（ ）否（ ）	
离职原因		是（ ）否（ ）	
是否存在劳动争议		是（ ）否（ ）	
是否有违纪违规行为		是（ ）否（ ）	
证明人： 职务： 调查时间：			
六、工作表现鉴定			
和被调查者的关系			
共事时间			
被调查者是否积极工作？			
被调查者的优点有哪些？			
被调查者的缺点有哪些？			
其他相关问题（根据岗位设定问题）			
给被调查者评分			
证明人： 职务： 调查时间：			

4. 向谁查

进行背景调查可以采用360度调查方式，多角度了解接受背景调查的人。可以向与应聘者有工作往来的人，应聘者的上级、同级、下级，应聘者离职公司的人力资源部负责人，应聘者的客户或供应商等进行调查。

5. 什么时候进行背景调查

通常情况下，面试合格之后用人单位会组织背景调查，在背景调查前还需要告知应聘者并征得其同意，因为有些应聘人员是在任期找另一份工作，因此需要考虑尽量避免给应聘人员带来不便或损失。如果当时不方便开展背景调查，那么后续一定要找时间补加。

背景调查会涉及应聘者的隐私，因此为了不必要的纠纷，应在应聘人员提交求职申请时签署一份授权声明，同意接受背景调查。一般的授权背景调查个人声明样例见表 4.16。

表 4.16 授权背景调查个人声明

个人声明书 我保证在提交的《求职申请表》等相关资料中所有的陈述内容均是完整和准确的。如有任何遗漏或不实信息，我同意按照公司的人力资源管理规定，接受包括拒绝聘用或解聘等处理决定。 我同意接受并授权公司或其服务代理机构开展的背景调查。 本人签字： 日　　期：

应聘人员面试合格后需填写一份《背景调查授权书》（见表 4.17），并要求其提供上一任 / 现工作单位办公电话、传真和人力资源部工作人员联系方式。调查人员先致电应聘人员上一任 / 现工作单位的人力资源部门，表明来电用意，并恳请对方公司协助完成背景调查工作。然后将《背景调查授权书》传真或者电邮过去。一般来说，一到两天内返还，而且一般需加盖对方公司人力资源部章。如果由于某些原因来不及进行事前调查，也可以在应聘人员入职后再进行补充调查，如果发现有虚假信息，则立即查明原因，乃至开除，且无须支付任何经济补偿金。

表 4.17 背景调查授权书

背景调查授权书 本人______同意并授权________公司及其代理机构，对本人在个人简历及《求职申请表》中所述信息的真实性进行调查核实。 特此证明！ 授权人签字： 日　　期：

6. 背景调查的方法及选择

常见的背景调查方法有电话调查、问卷调查、现场调查等。

（1）电话调查。在进行电话调查前，要先整理好电话调查清单。（见表 4.18）

表 4.18 电话调查清单

1. 询问被调查者在该公司的工作年限、任职岗位、工作内容。 2. 评价被调查者在工作中的业务水平和岗位匹配度。 3. 评价被调查者完成任务的情况。 4. 评价被调查者在工作中的人际交往能力。 5. 评价被调查者在工作中的抗压能力。 6. 评价被调查者在工作中的优点。 7. 评价被调查者在工作中的缺点。 8. 评价被调查者的性格特点。 9. 询问被调查者离职的原因。 10. 询问被调查者在职期间是否有违纪违规行为。 11. 询问被调查者在职期间是否存在劳动争议。 12. 其他情况。

为避免发生应聘者把与自己关系要好的同事列为证明人，出现信息偏差的情况，在进行电话调查前，还可以要求证明人提供另一个证明人。通过增加的证明人多角度、全方面地了解应聘者，以避免误听、偏听。为了使证明人有较充分的时间接受调查、回答问题，最好在证明人工作任务不太繁重的时段打电

话。比如，午饭前或下班前 30 分钟左右。

（2）问卷调查。（见表 4.19）

表 4.19　背景调查问卷（适用管理者）

兹有被调查者，应聘我公司岗位。为了便于我们更好地了解应聘者，做出恰当的选择，我们希望您能如实填写本问卷。

同时，衷心感谢您在百忙之中配合本次调查工作，如果您有其他补充，请附在表后。本问卷填写完毕后请发送至：（用人单位指定电子邮箱）。

谢谢！

日期：

一、个人基本信息

姓名：　　职务：　　与被调查者的工作关系：

与被调查者相识时长：　　联系电话：　　电子邮箱：

二、能力特质评价

请在下表对应的评价项目中打“√”。

能力与特质	优 秀	良 好	一般	较差	说不清
计划组织能力					
分析判断能力					
决策能力					
创新能力					
沟通能力					
领导能力					
团队合作					
职业道德					

三、优缺点评价

1. 请列举三项被调查者的优点

2. 请列举三项被调查者的缺点

四、其他（与录用决定有关系的其他评价）

（3）现场调查。用人单位人力资源部负责背景调查的员工可以携带《调查函》（见表 4.20）到应聘者原 / 现任职单位进行现场实地调查，以了解应聘者的相关详细信息。

表 4.20 调查函

调查函

（被调查者原 / 现任职单位名称）：

您好！现有 ××× 女士 / 先生应聘我公司 ×× 岗，××× 先生 / 女士在个人简历和《求职申请表》中提及曾 / 现就职于贵单位。为避免不必要的劳动纠纷、合法合规建立劳动关系，我公司恳请贵单位协助确认 ××× 先生 / 女士在贵单位工作时如下信息：

1. 任职年限：　　年　　月至　　年　　月
2. 职位：
3. 薪酬：　　元 / 月
4. 是否存在劳动争议：
5. 离职原因（如主动离职、被动离职等）：
6. 对与工作相关的评价：

谢谢您的支持！

受访公司：　　　　　　　　　　　　执行调查的公司：

　　年　月　日　　　　　　　　　　　　年　月　日

4.3.6 面试结果的通知

面试的结果有两种：录取和淘汰。无论面试结果如何，用人单位都要第一时间通知求职者。下面让我们来看一下如何将面试结果告诉给求职者。

1. 电话通知录用结果

“您好，××× 女士 / 先生，我是 ×× 公司人力资源部招聘专员 ×××。您应聘我公司的 ×× 一职，经面试和综合考评后，同意予以录用，请您于 ×× 年 ×× 月 ×× 日 ×× 时到公司 ××（房间号）人力资源部报到。报到时请您携带本人身份证、毕业证、学位证原件，两张近期二寸彩色照片（有些单位会对照片的背影颜色有规定，所以也要提前告知）办理入职手续。”

2. 电话通知淘汰结果

“您好，×× 女士 / 先生，我是 ×× 公司人力资源部招聘专员 ××。首先，非常感谢您能参加我公司 ××× 岗位的面试，但是很遗憾地通知您，经面试和综合考评后，您不符合此岗位的要求。希望您能继续关注我们今后的招聘信息，感谢您对我公司的支持。”

3. 出具一份回绝信

对未被录用的应聘者也可以出具一份回绝信（见表 4.21），感谢他们对招聘信息的关注和参与，并向他们解释没有被录用的原因。

表 4.21　回绝信

×× 女士 / 先生：

感谢您于 ×× 年 ×× 月 ×× 日参加面试 ×× 公司 ×× 一职。(感谢应聘者参加面试)

但是很遗憾，我公司不能够提供给您这份工作。您在 ×× 方面与岗位存在一定的偏差。(直截了当表明回绝原因)

如果您同意，我们会将您的资料列入我公司人才库，今后如有适合的岗位再向您推荐。

再次感谢您对我公司的关注和支持!

××× 公司人力资源部

年　月　日

4.4 入职管理

入职管理也是招聘环节的关键步骤。对用人单位来说，首先，要确定入职时间。其次，要通知入职者来报到时将所需材料准备齐全，没有材料、缺少材料者不能入职。最后，对于通过面试又没在规定时间报到的员工，可以打电话进行确认。可遵循以下入职工作程序。（见表 4.22）

表 4.22　入职工作程序

步骤	工作内容	责任部门 责任人	所需材料	完成 时限
1. 通知报到	通知入职者报到时间、地点	人力资源部、用人单位	录用名单，报到通知	确定录用后 3 个工作日内
2. 办理入职手续	填写人员登记表，收集入职材料，签订劳动合同，办理社保，发放报到通知	人力资源部 社保专员	报到通知、 人员登记表、 劳动合同书、 转移关系通知	报到后 3 个工作日内
3. 办理报到手续	安排“导师”，指导新员工工作和生活	用人单位 负责人	安排“导师” 工作任务	1 个工作日内完成

（续表）

步骤	工作内容	责任部门 责任人	所需材料	完成 时限
4. 试用期跟踪管理	在新员工试用期间进行管理，对其表现进行跟踪记录	用人单位负责人	试用期管理	试用期内
5. 试用期满前出具鉴定意见	试用期满后，对新员工包括德、能、勤、绩四方面进行考核	用人单位负责人	试用期表现鉴定意见、劳动合同	3个工作日内完成
6. 会审鉴定表	新员工试用期间表现评定	人力资源部负责人	用人单位鉴定意见	3个工作日内
7. 审核鉴定表	新员工试用期间表现评定	公司相关部门负责人	用人单位及公司相关部门鉴定意见	2个工作日内
8. 审批鉴定表	新员工试用期间表现评定	公司分管领导	各级鉴定意见审批结果	2个工作日内完成
9. 辞谢	对审批未通过的新员工予以辞退，结束用工关系	用人单位负责人	辞谢通知	1个工作日内完成
10. 正式录用	审批通过的员工进入正式用工状态	用人单位负责人	正式录用通知	1个工作日内完成

4.4.1 不同用工种类

企业的用工方式有很多种，比较常见的有全日制用工、非全日制用工、学生工、劳务用工以及外籍人员用工。这些用工方式各有特点，适用的规范性文件各不相同，也有不同的操作方式。

1. 全日制用工

全日制用工指的是用人单位与员工签订正式的劳动合同，与员工建立正式劳动关系的用工方式。全日制用工方式需要企业在新员工入职一个月内与其签订《劳动合同书》。

2. 非全日制用工

《中华人民共和国劳动合同法》(2012 年修正本）第六十八条规定："非全日制用工，是指以小时计酬为主，劳动者在同一用人单位一般平均每日工作时间不超过四小时，每周工作时间累计不超过二十四小时的用工形式。"

对用人单位来说，非全日制用工相对全日制用工来讲，人工成本低，适合季节性的灵活用工。在任务明确的情况下，通常是简单重复性劳动，工作效率更高。因此，对工作时间短、危险性较小、不需要长时间培训就能胜任的岗位来说，可以考虑非全日制用工。

《中华人民共和国劳动合同法》(2012 年修正本）第六十九条规定："非全日制用工双方当事人可以订立口头协议。从事非全日制用工的劳动者可以与一个或者一个以上用人单位订立劳动合同；但是，后订立的劳动合同不得影响先订立的劳动合同的履行。"

3. 学生实习操作

出于校企合作，甄选、储备人才的考虑，许多企业会接收在校学生到单位实习。有的企业实习是指已确定进入公司的应届毕业生，在毕业前进入公司并在有经验的工作人员的指导下学习实际工作经验。如果是接收已确定进入公司的应届毕业生进行实习，那么可以遵循以下工作流程。(见表 4.23)

表 4.23　实习工作流程

步骤	工作内容	责任部门责任人	所需材料	完成时限
1. 提出实习申请，提供实习材料	提出实习申请，提供实习材料	实习单位人力资源主管部门负责人、实习生	实习申请表、实习材料	实习前1个月
2. 审核实习申请	根据人才梯队建立和培养制度，审核实习生是否具备实习资格	公司人力资源部负责人	实习生管理制度、实习申请表、实习材料	1个工作日
3. 签订实习协议	符合实习条件的见习生签订实习协议，规定劳动纪律、补助等	公司人力资源部	实习协议书	1个星期
4. 实习期管理	在实习生实习期间，安排、督导、跟踪实习过程，给予实习生生活以及工作上的帮助	实习单位负责人	实习鉴定	实习期
5. 实习期满出具实习鉴定	对实习生在实习期间的表现做出评价及提出是否录用的建议	实习单位负责人	实习鉴定	实习结束后1个星期内
6. 审核实习鉴定表	审核实习生在实习期间的表现是否符合岗位要求	公司相关部门领导	实习鉴定表、录用建议	2个工作日
7. 审核实习鉴定表	审核实习生在实习期间的表现是否符合公司用人标准	公司人力资源部负责人	实习鉴定表、录用建议	2个工作日

（续表）

步骤	工作内容	责任部门 责任人	所需材料	完成 时限
8. 审批实习鉴定表	审批实习生是否符合公司用人要求	公司分管领导	实习鉴定审批结果、相关部门录用建议	2个工作日
9. 辞谢	对实习期间表现不符合公司录用标准的实习生不予以录用	实习单位负责人	实习鉴定审批结果、辞谢通知	1个工作日
10. 办理正式录用	签订劳动合同，正式录用	公司人力资源部负责人	劳动合同	入职前

企业接收学生实习需要与其签订《实习协议》（见表4.24），协议一式两份，经甲乙双方签字或盖章后生效。甲方、乙方各执一份。

表4.24 实习协议

学生实习协议
甲方名称（公司）：　　　　公司地址： 法定代表人：　　　　联系方式：
乙方姓名（学生）：　　　　所在学校及院系： 性别：　　　　所在专业年级： 身份证号码：　　　　学生证号码：
根据中华人民共和国有关法律规定，为推动学生实习活动的开展，保障甲、乙双方的权益，甲、乙双方经协商同意，现在平等自愿的基础上，就学生实习的有关事项达成以下协议：

（续表）

一、实习期限 实习时间自 ×× 年 ×× 月 ×× 日至 ×× 年 ×× 月 ×× 日。 **二、实习岗位** ______部门______岗位 **三、实习管理** 此部分需要明确甲方能否提供实习场地、设备等条件，甲方对乙方应尽的义务，乙方的实习待遇。有些单位只支付实习工资，乙方不享受甲方的福利，但是通常情况下甲方会为乙方购买商业人身意外伤害险。乙方在实习期间应遵守的规定等条款。 **四、劳动保护** 此部分需要列明甲方为乙方提供的是符合国家规定的安全卫生的工作环境、劳动防护用品和作息时间。 **五、知识产权** 此部分需要明确学生在实习期间成果的所有权归属问题。 **六、协议终止与解除** 此部分列明在什么情况下协议终止和解除。 **七、保密责任** 约定实习期间违反保密管理规定的处罚办法。 **八、其他约定事项** 甲方（盖章）：　　　　乙方（签字）： 日期：×××× 年 ×× 月 ×× 日　　　　日期：×××× 年 ×× 月 ×× 日

4. 劳务用工

劳务用工指的是劳动者向用人单位或个人提供约定的服务，并获取一定报酬的用工形式。劳务关系由《中华人民共和国法典》进行规范和调整。劳务关系既可以口头约定，也可以签订书面合同或协议。为规范用工，建议用人单位与劳动者确立劳务关系时，签订《劳务合同书》或者《劳务协议》。

5. 外籍用工

根据《外国人在中国就业管理规定》第五条规定："用人单位聘用外国人须为该外国人申请就业许可，经获准并取得《中华人民共和国外国人就业许可证书》后方可聘用。"此外，第八条规定：" 在中国就业的外国人应持 Z 字签证入境（有互免签证协议的，按协议办理），入境后取得《外国人就业证》和外国人居留证件，方可在中国境内就业。”第十七条规定：“用人单位与被聘用的外国人应依法订立劳动合同。劳动合同的期限最长不得超过五年。”且第二十三条规定：“外国人在中国就业的用人单位必须与其就业证所注明的单位相一致。”用人单位与被聘用的外国人发生劳动争议时需要按照《中华人民共和国劳动法》和《中华人民共和国劳动争议调解仲裁法》处理。

4.4.2 新员工试用管理

试用期，指的是劳动合同履行的初期，代表劳资双方已经正式确立劳动关系，但需要一个“过渡期”供彼此了解、尝试、熟悉，给彼此都留有选择的空间和余地。《中华人民共和国劳动合同法》第十九条规定：“劳动合同期限三个月以上不满一年的，试用期不得超过一个月；劳动合同期限一年以上不满三年的，试用期不得超过二个月；三年以上固定期限和无固定期限的劳动合同，试用期不得超过六个月。同一用人单位与同一劳动者只能约定一次试用期。以完成一定工作任务为期限的劳动合同或者劳动合同期限不满三个月的，不得约定试用期。试用期包含在劳动合同期限内。劳动合同仅约定试用期的，试用期不成立，该期限为劳动合同期限。”需要注意的是，《中华人民共和国劳动合同法》第七十条规定：“非全日制用工双方当事人不得约定试用期。”

在试用期的工资根据《中华人民共和国劳动合同法》第二十条规定：“劳动者在试用期的工资不得低于本单位相同岗位最低档工资或者劳动合同约定工资的百分之八十，并不得低于用人单位所在地的最低工资标准。”新员工试用通知单样例见表 4.25。

表 4.25 新员工试用通知单

<table>
<tr><td>姓名</td><td></td><td>性别</td><td></td><td>年龄</td><td></td><td>学历</td><td></td><td>学位</td><td></td><td>政治面貌</td><td></td></tr>
<tr><td rowspan="2">试用单位</td><td rowspan="2"></td><td>试用岗位</td><td colspan="3"></td><td rowspan="2">薪酬</td><td rowspan="2" colspan="5"></td></tr>
<tr><td>试用期间</td><td colspan="3"></td></tr>
<tr><td rowspan="2">试用结果</td><td>主管意见</td><td colspan="10">签字：
年 月 日</td></tr>
<tr><td>人力资源部意见</td><td colspan="10">签字：
年 月 日</td></tr>
<tr><td>领导批示</td><td colspan="11">签字：
年 月 日</td></tr>
</table>

4.4.3 员工转正的流程

试用期满后，新员工可以按照公司的转正流程提交转正申请。员工提交转正申请后，人力资源部和用人部门对员工在试用期内的态度、行为等表现进行评估。（见表 4.26）转正前评估可以分别包含知识、技能、行为态度和业绩的评估。

知识评估是通过笔试和面试考查新员工对试用期岗位上应知应会的知识掌握了多少。这些应知应会的知识可以从组织预先编制的题库中选取。问题需要和新员工试用期的工作密切相关，且属于岗位必备的知识。

技能评估是通过实际操作模拟、工作成果评价、专家意见评价、直属领导评价、集体评议等方式评估新员工掌握岗位各项必备基本技能的程度。

行为态度评估是通过民主评议或直属领导评分的方式评估新员工在试用期的工作行为和工作态度是否符合公司的要求和预期。

业绩评估是评价新员工在试用期内的工作绩效是否满足岗位的基本要求。

表 4.26 试用期员工转正考核表

姓名		部门			岗位						
试用期间	年 月 日— 年 月 日										
考评内容	评估要点	权重	员工自评				主管评估				评估得分
			1	2	3	4	1	2	3	4	
工作业绩	保质保量完成工作										
	工作效率高										
	工作方法科学										
称职能力	品行端正										
	岗位专业知识掌握程度										
	解决问题能力										
	对岗位职能与职责的认识程度										
	工作中有创新										
	善于学习										
	爱岗敬业										
	自律										
	具有团队合作意识										
	条理性强										
	工作积极主动										
	服从分配										
	遵守各项规章制度										
	对企业文化的认识程度										
考核等级	□优秀 □良好 □合格 □基本合格 □较差						得分合计				
部门主管意见	签字： 年 月 日										
	建议转正类别：□提前转正 □按期转正 □辞退										
部门经理意见	签字： 年 月 日										
人力资源部审批	签字： 年 月 日			总经理审批			签字： 年 月 日				

4.4.4　员工人事档案管理

人事档案记载了人生轨迹，它记录了一个人的个人身份、道德品行、思想认识、受教育经历、工作经历、工作实绩、奖惩、社会关系等情况。人事档案里的内容与个人工资、社会保险、组织关系等紧密相关。人事档案可以作为办理转正、定级、职称申报、办理社会保险等手续的证明。

国有企事业单位领导人员、管理人员和专业技术人员的人事档案，根据《干部人事档案工作条例》由人力资源部门作为具体工作的归口管理部门，进行统一集中管理，同时在人力资源部配备相应的专 / 兼职档案管理人员，负责档案管理的日常事务。其他类型企业的人事档案可以挂靠在具有管理人事档案资格的人才市场，或委托有资质的公司代管。档案一定妥善保管，既不得遗失、损坏，也不允许擅自抽取、撤换、添加、销毁材料。

1. 人事档案接收流程

企业接收员工的人事档案时，需要按照档案接收流程（见图 4.4），由相关部门领导和人力资源部审批后方可接收员工档案。

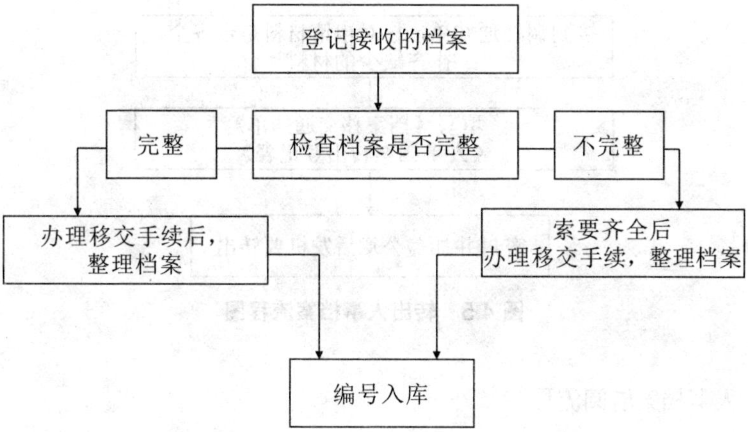

图 4.4　人事档案接收流程图

2. 人事档案转出流程

员工离职或者因其他原因需要转出人事档案时，需要按照档案转出流程（见图 4.5），由相关部门领导和人力资源部审批后方可将档案转出。人力资源部确认档案转出的依据为人事档案转出审批表。员工转移档案时，企业需要出具企业员工档案转移单。

员工与单位解除劳动关系并与公司办理完相关离职结算后方可办理个人人事档案转移。企业留存员工档案转移单存根，员工保留员工档案转移单和回执联。

企业员工档案转移单上需要原单位盖章。员工与单位解除劳动关系并与公司办理完相关离职结算后办理个人人事档案转移。员工携带这两联单据和人事档案到新的接收单位办理档案接收手续。档案接收单位在回执联上盖章，由员工送回原公司。

《干部人事档案工作条例》第二十五条第一款规定："干部人事档案管理权限发生变动的，原管理单位的干部人事档案工作机构应当对档案进行认真核对整理，保证档案内容真实准确、材料齐全完整，并在2个月内完成转递；现管理单位的干部人事档案工作机构应当认真审核，严格把关，一般应当在接到档案2个月内完成审核入库。"

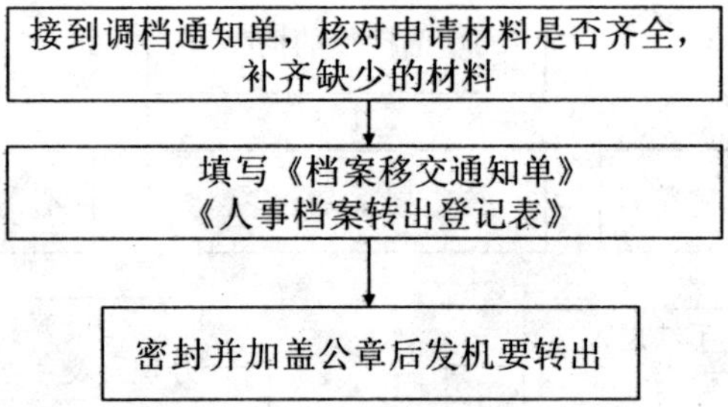

图 4.5 转出人事档案流程图

3. 人事档案借阅流程

人事档案的借阅方式可以分为查阅、借出和开具人事档案证明材料等。通过这三种方式使用人事档案时，需要采取必要的手续，来维护人事档案完整、安全。

（1）人事档案查阅。人事档案查阅由申请查阅者填写《人事档案查阅审批表》（见表 4.27），查阅部门的负责人及相关领导签字后交由人力资源部门审核，

若理由充分、手续齐全，则予以批准。（见图 4.6）

表 4.27　人事档案查阅审批表

项目	内容		
	姓名	单位职务	政治面貌
被查阅人			
查阅人			
查阅理由			
部门或直属单位意见	负责人签字：（盖公章）　　年　月　日		
人力资源部意见	签字：　　年　月　日		
公司分管领导审批	签字：　　年　月　日		
备　注			

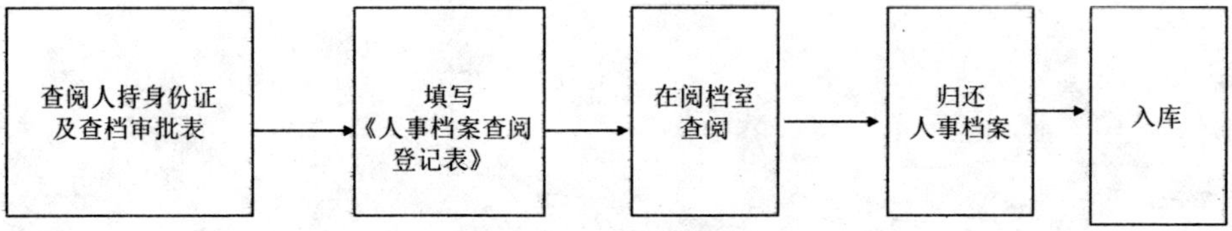

图 4.6　人事档案查阅流程

（2）人事档案借出。人事档案借出的手续参见图 4.7。须由借阅人填写《员工人事档案借阅审批表》，经其所在部门或单位负责人签字并提交人力资源部负责人审核后上报公司分管领导审批，审批通过后，借阅人将审批表交至档案管理人员后方能借阅。

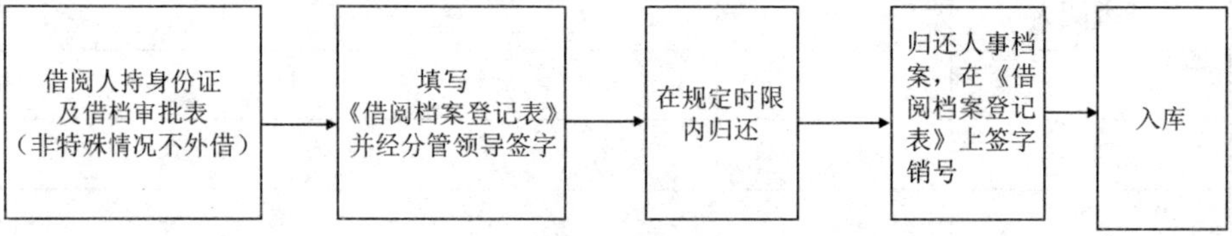

图 4.7 人事档案借出流程图

《干部人事档案工作条例》第三十三条规定：“干部人事档案一般不予外借，确因工作需要借阅的，借阅单位应当履行审批手续，在规定时限内归还，归还时干部人事档案工作机构应当认真核对档案材料。”

（3）开具人事档案证明材料。开具人事档案证明材料的手续如下。

相关人员提供申请材料，说明需求原因以及需要开证明的种类；相关负责人及领导签字；人力资源部审核，根据公司规定和申请者的要求提供申请材料；证明材料由相关领导审阅后，加盖公章；申请人到人力资源部领取文件，并签字登记；人力资源部留存登记文件，以备查阅。

查阅、借用档案的个人或部门，未经批准不得复制或拍照。摘抄、复制的材料，使用完毕后由借阅单位负责自行销毁。

4.5 招聘工作评价

4.5.1 数量评估

数量评估是通过实际录用人员数和计划招聘数的比例量化分析招聘各环节的薄弱点，以便优化招聘工作流程和方案。

人员录用评估包括应聘比、录用比、报到率、留用率和招聘完成比。

（1）应聘比是应聘人员总数占计划招聘人员总数的比例。

$$应聘比 = 应聘人员总数 \div 计划招聘人员总数 \times 100\%$$

（2）录用比是录用人员总数占应聘人员总数的比例。

$$录用比 = 录用人员总数 \div 应聘人员总数 \times 100\%$$

（3）报到率是实际报到的人员数量占面试合格总人数的比例。

$$报到率 = 实际报到的人员数量 \div 面试合格总人数 \times 100\%$$

（4）留用率是报到结束后的一个时间周期留任的人员数量所占报到总人数的比例。

$$留用率 = 留任的人员数量 \div 报到总人数 \times 100\%$$

这一时间周期是新员工对工作内容和工作环境的适应阶段，企业内部的人际关系、主管人员对待新员工的态度、主管人员的领导风格、新员工受重视程度、新员工培训机制的完善程度都是影响新员工能否继续留任的关键因素。

（5）招聘完成比是指实际留任的人员数量与计划招聘的人员数量的百分比。

招聘完成比＝实际留任的人员数量 ÷ 计划招聘的人员数量 ×100%

4.5.2 质量评估

质量评估可以用员工通过试用合格率来衡量。

试用合格率＝试用期的合格人员数量 ÷ 留用总人数 ×100%

4.5.3 招聘时间评估

招聘时间是从用人部门提出招聘需求开始到新员工完成上岗的这段时间。一般来说，招聘时间越短，招聘效果越好。但人力资源市场上由于岗位的类型和岗位的层次都存在差异，不同岗位的供求情况也不尽相同，所以招聘时间也存在较大差别。

4.5.4 招聘成本效益评估

招聘成本效益评估是核实招聘实际产生的费用，并对招聘计划中的预算进行比较评价。招聘成本效益评估包括以下内容。

（1）招募成本。招募成本包括招聘人员的人工费用、招聘业务费，以及其他与招聘相关的费用等。

招募成本效用＝应聘人数 ÷ 招募期间发生的费用

（2）选拔成本。选拔成本是指对应聘人员进行甄选时发生的费用。

选拔成本效用＝被选中人数 ÷ 选拔期间的费用

（3）录用成本。录用成本是指企业录用到符合岗位要求的人所发生的费用。

人员录用效用＝正式录用的人数 ÷ 录用期间的费用

（4）安置成本。安置成本是将被录取员工安置到所聘岗位上所发生的费用。

（5）离职成本。离职成本是指因为招聘存在问题致使员工离职给企业造成的经济上的损失。

（6）重置成本。由于员工离职而需要重新招聘所产生的费用。

4.5.5　撰写招聘分析报告

招聘分析报告一般是新员工入职后，由招聘人员、用人部门、相关管理者与新入职员工共同交流、撰写而成。（见表 4.28）招聘分析报告也是对招聘计划的一个总结和比较，对未来计划、实施招聘提出意见和建议。

撰写招聘分析报告主要分为六步。

第一步，整理归纳招聘结果。对招聘人员、招聘流程、招聘到岗情况、招聘成本等进行说明。

第二步，与招聘人员进行沟通。了解具体招聘活动的成果和不足，评价招聘工作的实施情况，就实际结果和之前的计划进行比较，分析存在差异的原因，并提出意见和建议。

第三步，与用人部门人员进行沟通。就招聘流程、到岗人员的数量和素质等做出客观的评价，并提出意见和建议。

第四步，同新员工进行沟通。就招聘人员的素质、招聘流程、应聘动机和现阶段个人工作表现进行评价，并提出意见和建议。

第五步，综合上述四步的内容，撰写招聘分析报告。

第六步，上报、审核、归档、分发给相关部门，为今后的招聘工作提供参考依据。

表 4.28　招聘分析报告示例

1. 整理归纳招聘结果

- 招聘小组人员构成及任务分工情况
- 招聘工作流程及相应的工作完成情况
- 应聘人员到岗情况
- 应聘人员与招聘标准的匹配程度
- 招聘周期
- 招聘费用
- 招聘工作中出现的特殊问题

2. 评价招聘工作结果

- 举例评价招聘人员的素质
- 举例评价招聘流程
- 评价到岗情况
- 评价人岗吻合程度
- 评价招聘周期
- 对招聘实际发生的费用和预算出现偏差的现象做出合理解释
- 对招聘工作中出现的特殊问题做出合理解释
- 评价应聘人员的工作表现

3. 招聘工作改进意见

- 招聘小组人员构成及任务分工的改进意见
- 招聘工作流程的改进意见
- 计划应聘人员数量调整意见
- 应聘人员与招聘标准的调整意见
- 招聘周期调整意见
- 招聘费用调整意见
- 招聘工作中出现特殊问题的解决办法和预防手段
- 应聘人员的处理意见

4. 分析报告

- 总结招聘计划的改进要点和经验

第 5 章

培训与开发

现代组织面临着内外部环境变化带来的挑战。组织为了能够更好地适应环境、提高效率、可持续地发展，就必须不断更新知识、技术。组织中的员工需要通过学习才能提高自身的知识和技能，明确积极的工作态度。因此，对员工进行培训与开发则成为组织获取和保持竞争优势的重要手段。

5.1 培训师的自我修炼

5.1.1 培训师的工作内容

我国人力资源和社会保障部于2007年修订，2008年颁布的《企业培训师国家职业标准》中将企业培训师定义为："能够结合经济、技术发展和就业要求，研究开发针对新职业（工种）的培训项目，以及根据企业生产、经营需要，掌握并运用现代培训理念和手段，策划、开发培训项目，制订、实施培训计划，并从事培训咨询和教学活动的人员。"

美国劳工部汇编的《职业分类辞典》将企业培训师角色划分为四类：管理者、学习专家、教学设计专家、咨询顾问。每一大类中又细分了近十个子类。企业培训师作为师资队伍的一员，一是需要具备师德，即具有对社会、企业及学员负责的精神与品格；二是需要具备相关学科和专业所需的专业技术和能力，如能够熟练应用到一线生产的职业能力；三是需要具备教育教学能力，人才培养质量的保障要求企业培训师掌握教育学和心理学的知识，需要能够熟练组织教学，合理选择教学内容、方法，以及评价学员和培训效果。此外，等级较高的企业培训师还需要承担课程开发和相应的管理任务。

培训师是影响培训效果的决定性因素，企业可以通过到高校聘请、参加培训班、联系专业培训机构等方法寻找合适的培训师。培训师不仅要有广博的理论知识，还要有丰富的实践经验；既要有扎实的培训技能，更要有吸引学员的人格魅力。当然，企业也可以自己培养自己的培训师。

5.1.2　培训师的“选用育留”

1. 内部培训师的选拔

企业建立内部培训师（以下简称“内训师”）队伍，首先应明确内训师应该从哪里选拔、选拔的依据是什么。通常情况下，选拔内训师时主要考虑入职时间、学历和培训对象三个方面。（见表 5.1）

表 5.1　内训师选拔范围一览表

选拔依据		选拔范围
入职时间		_____年（含）以上
学历		专科 / 本科 / 研究生
培训对象	普通员工培训	基层主管级以上
	基层管理者级培训	中层经理级以上
	中层管理者培训	高层总监级以上

一般而言，组织中的各级领导干部、各系统专家、各系统业务骨干、具备与培训需求相关专长的其他人员都可以作为内训师的来源。通常作为一名内训师要符合以下标准：热爱所从事的工作，身心健康；对培训工作有浓厚的兴趣，乐于为受训人服务；对本职工作应知应会的专业知识熟记于心；幽默、自信，善于营造和谐的人际氛围；具有一定的实践经验和较强的业务能力；语言表达能力强、善于沟通和倾听；工作态度积极且品行端正、有职业道德。

内训师选拔流程和选拔办法以及内训师自荐表如图 5.1、表 5.2 和表 5.3 所示。

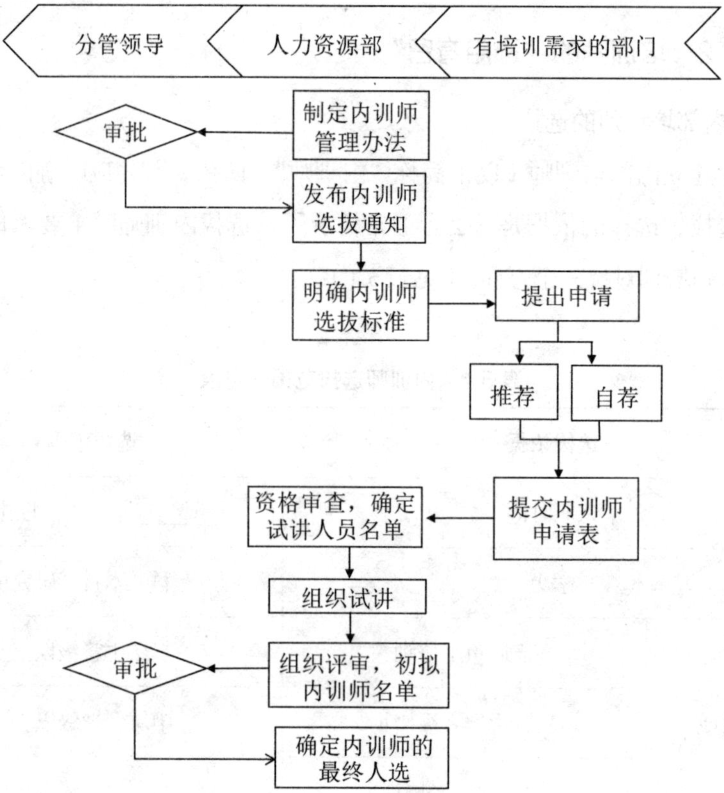

图 5.1　内训师选拔流程图

表 5.2　内训师选拔办法

<table>
<tr><td rowspan="2">制度名称</td><td rowspan="2">内训师选拔办法</td><td>编号</td><td></td></tr>
<tr><td>制定日期</td><td></td></tr>
<tr><td>制定人</td><td></td><td>所在部门</td><td></td></tr>
<tr><td colspan="4">第一条　内训师基本条件
1. ××××（对学历、职务、职业资格的要求）
2. ××××（对所任岗位的专业理论知识和实践经验的要求）
3. ××××（对是否具备培训教学经验、方法和技巧的要求）
4. ××××（对书面表达和文字功底的要求）
5. ××××（对学习能力和创新思维的要求）
第二条　内训师选拔程序
注：选拔程序可以根据图 5.1 的内容，结合组织情况进行调整</td></tr>
</table>

（续表）

审批人意见	签字： 年　月　日

表 5.3　内训师申请（推荐）表

填写日期：　　年　月　日

姓名		出生年月		所在单位（部门）			
性别		参加工作时间		职务		职称	
毕业院校		学历		专业类别			
专业特长							
授课方向							
工作经历							
申请人自荐	签名： 年　月　日						
推荐单位（部门）意见							
考核小组意见	组长签名： 年　月　日						

2. 内训师的培养

为提高内训师素质，企业应该经常为他们提供课程开发、授课方法和技巧的培训。（见表 5.4）

表 5.4　内训师培训办法

<table>
<tr><td rowspan="2">制度名称</td><td rowspan="2">内训师培训办法</td><td>编号</td><td></td></tr>
<tr><td>编制日期</td><td></td></tr>
<tr><td>制定人</td><td></td><td>所在部门</td><td></td></tr>
<tr><td colspan="4">第一条　培训课程
（注：本部分应该包括担任内训师的人员必须接受的培训课程有哪些）如：
1. 如何开发一门好课
2. 如何讲好一门课
第二条　培训学时
（注：本部分需要注明培训师每月度 / 季度 / 年度应该接受的各类培训的学时情况）如：
1. 专业知识类课程 30 学时 / 年
2. 实践操作类课程 25 学时 / 年
第三条　培训考核
（注：本部分需要列明内训师参加培训后的考核方式和通过标准）如：
1. 笔试
2. 实操测试</td></tr>
<tr><td>审批人意见</td><td colspan="3">签字：
年　月　日</td></tr>
</table>

（1）课程开发培训。开展课程开发培训可以提高内训师开发培训课程的能力，只有内训师先掌握了课程开发的要领，才能设计出精彩生动的课程。课程开发要领的主要内容详见表 5.5。

表 5.5　课程开发要领

1. 要掌握学习原理。
2. 要了解成人学习的特点。
3. 要以企业和员工的发展需求为依据开发课程。
4. 要投入时间和精力开发课程。
5. 要将课程内容分为知识类、技能类、态度类，并且每类课程要设计不同的授课模式和考核形式。
6. 反复推敲开发的课程，确保课程内容的准确性和完整性。

（2）授课技巧的培训。尽管企业内训师均来自组织各部门中具有扎实的专业知识和技能的管理者、技术骨干或者资深员工，但是如果让他们站在讲台上，可能他们的授课技巧就会略显欠缺。因此对内训师来说，授课技巧的培训不可或缺。内训师授课技巧的培训项目主要包括六个方面。（见图 5.2）

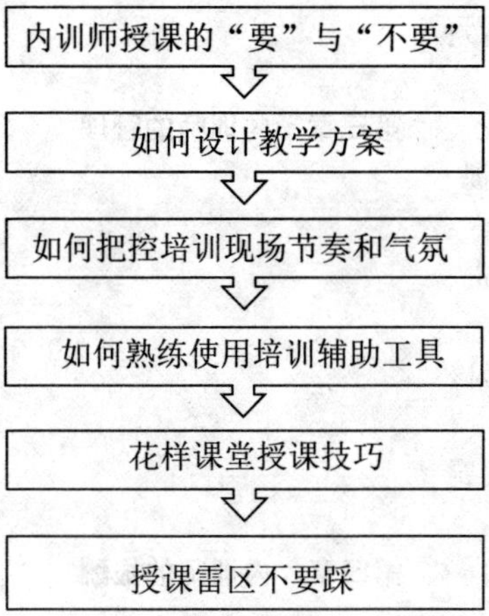

图 5.2　授课技巧培训内容图

3. 内训师管理办法

内训师管理办法的框架内容见表 5.6，各单位应该根据自己的实际情况进行补充完善。

表 5.6 内训师管理办法

制度名称	内训师管理办法	编号	
		编制日期	
编制人		所在部门	

第一章 总则

第 1 条 目的

……

第二章 内训师资格评聘

第 2 条 归口管理

……

第 3 条 内训师的来源

……

第 4 条 内训师的基本条件

……

第 5 条 内训师的级别

……

第 6 条 内训师的评聘条件

……

第 7 条 内训师的评聘

……

第三章 内训师的管理

第 8 条 内训师的培训

……

第 9 条 内训师的职责

……

第 10 条 内训师的考核

……

第 11 条 内训师的奖罚

……

第四章 内训师的报酬

第 12 条 付酬标准

……

第 13 条 报酬支付

……

第五章 附则

审批人意见	签字： 年 月 日

4. 内训师奖惩办法

内训师奖惩办法见表 5.7。

表 5.7　内训师奖惩办法

<table>
<tr><td rowspan="2">制度名称</td><td rowspan="2">内训师奖惩办法</td><td>编号</td><td></td></tr>
<tr><td>编制日期</td><td></td></tr>
<tr><td>编制人</td><td></td><td>所在部门</td><td></td></tr>
<tr><td colspan="4">第一条　内训师的奖励
注：此部分内容明确内训师的考核结果由哪个部门认定，认定周期是按月度、季度还是年度。认定后评选出的优秀内训师是给予物质奖励还是精神奖励。不合格的内训师会受到哪些惩罚等。
第二条　内训师的付酬标准
注：此部分内容需要明确内训师的报酬问题。因为内训师的资历和经验不同，所以一般会将他们划分成不同的级别，如助理培训师、中级培训师、高级培训师。按照级别分别对应不同的课时标准，级别越高课时费越多。此外，每次培训的参训规模也有不同，如 80 人以上、50~80 人、20~50 人、20 人以下等，因此也需要根据参训规模设定系数，规模越大，系数越高。同时，受训者的反馈也会影响到内训师的考评结果。因此，在计算课酬时也需要考虑受训者打分情况。
因此，内训师的课酬可以为：课酬 = 级别标准 × 学时 × 规模系数 × 受训者的打分折合系数
第三条　无须支付课酬的情况
注：在某些情况下，组织无须支付内训师课酬。比如：邀请内训师做例行的经验交流分享、试讲、授课学时低于规定小时数等。
第四条　报酬支付
需要明确内训师报酬的申请和支付由哪个部门执行。通常情况下由各培训主办部门负责执行。</td></tr>
<tr><td>审批人意见</td><td colspan="3">签字：
年　月　日</td></tr>
</table>

5.1.3 培训师的标准

作为授课主体，无论是内训师还是外部讲师，通用的选择标准都要包括六个维度。（见图 5.3）

实践经验	培训师需要有丰富的行业实践经验，培训师要掌握其所在行业领域的理论知识和技术前沿，这样才能更好地发现组织存在的问题，并有针对性地提出解决方案
深入研究能力	从某种程度上讲，培训师是专家。他们必须持续跟踪相关领域的动态，持续学习，更新自己的知识、技能和观念。这样才能确保所授课程与行业前沿接轨
课程开发能力	培训师需要结合组织的实际需求，开发培训课程。这样课程的内容才能更有针对性、实用性和时效性
授课效果	培训师的授课对象是成年人，成年人学习的需求、思维方式、注意力集中程度都有自身的特点。因此培训师应该把控培训现场的讲课速度和气氛，提高授课效果
授课能力	培训师授课能力体现在他们不仅需要有良好的语言表达能力，还需要有引导学员思考、为学员答疑解惑的能力
学员反馈	培训过程中和培训结束后，学员都要对培训师的课程及培训师本人做出客观的评价。只有学员满意并认可，才说明培训师的水平高和能力强。培训师良好的口碑才能被逐渐建立，获得越来越多的客户

图 5.3 培训师的选择标准

5.2 培训需求的调查

5.2.1 确定培训需求分析

1. 培训需求的层次分析

（1）战略层面的分析。战略需求培训一般由人力资源部门发起，旨在服务于组织未来的发展规划。结合组织的使命和愿景，思考什么样的培训有助于组织未来的战略目标。

（2）组织层面的分析。组织层面的培训旨在发现组织及其部门存在的问题，然后确定哪些问题需要通过培训得到解决。培训的重点主要放在考察企业目标和对目标有影响的因素。

（3）员工个人层面的分析。员工个人层面的分析就是员工的学习意愿信息分析，即员工感到自己在工作中存在哪些欠缺，且希望通过培训纠正完善，为自己创造更好的专业发展空间。简而言之，就是将员工实际工作绩效与标准进行比较。如果低于标准，则需要查找问题，纠正提高。

2. 培训需求的对象分析

（1）新员工的培训需求分析。新员工刚加入组织，对组织的情况、制度，所聘岗位工作内容等都不了解，所以这个时候就需要使用任务分析法。将培训任务分成不同的项目，开展类似企业文化、管理制度、工作岗位职责和内容的培训等，以便使新员工尽快熟悉适应组织环境。

（2）在职员工的培训需求分析。在职员工已经熟悉了组织文化、各项管理制度。因此在职员工的培训需求多半发生在新技能、新技术、新规程、新制度时，或者员工发现自己的绩效与预期存在偏差时产生的。

3. 培训需求的阶段分析

培训需求的阶段分析主要围绕以下三方面进行：首先要针对在组织运营中或个人在工作中存在的问题和不足，进行当前的培训需求分析；然后再结合组织未来发展的需要，进行未来培训需求分析；最后将两者结合起来确定当前和未来的素质能力要求。

5.2.2 选择培训需求的调查对象

培训需求不仅来自企业各个层次员工个体的需要，还来自企业中的各个特定职能部门群体的需要，甚至来自企业整体的需要，进而产生了内容各异、形式多种多样、特点各不相同的培训项目。

1. 员工个体的培训需求

有些培训需求是由企业中的员工个体提出的。例如，当员工发现自己现有的学历、知识、技术、能力无法满足组织的发展要求，即跟不上组织的步伐，员工的业绩与计划相差较大，员工的工作状态低沉、出现倦怠等时，通常会产生培训需求。

2. 企业中各个职能部门的培训需求

有些培训需求是由企业中的特定群体提出的。这些群体可能是一个具体的部门，比如采购部、研发部、财务部、行政部或销售部等；也可能是从事具体业务或者从事特殊任务的机构，如保洁部门和安保部门等。

3. 企业整体的培训需求

有些培训需求是基于企业整体的。比如，当企业需要转型、升级或者进入新的经营领域时，则需要为其变化做出一系列相应的准备。比如心理上的准备和调整、仪器设备的更新换代、管理方式和思想观念上的变革、员工的自我发展和素质提升等，都需要借助培训。

5.2.3 实施培训需求的调查

1. 观察法

观察法即培训需求分析调查员深入培训对象的工作现场，通过直接观察和记录，发现问题并获得培训信息的方法。该方法的具体步骤见图 5.4。这种方法可以比较全面直观地了解培训对象的需求，捕捉他们的行为习惯以及培训对象意识不到的深层次的需求。

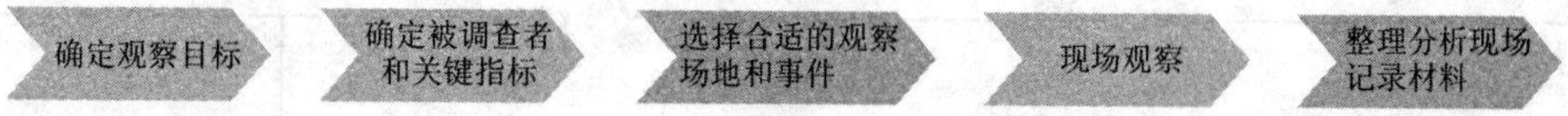

图 5.4　观察法实施步骤图

在运用观察法时，要注意以下三个事项。

（1）观察员一定要非常熟悉被调查的工作。如熟悉工作流程、工作内容、工作职责、工作标准等。

（2）观察员在进行观察时一定不能干扰、影响到被观察者的正常工作，否则收集的信息会存在偏差。

（3）不是所有的工作都适合采用观察法，这种方法一般用在可以被直接观察的工作。

观察法的主要优点和缺点详见表 5.8。

表 5.8　观察法优缺点分析表

观察法的优点	观察法的缺点
1. 置身现场，直接获得工作环境信息 2. 对照工作标准可以发现差距	1. 对观察员的要求较高 2. 观察范围有限，仅局限在工作现场 3. 被调查者可能会受到干扰，影响工作行为

2. 面谈法

面谈法是培训需求调查分析员与被调查者面对面，通过谈话的方式收集被调查者在培训需求方面的信息。

面谈分为结构化面谈和非结构化面谈。结构化面谈是每一位被采访者都要回答一系列相同的问题；非结构化面谈则因人而异，被采访者不同，问题也不同。面谈法的具体实施步骤如图 5.5 所示。

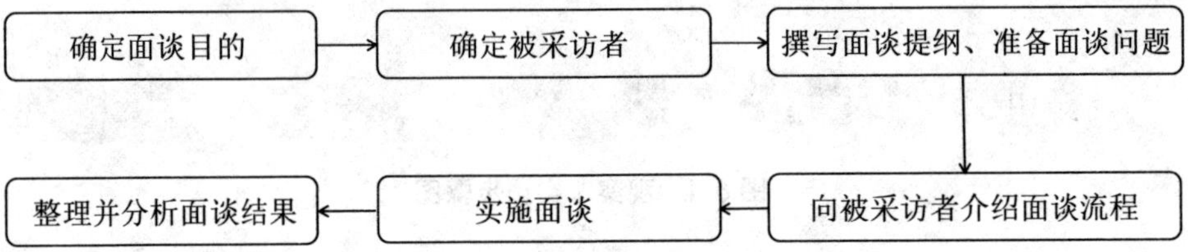

图 5.5 面谈法实施步骤图

在实施面谈法时，应注意以下三个事项。（见图 5.6）

图 5.6 面谈法实施的三个注意事项

面谈法的主要优点和缺点详见表 5.9。

表 5.9 面谈法优缺点分析表

面谈法的优点	面谈法的缺点
1. 面对面谈话，方便简单 2. 察言观色，容易掌握被采访者的反应	1. 质性访谈，分析难度大 2. 被采访者有顾虑，提供不实的信息

3. 问卷法

问卷法是指通过统一设计的问卷对调查对象的个人信息、专业背景、工作经历、承担的工作任务、工作中遇到的问题和挑战、培训期望等方面进行调查。问卷可以设置封闭式问题，供被调查者进行选择；也可以使用开放式问题，请被调查者根据问题自由发挥。问卷法能够了解被调查者的主观愿望和培训需求。问卷调查可以采用信函、传真、电子邮件、当面填写纸质问卷等方式获得所需要的信息。为了取得较为完整的信息，在使用问卷法时，调查人员必须遵循以下步骤。（见图 5.7）

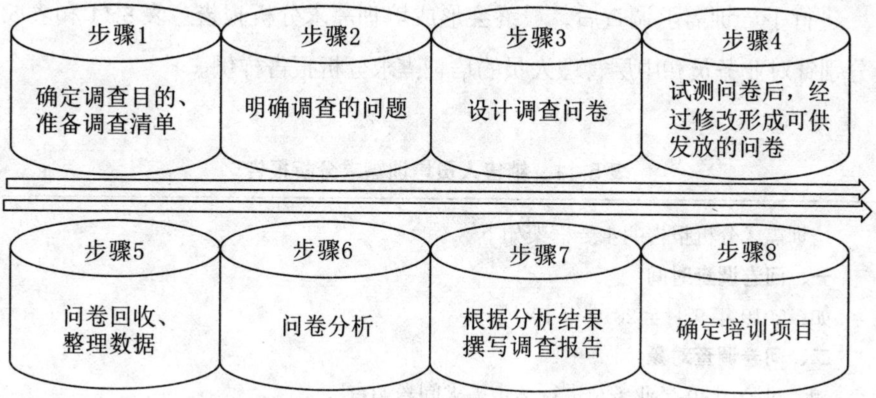

图 5.7　问卷法实施步骤

在实施问卷法时，要注意以下事项。（见图 5.8）

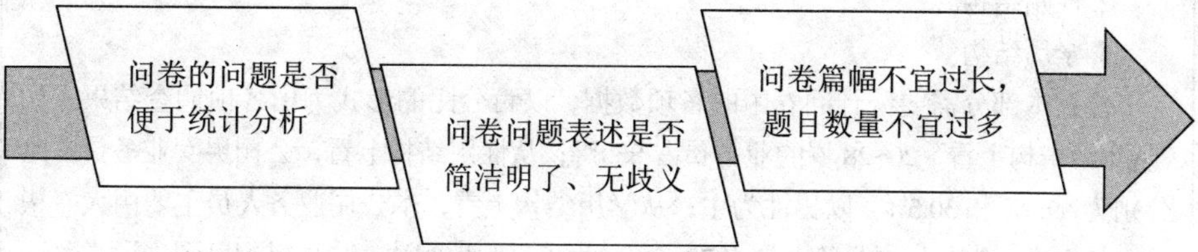

图 5.8　问卷法实施注意事项

问卷法的主要优缺点详见表 5.10。

表 5.10　问卷法优缺点分析表

问卷法的优点	问卷法的缺点
1. 问卷易于大规模发放 2. 调查数据可使用统计软件汇总、分析	1. 问题编写周期较长 2. 问卷回收率可能达不到预期 3. 存在无效问卷

5.2.4　培训需求调查分析的结果

进行了培训需求调查后，最终会形成培训需求分析报告。表 5.11 和表 5.12 是分别针对业务员和中层管理人员的培训需求分析报告样例。

表 5.11　销售人员培训需求分析报告

培训需求分析报告的主要框架如下。

一、问卷调查时间

如：2019 年 9 月至 2019 年 10 月。

二、问卷调查对象

如"对公司 40 名业务员进行培训需求问卷调查"。

三、问卷调查目的

如"为 2020 年度销售部开展培训工作提供参考和依据"。

四、被调查人员总体概况

1. 年龄结构。
2. 性别结构。
3. 学历结构。

注：本部分需要统计问卷中的各项数据，以百分比的形式列出各项调查结果。如"从年龄结构上看，20~28 岁的业务员占 85.8%；从性别结构上看，公司男女业务员占比分别为 69.5% 和 30.5%，以男性为主；从学历结构上看，本公司业务人员主要由大专毕业人员组成，约占公司业务人员的 78.6%"。为了直观地阅读，也可以配以图表形式。

五、被调查人员对培训的认同程度

此部分可以就公司对培训工作的重视程度、培训的目的、是否愿意参加培训、自己对于培训需求的迫切程度、培训理念、参加培训次数、被调查者的学习状态进行分析。

六、培训的组织和安排情况

此部分可以就想接受哪些方面的培训、课堂教学方法、喜欢哪种类型 / 风格的培训师、培训时间、培训频率、培训形式等进行分析。

（续表）

七、业务员培训需求点概况

此部分是根据前面的内容归纳总结业务员在工作中突出的问题。然后按照各类问题的占比情况由高到低进行排序。如“22.08% 的业务员不知道如何与客户谈判”“18.39% 的业务员不知道如何处理客户的异议”等。然后通过图表直观地反映各类问题占比。

八、业务员培训课程建议

此部分需要提出针对业务员目前在工作中存在的问题和业务员本身与工作相关的需求，提出对业务员应该开设哪些方面的培训课程。如“针对业务人员，公司可进行如下课程的培训（见下表）”。

业务员培训课程计划表

课程名称	主要内容
1.	
2.	
……	

表 5.12　中层管理人员技能培训需求分析报告

对管理层进行培训需求分析，可以参考如下框架内容。

一、培训需求分析实施背景

此部分简要介绍为什么要进行培训需求分析，及培训需求调查和分析的目的。如“目前的中层管理者多数是从基层部门或者业务骨干中新提拔上来的，故需要通过开展培训提升他们的管理技能”。

二、调查对象

此部分需要明确哪些部门的人员参与调查，人数是多少。

三、调查方式及主要内容

1. 调查方式：此部分需注明采用何种方式进行调查。如访谈法、问卷调查。

（1）访谈法：此部分介绍哪个部门的哪类人群负责开展访谈，采访了多少人。如“人力资源部培训经理同企业的财务部、行政部、销售部等 35 名负责人分别进行面谈”。

（2）问卷调查：此部分需要提供发放问卷份数、回收问卷份数、有效问卷份数、有效率等信息。如“本次问卷调查，发放问卷 35 份，回收 35 份，其中有效问卷 33 份，有效率 94.29%”。

（续表）

2. 调查的主要内容及其分析

此部分主要包括：被调查者的任职时间、管理幅度、工作计划制订情况、如何授权激励员工、如何进行团队建设、是否对员工开展培训等方面进行调查。举例如下。

（1）任职时间

任职时间调查表

任职时间	6个月以内	6个月~1年	1~2年	2年及以上
人数				
所占比例（%）				

（2）管理幅度

管理幅度即一个管理者管理多少下属。

管理幅度调查表

管理幅度	1~3人	4~6人	7~9人	10人及以上
人数				
所占比例（%）				

（3）工作计划制订情况

此部分首先调查中层管理者制订工作计划的时间范围，是按月度、季度、半年度、年度等。再调查制订的工作计划可行性程度、计划执行程度、计划完成程度等问题。

（4）授权与激励情况

此部分主要调查中层管理者是否善于授权、激励下属。他们会在什么情况下授权、权限大小情况、使用何种激励手段、激励效果等内容。

（5）团队建设情况

此部分主要调查中层管理者在团队建设方面的做法和表现。

（6）员工培训

此部分调查中层管理者对下属开展培训及对培训的态度等情况。

（续表）

四、培训计划建议

此部分内容是汇总了第三部分第 2 项内容的调查信息，经过整理分析得出的结论。主要包括如果对中层管理者开展培训，那么培训的时间与课程的设置等安排。举例如下。

（1）培训时间安排。×× 月 ×× 日—×× 月 ×× 日，共计 ×× 天。

（2）课程设置安排。

中层管理人员培训课程计划

培训课程名称		培训课时	
管理者的角色定位与主要工作职责		2	
部门工作计划的制订与执行		4	
有效的授权		4	
员工激励		4	
高效团队的建设		4	
如何进行有效的沟通		4	
课程合计	×× 门	培训课时总计	×× 小时

5.3 培训课程的开发

5.3.1 培训课程主题的确定

一门培训课程通常围绕着一个主题，不可能面面俱到，因此课程主题的选择标准应遵循图 5.9 所示。

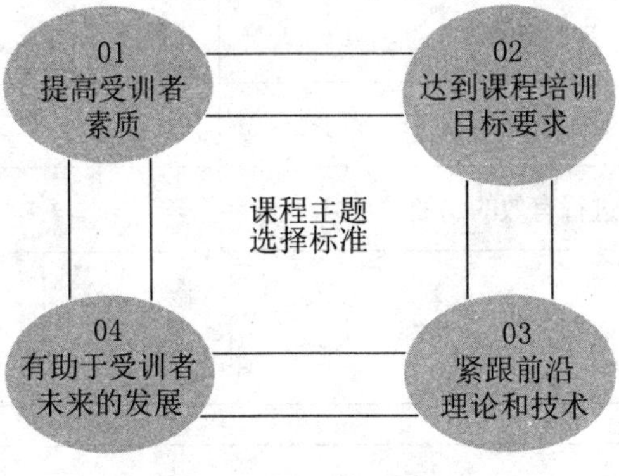

图 5.9 课程主题选择的标准

课程主题选择的程序要遵循由繁入简、由杂入精的原则。（见图 5.10）

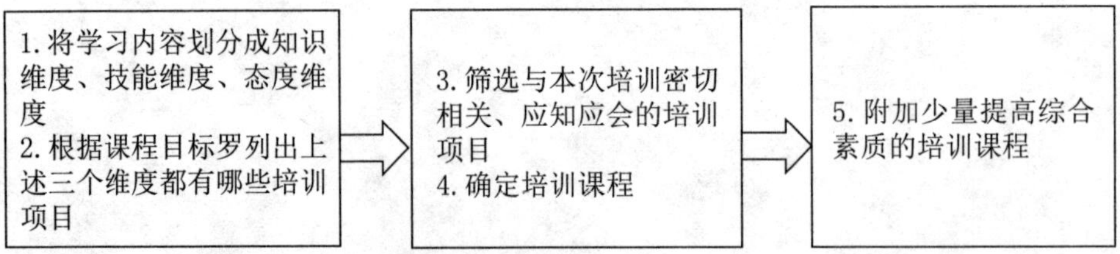

图 5.10 课程主题选择程序

培训主题选定后，就要开始着手设计课程。表 5.13 是培训课程设计内容格式样表。

表 5.13　课程设计内容格式表

培训课程名称：　　　　　　　　　　培训师姓名：

培训地点：　　　　　　　　　　　　培训时间：

培训内容（按整场培训时间先后顺序）	主要观点	互动手段	文字 / 影像资料	辅助用具
1				
2				
……				

选择好培训课程内容后，培训师开始安排讲课的先后顺序。

1. 课程内容编排的原则

（1）遵循从简单到复杂的原则。将学习分成不同层次，例如“有效沟通”的培训课程可以先从讨论有效沟通的标准开始，然后再结合理论讲授有效沟通的方法等比较复杂的问题。

（2）编排合理的原则。课程内容既可以按照时间先后顺序编排，也可以按照主题的逻辑顺序编排。

（3）从已知到未知的原则。先从熟悉的内容开场，等到学员理解力达到一定水平之后再接触陌生的内容。

（4）根据工作需要编排内容的原则。即按照工作的工序进行编排。

2. 课程内容编排程序

任何培训课程，都要求培训内容组织得条理清晰、符合逻辑。因此，课程内容编排的首要任务就是按照课程内容的逻辑组织。（见图 5.11）

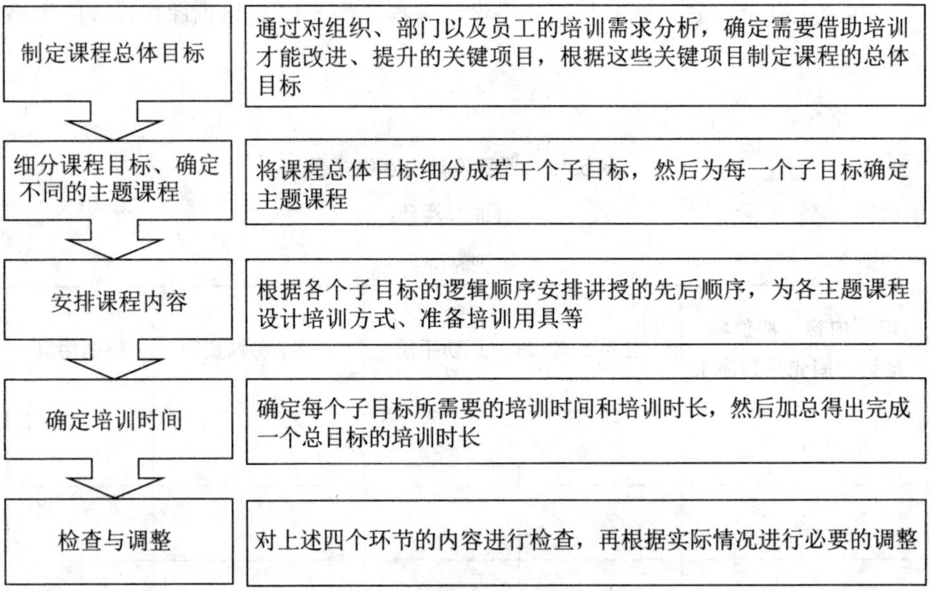

图 5.11　课程内容编排程序

5.3.2　培训课程大纲和教案的编写

编制了培训课程内容之后，就需要制定培训课程大纲。培训课程大纲主要包括培训时间、课程名称、课程性质、培训目标、培训对象、培训方法、培训内容、培训场地要求等。课程大纲编制的步骤见图 5.12。

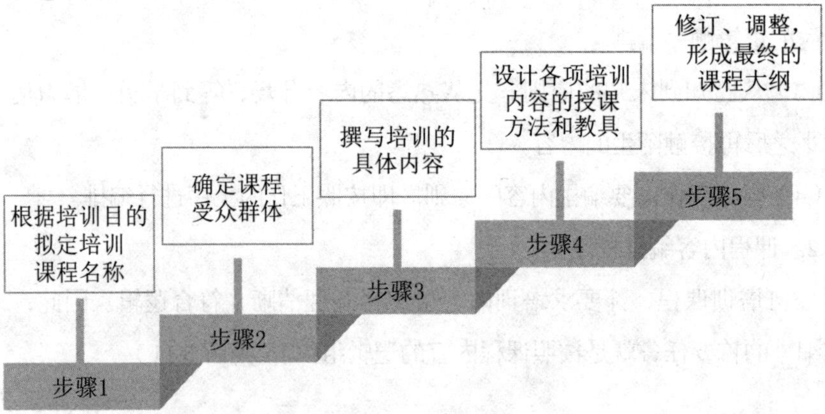

图 5.12　课程大纲编制步骤

培训师的授课内容需要依据教案。教案的内容主要包括课程基本信息、培训方案、培训效果评估以及后续相关意见和建议四个部分。（见表5.14）

表5.14 培训教案的组成

教案的内容	具体项目
课程基本信息	1. 课程名称 2. 培训时间 3. 培训地点 4. 培训目标 5. 培训的受众
培训方案	1. 培训内容及学时 2. 培训材料（包括教材、课件、拓展阅读资料等） 3. 培训方法和教具
培训效果评估	1. 培训效果评估的时间 2. 培训效果评估的标准 3. 评估方法
后续相关意见和建议	结合培训的实际情况列举

5.3.3 培训课程内容的设计

根据课程内容可以将培训目标划分为知识层面的认知目标、态度层面的情感目标和技术能力方面的技能目标三大类，各目标还可分为若干层次。认知目标，如：可以识别并回忆起曾经学过的知识、能够理解掌握所学的知识、可以学以致用、能够综合分析评价事物。情感目标，如：能够接受特殊的现象并对此类现象做出回应，同时对这些特殊的现象和行为形成自己的价值判断。技能目标，如：首先能够在他人指导下，模仿着完成一些行为；其次经过反复训练，独立操作完成一项任务，随着操作能力增强，可以准确、独立、熟练地完成某种工作任务；最后创造出新的技能等。

根据岗位的不同，培训的内容也不尽相同。

1. 新员工培训内容

新员工培训的目的是让新员工能够尽快熟悉组织环境及岗位职责，快速融入工作，为取得良好的工作绩效打下良好的基础。新员工培训内容见表 5.15。

表 5.15 新员工培训内容一览表

培训事项	培训内容	负责部门
整体培训	1. 组织的历史、规模、基本情况、使命、愿景、服务理念和战略发展目标 2. 组织文化和相关规章制度，下发《员工手册》 3. 组织的薪酬福利制度 4. 员工职业生涯规划及干部提升计划 5. 组织主要职能部门人员配备及工作流程 6. 如生产企业，还需要介绍组织的产品及其特点、组织的客户 7. 组织的卫生安全规定。如用电用水用火安全、工作安全注意事项	人力资源部
个体培训（技能培训）	1. 各用人部门的工作内容和岗位职责 2. 用人部门的工作文件、人员构成等 3. 用人部门的工作流程 4. 部门的行为准则和标准	各用人部门

2. 销售人员培训内容

销售人员培训主要是想提高他们的综合素质和销售技能，提升销售人员与客户谈判及有效沟通的能力，进而提升销售业绩。组织可以根据不同层级的销售人员有针对性地安排培训。（见表 5.16）

表 5.16　销售人员培训内容

1. 市场营销前沿理论。2. 销售前沿理论。3. 销售与社会、企业及个人的关系。4. 组织所在行业的专业知识。5. 消费者行为学。6. 销售渠道开发与管理。7. 销售人员的职业道德。8. 销售人员的礼仪。9. 销售人员自我提升计划。10. 销售前的准备。11. 客户约见与破冰技巧。12. 销售谈判艺术。13. 沟通技巧。14. 时间管理。15. 成功营销的方法。16. 压力管理。17. 如何提升销售业绩。18. 问题处理技巧。19. 如何与客户建立长久的业务关系。20. 怎样进行电话销售。21. 面对不同客户群体的销售艺术。22. 团队建设。23. 如何起草与订立销售合同。24. 销售人员的身体素质训练。25. 销售人员的心理素质训练。26. 销售人员的阳光心态。

3. 生产人员培训内容

生产人员培训主要是为了加强生产人员的生产技能，使其掌握先进的生产理念，进一步提高生产作业效率与产品质量而开展的。生产人员培训内容见表 5.17。

表 5.17　生产人员培训内容

1. 企业的战略目标和发展规划。2. 管理信息系统。3. 生产岗位规章制度。4. 生产计划与控制原理。5. 全面质量管理。6. 目标管理。7. 生产运作管理。8. 时间管理。9. 设备管理。10. 工作规程。11. 安全作业管理。12. 供应链管理。13. 库存管理。14. 有效沟通。15. 团队建设。

5.3.4　培训课程形式的选择

培训课程形式的选择直接影响着培训课程的效果。常用的培训课程形式见图 5.13。

培训师会根据授课内容、培训对象以及受训人员的职位而选择不同的培训形式。

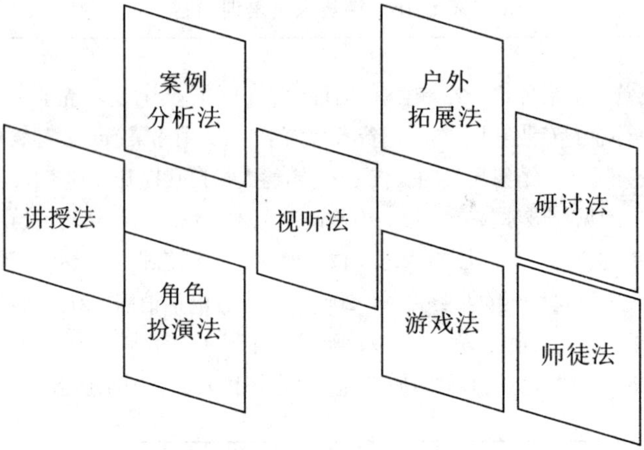

图 5.13　常用的培训形式

1. 讲授法

讲授法就是我们常见的培训师在讲台上讲，受训人员在座位上听。培训师通过语言表达实现“传道授业解惑”。培训师讲解新理论、定义、抽象的知识、政策文件等，因此当企业推出新政策或新制度、引进新设备或新技术时，通常采用讲授法的方式。讲授法适用于各类受训人员对学科知识、前沿理论的系统了解。讲授法对培训环境要求不高，可以同时允许多人一起参与培训，受训人员的平均培训费用也比较低。但讲授法也存在互动性不强、教学内容比较固定的缺点。

2. 研讨法

研讨法，培训师可以走到受训人员中间，抛出问题，受训人员独立思考，继而通过提问、讨论、辩论等形式，找出问题的答案。在研讨法中，培训师不断地鼓励受训人员参与讨论、表达观点、树立和提升自信心。相比于讲授法，研讨法的管理方式更加宽松，且提供了更多的自由发挥的空间。

采用研讨法时，将不同部门的受训人员聚集在一起，一起讨论、分析问题，自由地发表自己的观点和意见，充分地把自己的想法表达出来，受训人员一起分享、交流，各抒已见。在这一过程中，大家也能够吸取他人的经验和体会，互相启发、互相学习，开阔自己的思路。

3. 视听法

视听法是培训师利用幻灯机、电视、录像机、电脑等多媒体视听设备与受训者进行互动交流。全方位、多角度、多层次、高效地反映培训意图，极大地提高了培训效率。这种方法可以在视觉、听觉、触觉上对受训人员产生多方位刺激，加深他们的体验感，有效地拉近了课堂和现场的距离，解决了现场难接近、实际难联系的培训瓶颈。这种方法可以用在新员工培训中，比如播放企业宣传片、企业历史发展介绍、技能展示等，也可以应用在某些概念性知识的培训上。

4. 角色扮演法

角色扮演法是为受训人员设定一个最接近当前实际情况的某种情景，受训人员分别扮演不同的角色，通过表演理解角色内容、提高处理现实问题的能力。这种方法增加了培训过程中的互动，有利于受训人员开拓思路。角色扮演适用于中、基层管理者及一般员工的培训，并具有受训人员参与性强、培训过程中交流多的特点，在提高受训人员业务能力的同时还可以增强其反应能力及心理素质。

角色扮演通过关注受训人员个人情感、态度、行为的表现，并对此进行讨论，分析引起此类情绪变化的原因及导致的行为，使受训人员体会人际关系与环境之间的密切联系，学习沟通及应变能力，以及如何采用积极的行为改变周边环境等。如销售人员的销售技巧、冲突解决、电话沟通等方面的培训。设定一个冲突的情景，客户拿着商品怒气冲冲地跑来向你投诉，要求退货并赔款，这个时候你该如何处理？当受训人员无法合理化解这个冲突问题时，培训师就需要告诉他们处理冲突的技巧是什么，比如首先要控制自己的情绪，然后抓住客户生气的主要原因，明确之后可以用一些缓和的话语安抚客户的情绪，尽可能降低他的怒气，之后再逐渐过渡到你自己提出的解决办法上。这样，处理冲突技能在销售工作中是如何应用的就讲清楚了，而且还模拟了相关的过程。

5. 案例分析法

案例分析法是将实际工作中出现的管理问题作为案例，通过对日常生产活动进行案例的典型化处理，学员依据背景材料来分析问题，提出解决问题的方法，以达到培训的目的。提高受训人员的分析判断能力、解决问题的能力。此外，也可以由受训人员收集身边的例子，一起进行讨论，提升参与度。案例一定要源于生活，且高于生活，案例必须典型，只有这样在教学中使用的案例才能起到举一反三的效果，从而形成普遍性的结论。案例分析法适用于新员工和管理者的培训，适用于问题解决技巧或程序的培训。

6. 户外拓展法

现在很多大企业纷纷开展户外拓展。这是一种让受训者在野外或者人造的特殊户外环境下参与完成各项任务。户外拓展主要以体能训练为主。直接参与一些精心设计的程序，不断地挑战自我，使受训学员处于艰难的情境中，自我发现、自我激励、自我提升。户外拓展有利于培养团队精神，但是对场地的依赖性较高，活动类型也相对较少。此外，活动的安全性也要特别注意。

7. 游戏法

这是一种把游戏引入培训活动中，以达到加强对知识、技能和态度理解的方法。在游戏中，受训人员通过沟通、竞争和团队协作，不断激发创新精神，寓教于乐，通过游戏的方式调动受训人员的积极性，使受训人员主动获取知识、寻找解决问题的方法。其目的是改变受训人员单纯地被动接受培训的学习方式，构建开放的学习环境，使一些原本枯燥无味的培训内容变得通俗易懂，体现了“在做中学”的思想。这种方法尤其适用于以沟通、人际关系及工作协调为主题的培训课程。

8. 师徒法

师徒法属于一种工作指导方法。它是指由受训人员的直接主管或者经验丰富的员工在工作岗位上对受训人员进行培训的方法。指导人以“师父”的身份对受训人员的工作环节及工作操作过程进行“一对一”的指导，出现问题及时进行纠正，评价和激励他们的工作完成情况。师徒法有助于缩短新员工的学习路径，迅速掌握新岗位的相关知识，使新员工迅速掌握劳动技能，尽快融入团队。师徒法应用比较广泛，对基层员工及各级管理阶层都适用。

5.4　培训课程的讲授

5.4.1　成人学习的特点

1. 成人的认知特点

成人的认知特点包括成人的感知力、记忆力和思维力三个方面。感知力随年龄的增加呈现逐渐下降趋势。因为随着年龄的增加，人的感觉器官会逐渐老化，其功能也在逐渐弱化，成人对外界刺激的反应速度下降，这在一定程度上影响着成人的学习效果和学习状态。记忆力随年龄的增加呈下降趋势，并倾向于选择性记忆。成人更容易选择有意义的材料记忆，结合已有知识结构和经验中的信息，其回忆能力随年龄增长而下降，但认知能力保持稳定。思维力方面，成人有较固定的思维定式，成人的思维能力倾向于辩证思维，即由形式化的逻辑思维走向具体的辩证思维。成人的思维能力与其受教育水平、职业特点有关，一般来讲，教育程度高以及职业特性倾向于脑力劳动的人，其思维能力较强。

2. 成人的学习理论

成人的学习理论有：一是个性发展理论，从儿童到成人，自我概念从依赖型转变为自我指导型；二是累积效应理论，成人可以逐步积累更丰富的学习资源，更多的实践经验；三是关联理论，个人的学习意愿与其社会职责的发展任务相关联。

3. 成人的学习原则

成人学习有其固有的一些特点和指导原则。培训师必须了解成人学习的特点，并有针对性地设计合理的培训教案。（见表 5.18）

表 5.18　成人学习的基本原则

原则	基本含义	关键点
及时强化原则	• 在教学中及时引导成人学员对所学的知识加以强化，并进行实践运用的教学原则	• 培训过程开始时要回顾前一次讲授的知识点，加强新旧知识的关联性，温故知新 • 培训中每个要点的培训时长尽量控制在 20 分钟内 • 培训结束时总结知识点 • 培训后合理及时地组织复习，加强知识的巩固 • 帮助学员梳理、整理记忆材料
学用一致性原则	• 成人学员参加学习的目的是力求获得从事岗位必需的知识。他们要求知识的实用性与职业一致，做到学用一致 • 所有培训、信息和其他资料必须与学员的需求紧密联系，否则他们很快就会失去学习的兴趣和动力	• 重视理论教学 • 联系实际应用要有针对性 • 加强教学的实践环节，提高成人学员的实践能力，缩短由知识到实践的转化过程 • 让学员带着问题、目的和需要
重点原则	• 重点突出培训目的、培训内容，以及培训后达到的效果	• 首先讲授重点内容 • 开场白要开门见山、直击重点 • 精选培训内容
互动原则	• 培训是双向的沟通 • 培训师要了解学员的掌握程度，学员要清楚自己的表现	• 设计互动方案 • 进行实时反馈、及时肯定、及时纠偏 • 有效沟通 • 用多重感官多方位学习
实践原则	• 按照标准反复练习，加深记忆	• 模拟操作或者实地操作

5.4.2　课前准备工作

1. 开课计划书

开课计划书一般需要简单且有条理。开课计划书样本见表5.19。在培训正式开始之前，受训人员通过开课计划书就可以大致了解课程的进展情况并为学习做准备。培训组织者也可以通过开课计划书了解什么时候需要做什么事情。此外，培训师在开课的前几天要做篇幅较短的培训简介发给受训人员，简介里注明培训的名称、主题、培训将要达到的效果等，让受训人员对即将参与的培训有大致的了解，带着问题接受培训。

表5.19　开课计划书

时间	内容
8：00	培训开班仪式
8：30	培训正式开始（此部分可以写出本阶段的培训内容名称）
10：00	休息
10：20	培训继续（如果培训内容更新，则需要写上新的培训内容名称）
12：00	午饭
14：00	下午的培训
15：30	休息
15：50	继续下午的培训
17：30	总结
18：00	结束

2. 培训场地的布置

培训场地的物理环境会影响到受训人员的培训投入程度。培训场地的布置应该尽量使学员感到舒适，便于互动。受训人员的座位既不要太拥挤，也不能相隔太远，这样不方便开展讨论。培训场地需要摆放一张资料工具桌，桌子上要摆放活页纸、彩笔、胶棒、双面胶、燕尾夹等物品。所有的设备、资料和辅助工具按使用顺序摆放，以便能够迅速取用。在开班前，还要检查培训场地的室内通风、室温、照明、电线设备和噪音干扰等因素。一些典型的教室布置方法。（见表 5.20 和图 5.14—5.23）

需要注意的是，培训师在开课的前一天，需要到场地检查确认培训用具是否准备齐全，桌椅摆放是否合理，教室的温度和光线是否合适，电脑、投影仪等电子化音像设备是否可以正常使用，进行设备的测试等。

表 5.20 培训场地的布置

培训场地的布置方法	特点
传统排行	适合参训人数多、规模较大的讲授式培训。缺少互动，不利于培训师和受训人员沟通
双通道型	座位间有一定的走动空间，适用于较大规模的讲授式培训，不利于受训人员间开展互动、讨论
三排长方形	适合中等规模的培训，受训人员以小组为单位落座
开放的长方形	适合研讨类培训，利于培训师和受训人员沟通，但学员间互动范围受限
圆形	学员之间便于观察，适合游戏式、角色扮演式的培训
U型桌椅排列	适合研讨式、游戏式、角色扮演式培训，培训师和受训人员沟通比较方便
单一矩形桌	适合小规模的研讨式培训，不利于培训师和受训人员开展互动
U型椅子排列	适合研讨式、游戏式、角色扮演式培训，培训师和受训人员沟通比较方便。但是缺少桌子，不利于记录（注：可替换成自带小桌板的椅子）
单一通道型	适合中型规模的讲授式培训
多圆桌型	适合以小规模、小组为单位的培训

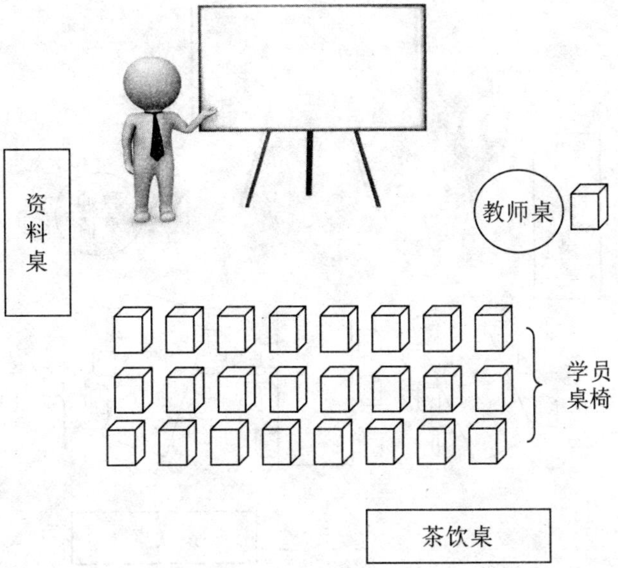

图 5.14　传统排行（教室型）

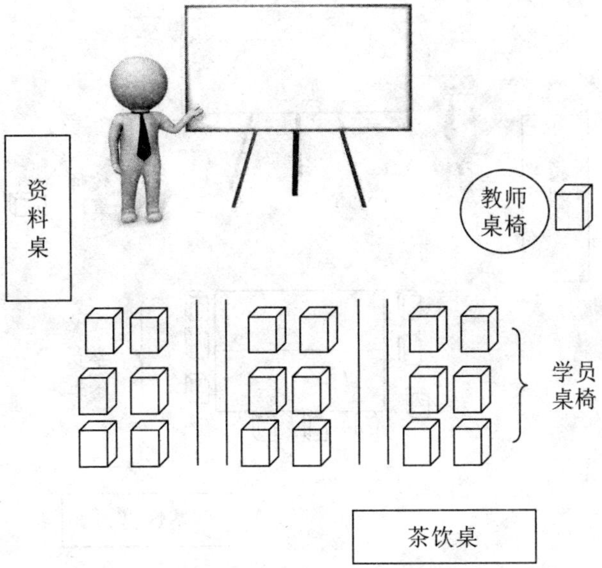

图 5.15　双通道型

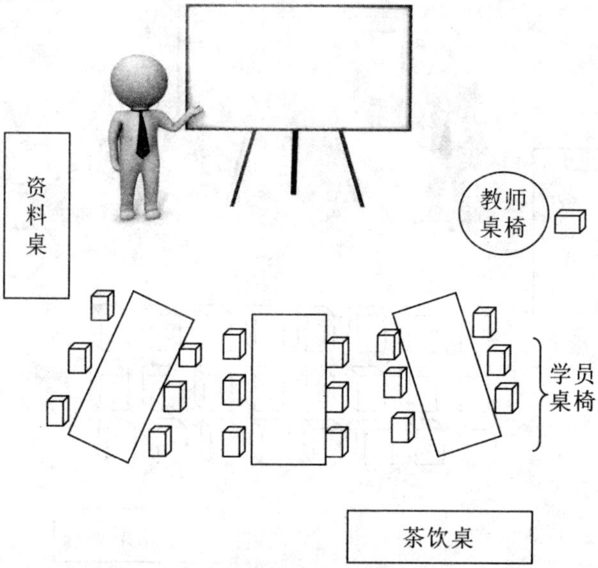

图 5.16 三排长方形

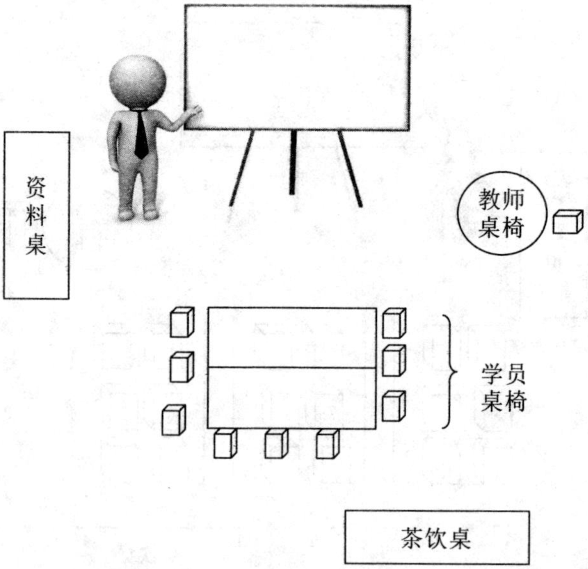

图 5.17 开放的长方形

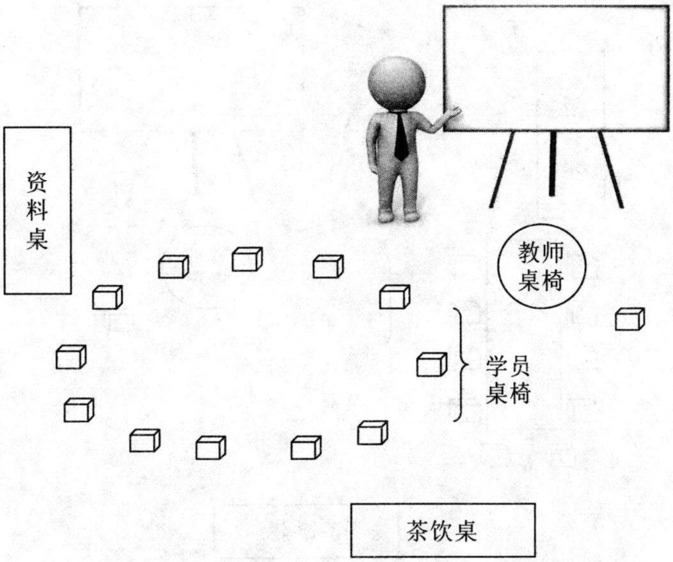

图 5.18　圆形

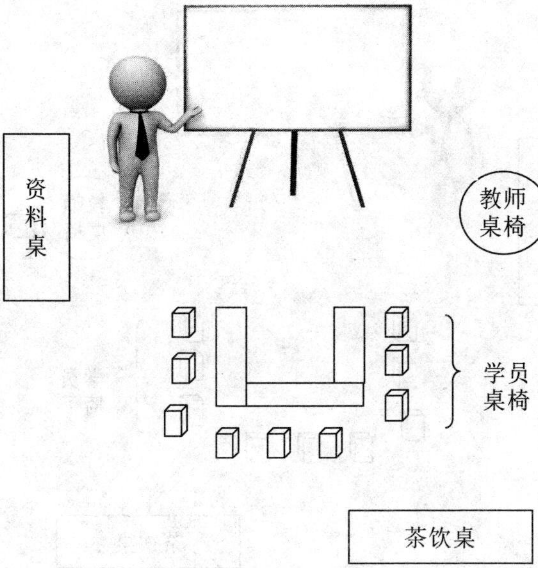

图 5.19　U 型桌椅排列

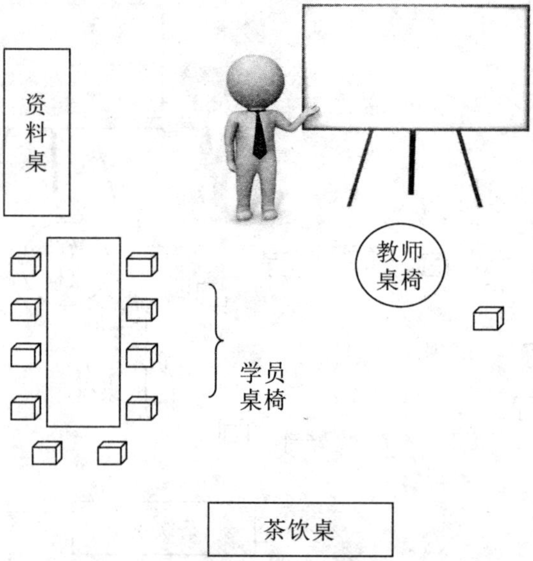

图 5.20 单一矩形桌

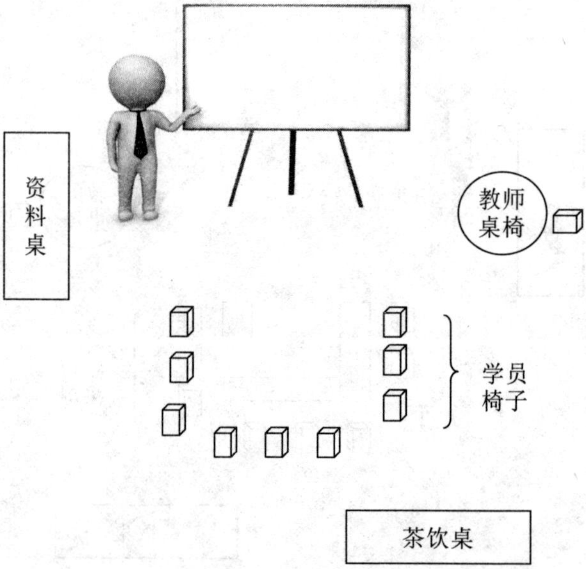

图 5.21 U型椅子排列

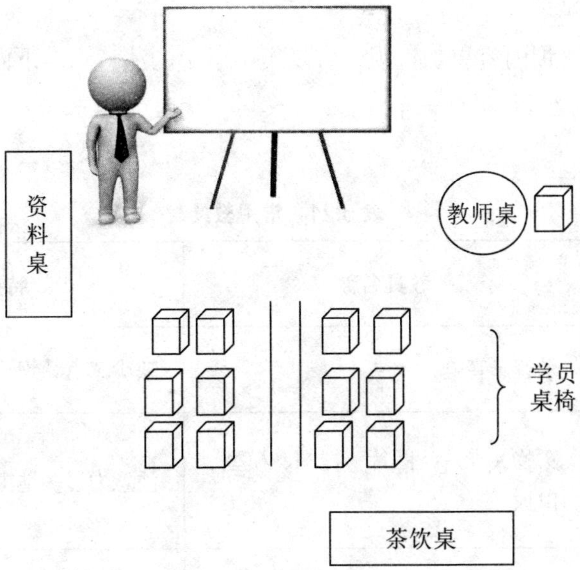

图 5.22　单一通道型

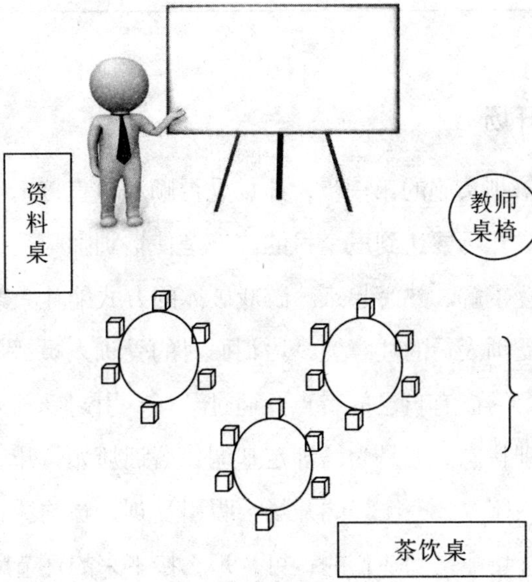

图 5.23　多圆桌型

3. 教具示例

教具能令培训内容更加直观，可以集中学员的注意力。下面是几种培训常用的教具及其优缺点。（见表 5.21）

表 5.21 常用教具

教具类型	教具名称	特点
听觉型	录音、音响	缺少感官认识
视觉型	实物、卡片、图片、挂图、模型、白板	注意力过多地集中在道具上
视听型	电视、投影	适合大规模培训演示
交互型	电脑、网络、App	易于操作，演示效果好

5.4.3 如何开场

培训的开场是培训实施的第一步，开场是否顺利也直接影响到培训课程实施的成功与否。通常开场要达到三个目的。一是使培训师与受训人员之间，受训人员内部之间相互了解、熟悉起来。游戏破冰的方式能让大家轻松有效地参与互动。二是集中受训人员的注意力，培训面对的受训人员都是成年人，成年人的学习状态和学习习惯有自己的特点，通过开场，引起受训人员的注意，提醒他们尽快进入受训状态。三是为培训定基调，培训师如何开场会让受训人员对整个培训形成第一印象，一个好的开场会吸引受训人员的注意力，加深受训人员的印象。如果开场能得到他们的认可，那么接下来的环节顺利进行的可能性也会增大。下面是具体的培训开场方式。（见表 5.22）

表 5.22　培训开场方式

开场方式	说明
破冰、自我介绍	中规中矩的开场方式。简要介绍自己的从业背景、经历、擅长哪些主题的培训，与受训人员沟通、相互认识，留下良好的第一印象
直奔主题	开门见山提出主题，不浪费时间
讲故事	讲故事可以引人入胜，令受训人员跟上培训师的思路
提问题	提出一个与培训主题内容有联系的问题，比如以沟通为主题的培训，可以提问“你知道我们每天用声音语言表达信息的时长是多久吗？”
引证法	通过使用数据，列举出一个或者几个事实，且这些事实通常具有震慑效果，引人深思
开玩笑、讲笑话	讲个无伤大雅的笑话，有时培训师也可以用自我嘲解，融洽培训的气氛

5.4.4 如何与学员互动

1. 注意语言技巧

培训师可以按照以下要素和注意事项来提高自己的表达技巧。（见表 5.23）

表 5.23　语言技巧

要素	注意事项
语速	语速要适中。速度过快容易让受训人员漏掉某些关键信息，而且培训师语速过快，会令受训人员觉得吵闹、压力大、烦躁。语速过慢，则如同“催眠曲”引发受训人员的困意，导致其失去对培训课程的兴趣。但是在某些特定情境下需要特意放慢语速甚至需要一段时间的停顿。如讲述重要的信息或关键的内容时，引导鼓励受训人员思考的时候，纠正某些错误观点或行为的时候

（续表）

要素	注意事项
音量与音调	音量可以根据培训场地的大小以及是否有扩音设备而定。当讲授重要内容的时候，需要提高音量以吸引受训人员的注意。音调有的平铺直叙，有的和风细雨，有的抑扬顿挫，有的慷慨激昂，这在一定程度上反映出培训师讲课是否带有感情。遇到重点问题和内容，音调也需要进行变换
语气	有的培训师语气和蔼亲切，有的语气生硬，有的让受训人员不适或者反感。培训师的语气会影响受训人员的心理感受

2. 保持目光接触

经验丰富的培训师可以通过与受训人员的目光接触来大致了解他们学到了多少、听课的状态等。如果培训师授课时乏味枯燥，是绝对不会调动起受训人员的积极性的。如果受训人员听课时表情呆滞、没有反应，要么说明受训人员对培训内容没有接受，要么说明他们根本没注意听，溜号了。培训师随时根据受训人员的反应情况调整相应的授课内容。保持目光接触能够形成融洽自然的气氛，激发受训人员的思考。同时，培训师也可以用眼神监督受训人员的表现，以便适时做出调整。保持目光接触的注意事项见表 5.24。

表 5.24 保持目光接触的要点

1. 培训师在开场时要环视整个培训场地 2. 不要过度频繁地看受训人员，也不要只看某一个或者某几个人 3. 培训师与受训人员沟通时，要保持目光接触 4. 鼓励受训人员参加活动时多用目光交流 5. 受训人员发言时，要与其保持目光接触，且要通过点头反馈，建立受训人员的自信

3. 使用非语言沟通

非语言沟通是运用除语言信息外，如手势、姿势和面部表情等其他信号进行沟通，更生动形象地表达、传递信息。在培训过程中如果恰当应用，可以产生特殊的魅力和效果。当培训师表现出亲切和热情时，很容易给受训人员留下良好的第一印象，从而拉近与他们之间的心理距离。受训人员只有在感到自己被培训师关注着并受到热情的感染时，才会更主动地参与到培训中来。使用非语言沟通，一定要确保向学员传达的信息是正确而且没有歧义的，否则会让人困惑不解，甚至引发严重的误会和矛盾。非语言沟通的注意事项见表 5.25。

表 5.25　非语言沟通的注意事项

非语言沟通的类别	注意事项
手势	1. 讲话时运用适当的手势引起受训人员的注意，加强培训师说话的力度 2. 手势变化不能太过频繁，否则会让受训人员眼花缭乱 3. 培训师要避免习惯性的小动作 4. 培训师的手势动作应该自然、不做作
姿势	1. 使用特定的姿势向受训人员传递教学信息 2. 培训师要身姿挺拔、举止得体 3. 培训师的姿势要直观、明了
面部表情	1. 培训师的面部表情体现了情绪和情感的变化 2. 培训师要真诚、亲切、自然，面带微笑 3. 培训师要尽量避免皱眉，这样容易给受训人员带来压迫感

4. 时间管理

时间管理是培训师在培训中必需的知识技能之一，精准把控时间可以帮助培训师按照既定的培训计划开展活动，把握培训节奏、监督培训进程。合理的培训时间能够反映出培训师将培训项目规划执行得有条不紊、恰到好处，从侧面反映了培训师的专业度。相反，如果时间没把控好，则会造成受训人员时间规划的混乱，从而招致他们对培训的反感。因此培训师常常要通过反复演练、过程监控、把控回答问题的时间、设定时间应急预案等来把控时间。

5. 与受训人员之间的问答

培训师与受训人员之间的问答和对话也是培训行为的重要组成部分。对话行为可以时刻关注到不同受训人员的注意力，引导其参与到培训中去，并加深对特定问题和关键内容的认识。

在培训实施过程中，培训师就某一事件、现象或问题进行提问，引发受训人员的思考，请受训人员进行讨论之后得出相应的观点。培训师与受训人员之间的对话是平等的，回答的模式也要随意和自由，就如同是在探讨和征询意见和建议。因为参加培训的是成年人，所以开放性和创造性的问题应该占比较大。比如可以问“您觉得如果……会怎么样呢”“请您分享您的观点”“您提出的看法很新颖，请问您为什么会这样认为呢”等。

在培训过程中，受训人员也有可能针对各自感兴趣的话题向培训师进行提问。这就要求培训师在设计培训方案的时候预先考虑受训人员可能会提出的问题，并列出回答的要点或者关键词，尽可能提供支撑答案的理论、数据或者实例。如果培训时间超过一天的话，培训师也可以在第一天培训结束前向受训人员征集问题，然后利用晚上休息时间准备答案，并在第二天一早的培训中进行解答。有些问题培训师也可以先请其他受训人员作答，看看他们的理解，然后再给出自己的观点。对于一些有挑战的问题，培训师要首先保持冷静，了解受训人员发问的动机，然后用建议性的方式回答。

对话和问答可以了解受训人员实时的想法，避免了培训师单独讲、受训人员被动听的现象，这种方式还可以使培训师全程把握受训人员的需求和感受，保证培训目标和效果的实现。所以，在培训课堂中，问答与对话行为是高效的、必不可少的，直接促进培训目标的实现。

5.4.5　培训结束

1. 培训结束时的工作

培训结束前培训师需要对培训课程的内容进行总结、对培训的效果进行评估、给出后续的建议。（见表 5.26）

表 5.26　培训结束时的工作

议程	说明及注意事项
内容总结	总结要简明扼要、突出重点
效果评估	在培训结束时，培训师可以口头询问受训人员对培训效果的看法，如"各位对本次的培训有哪些意见和建议吗"，也可以采用填写调查问卷的形式进行
后续建议	培训结束并不是学习的结束，因为培训师可以就培训的主题进行适当的延伸，针对受训人员的职位、工作性质等提出今后可能还需要哪些方面的培训，以及如何在工作中应用到当前培训的内容

2. 培训结束的方法

与开场呼应，为了使培训顺利结束，培训师可以使用以下方法结束培训。第一，重申主题，使受训人员加深对培训内容的印象。第二，使用祝福语。培训师可以用肯定的语言，鼓励受训人员，并使用祝福语结束培训项目。祝福语可以是培训师自己编写的，也可以引用古诗文或者名人名言。

5.5 培训的效果评估

5.5.1 何时进行培训效果评估

培训效果是受训人员通过培训在知识和技能水平上达到的某种程度，以及他们的工作胜任力情况。培训效果是整个培训过程的关键环节，是组织对培训投入的回报率主要的衡量标准之一。因此，培训效果的评估是培训环节中必不可少的部分。培训效果评估是采取一定的方法和手段，通过一系列的反馈信息、调查数据和收集的资料对培训工作从认知成果、技能成果、情感成果、绩效成果及投资回报率等方面进行定性和定量的评价，以提高培训质量的过程。培训评估的考察对象是受训人员、培训师和培训工作及流程。培训中经历的每个环节和使用的多种方法和手段都希望培训可以达到一个良好的效果，最大限度地利用企业的培训投入。但是有些组织忽视了这一环节，导致这些组织的培训工作流于表面，没有任何实际意义，浪费了组织的资源。

培训效果评估需要贯穿培训全过程。在培训过程中的效果评估，需要评估培训的内容是否符合受训人员的需求、受训人员是否对这些培训内容感兴趣。通过培训过程中的评估，确保培训计划能够顺利进行。在培训结束后立刻进行效果评价，主要是为了考察受训人员在培训中心学到哪些知识、技能，受训人员的状态是否有助于促进组织经营发展。等到受训人员回到各自的岗位后，进行培训效果评估，评估培训的内容是否可以应用于实际工作。跟踪评估不同阶段的培训成果，为下一次开展培训提供有力依据，使培训工作的质量呈螺旋式上升。

5.5.2　培训效果四层面评估

1. 反应层评估

反应层评估主要是了解受训人员对培训的满意度，这个阶段的评估是收集受训人员对培训项目的直接反应情况，是受训人员对培训项目的直观感受。反应层评估主要是对培训师的培训水平、培训方法、培训课程设计、培训课程内容、教学设施等方面进行满意度评价。如果效果不佳，则说明培训项目本身存在问题，需要对后续的培训做出改进。另外，培训师也可以对受训人员对待培训的态度、在培训中表现出的热情、参与和支持程度进行评估。虽然反应层评估看似简单，但作用非常关键，能够反映出培训过程中的很多问题。

反应层评估通常采用观察和填写调查问卷的方式进行。（见表 5.27—5.29）观察一般是培训的组织者通过观察受训人员和培训师的状态，撰写观察报告，以备适时调整培训的进度或方式等。问卷调查的时间可以选择在培训期间进行，也可以培训结束后统计进行。如果在培训期间进行，那么培训组织者和培训师可以根据受训人员的问卷反馈情况对剩余学时的培训内容进行适当调整；如果是在培训结束后填写，那么则是对未来的培训提供相应的改进依据。无论何时使用调查问卷，在设计问卷的题目时，一定要针对当前培训的内容和目的。

表 5.27　培训观察报告

培训观察报告（培训组织者使用）			
第一部分：培训课程基本信息			
培训主题名称			
培训时间		培训地点	
培训师姓名			
受训部门 / 人员			

（续表）

第二部分：受训人员的反应
1. 受训人员注意力集中程度 2. 受训人员最感兴趣的培训环节有哪些 3. 受训人员的参与和投入程度 4. 哪类受训人员表现比较活跃 5. 哪类受训人员表现比较沉默 6. 受训人员的整体状态
第三部分：培训师的表现
1. 培训师是否能够吸引受训人员的注意力 2. 培训师的仪态仪表 3. 培训师是否自信、得体、大方 4. 培训师语言表达是否条理清晰 5. 培训师使用的培训方法是否能够让受训人员接受 6. 培训师是否能调动受训人员的参与热情 7. 培训师的授课态度

表 5.28　反应层评估问卷

培训评估问卷（受训人员填写）	
第一部分：培训课程基本信息	
部门： 培训主题名称：	培训日期： 培训地点：
第二部分：对培训课程的评价	
1. 您对本次培训的整体印象是： ○非常感兴趣　○感兴趣　○一般　○说不好　○不感兴趣 2. 您认为本次培训的进度： ○进度太快　○进度比较快　○进度适中　○进度比较慢　○进度太慢 3. 您认为本次培训的内容： ○太简单　○比较简单　○难易适中　○比较难　○太难了	

（续表）

4. 您认为本次培训与您工作的关系程度： ○与工作非常相关　○与工作有一定的关系　○不好说　○与工作无关 5. 您认为本次培训内容的思路和框架： ○非常清晰　○比较清晰　○一般　○比较模糊　○非常不清晰 6. 您认为本次培训的组织情况： ○组织良好　○组织一般　○组织不好 7. 您认为本次培训的整体氛围： ○轻松　○不好说　○紧张 8. 您认为本次培训使用的资料（教材、讲义、课件）： ○非常有价值　○ 有一定的价值　○一般　○价值不大 9. 本次培训的时机是否合适？ ○不适当　○适当　○您认为合适的时机（　　）
第三部分：对培训师的评价
1. 培训师是否能够吸引您的注意力： ○是　○说不清　○否 2. 培训师的仪态仪表： ○得体　○一般　○不规范 3. 培训师语言表达是否条理清晰： ○是　○一般　○否 4. 您能否接受培训师的培训方法： ○是　○说不清　○否 5. 培训师是否能调动您的参与热情： ○是　○一般　○否 6. 培训师的授课态度是否认真端正： ○是　○一般　○否
第四部分：受训人员个人感受
1. 您最感兴趣的内容有哪些？请说明原因。 2. 您最不感兴趣的内容有哪些？请说明原因。 3. 对您的工作最有帮助的内容有哪些？请说明原因。 4. 对您的工作最没有帮助的内容有哪些？请说明原因。 5. 您在本次培训中的收获是什么？ 6. 您还希望参加哪些方面的培训？ 7. 您对本次培训的意见和建议。

表 5.29　反应层评估问卷

培训评估问卷（培训师填写）
第一部分：培训课程基本信息
培训主题名称：　　　　　　　　培训日期： 受训对象：　　　　　　　　　　培训地点：
第二部分：对培训过程的评价
1. 您认为本次培训的组织和实施： ○非常好　○好　○一般　○差　○很差 2. 本次培训的效果是否达到了您的预期目标： ○是　○一般　○否 3. 您认为本次培训中受训人员的互动性： ○非常好　○好　○一般　○差　○很差 4. 您对自己在培训中的表现： ○非常满意　○满意　○一般　○不满意　○非常不满意 5. 受训人员在哪些方面的表现最令您满意？ 6. 受训人员在哪些方面的表现最令您不满意？ 7. 本次培训的组织者在哪些方面令您印象深刻？ 8. 本次培训的组织者在哪些方面存在不足？ 9. 您对本次培训还有哪些意见和建议？

2. 学习层评估

学习层通过认知成果评估可以得知受训人员在培训中学到了哪些知识、对授课内容的熟悉程度、技能提升水平以及转变了怎样的态度。学习层是对受训人员掌握培训上一阶段知识的理解程度进行的最直接的反应。培训的主要目的就是让员工获取新知识、新技能，保持良好的工作态度，从而提高工作效率和经济效益，为组织创造更多的价值。因此，对受训人员来说，只有熟练掌握培训所讲授的知识，企业组织的培训才是有效的。学习层评估旨在评估受训人员能否达到预期的培训目标，并对今后如何将该类的培训内容应用到工作中有一个清晰的认识和思考。学习层评估可以通过测试法、模拟演示、实际操作、角色扮演、撰写心得报告等方式来掌握受训人员的学习情况。

比如银行工作人员的培训学习层考核点有三方面。一是知识水平方面，通过笔试测验员工对理论的掌握程度。可以设计诸如选择题、填空题、判断题、简答题、论述题等题型。这些题型要难易适中，而且要涵盖培训课程中所讲授的重点和难点。二是技能水平方面。通过情景模拟考查银行受训人员在模拟环境下的表现情况。如通过实际点钞操作、凭条录入等实操项目考查他们对银行业务的熟练程度。评估人员可以按照培训中所讲授的具体的操作技能，让银行受训人员在现场进行操作，以评估受训人员对具体工作的操作步骤、操作流程、注意事项等方面的掌握和熟练程度。三是态度方面。通过撰写心得报告来掌握受训人员的思想动态。

又如公文写作的培训，学习层评估采用的方式可以是对比受训人员在接受培训前后的公文写作技能是否有所提升。即要求所有受训人员提交一份自己最近完成的公文（如通知、总结、汇报等），并且在培训结束前再完成一份新的公文，由培训师对这两份报告进行分析、点评、打分。然后得出受训人员在受训前后的公文写作能力是否有明显改善的结论。

3. 行为层评估

行为层评估主要是考查受训人员是否接受并掌握行为标准，以及对于培训中所获得知识的运用程度，是评估受训人员在培训前和培训后在工作行为上产生的变化。重点关注如何应用到实际工作中并形成实际的经营产出。

行为层评估主要是通过受训人员行为上的变化，来考查他们对知识的掌握程度和应用情况。既可以直接观察受训人员的行为表现，也可以通过访谈与受训人员联系较为密切的上级、下级、同级或者客户相关人员等，来了解受训人员培训前后发生了哪些变化。由于培训的效果具有一定的延后性，不太可能在培训结束后立即产生，所以这一层次的评估要在培训结束且受训人员已经回归工作岗位一段时间后进行。考虑到组织绩效考核体系和实际工作的需要，行为层评估可以选取对照组，对比培训前后工作表现的方式，也可以通过观察报告和业绩评估报告等形式。在行为层评估的过程中，一定要了解受训人员哪些行为、态度的改进是由培训引起的。

比如服务行业从业人员的培训，在行为层评价上，可以考察受训人员日常行为的改善和与培训内容相关联的工作业绩的提升情况。如，主题为服务规范的培训，在行为改变方面，受训人员接受服务规范培训后，在日常工作中的行为是否符合服务规范要求。在工作业绩方面，受训人员的客户满意度相比培训之前是否有所提升。

设计行为层评价指标时需要定性指标和定量指标相结合，通过量化指标使评估结果更加直观，定性的指标也可以进一步细分为能够量化的子指标，定量加以描述。本层次的评估难度相较前两层有所增加，但评估结果比较有说服力，让组织和受训人员本人都能够清晰地看到培训是否对个人带来变化。行为层评估时要根据培训目标、受训人员的职位和工作性质来具体问题具体分析。比如管理人员一般有如下评价要素。（见表 5.30）

表 5.30　管理人员行为层评价要素

1. 受训人员的决策能力是否得到了提高 2. 受训人员的组织协调能力是否得到了提高（在实际工作中能否随时调节好各类矛盾及冲突，能否妥善处理好个人与个人、个人与部门之间的关系） 3. 受训人员的创新能力是否得到了提高（如提出突破性的方法、项目或流程） 4. 受训人员是否培养了持续学习的能力 5. 受训人员的团队合作能力和精神是否得到了提高 6. 对受训人员工作态度的全方位综合评价 7. 履行岗位职责的能力 8. 运用工作技巧熟练地解决岗位工作中具体问题的能力 9. 合理利用、分配资源的能力

4. 结果层评估

结果层评估是从组织层面上对培训效果进行的评估，即该培训对组织的绩效影响程度，属于最高层次的评估。结果层评估指通过培训对组织产生了怎样的经济效益进行合理的计算。结果层评估的结果能够比较直接地反映出培训对组织的贡献率，由于培训是组织进行的一项投资，组织的领导者必然会重视培训结果能否达到企业预想的效果，是否符合企业的成本效益。由于这一层次的评估上升到了组织的层面，所以评估的对象也扩大到多个部门和整个组织。

结果层可以采用目标评估法，在组织实行目标管理的制度条件下，通过一定的指标或评价标准来衡量受训人员在培训结束前后对于既定目标和执行工作标准的对比完成情况，即培训期望达到的目标是否完成。

结果层评估还会通过数字计算出一些数值，如通过相关数据的收集计算出事故率，也可以对员工离职率及生产效率等来进行计算。在进行结果层评估时既要考虑财务指标（如销售额、增长率、利润、市场占比等），也要考虑非财务指标（如客户满意度、组织声誉、社会影响力、工作环境、员工职业发展等）。这样能够更加真实、全面地反映组织的经营情况。结果层评估其实是在探究新的行为方式或态度与绩效改进后的关系。

评估结束后，要总结培训效果评估的整个流程。评估总结要认真分析评估工作的收获及不足，通过总结，可以更好地梳理评估中存在的问题，并要对存在的问题提出对应解决方案并落实执行，这样才能提高评估结果的实用性。

5.5.3　评估结论反馈与沟通

评估结束后，上述四个层次的培训效果的评估结果一定要及时反馈给相关人员，为日后培训的顺利开展提供参考依据。培训效果的评估结果要及时反馈的人员主要包括以下四类。

1. 培训的组织者和管理者

人力资源管理部门负责组织执行培训，因此培训效果的评估结果是对该部门工作情况的一种反馈。通过反馈可以对培训项目进行有效性分析，如何扬长避短，如何整改完善，为下一次培训效果的提升提供了宝贵经验。

2. 组织中的高层管理人员

组织中的高层管理人员会评估培训活动的投资回报率，并决定哪些培训项目可以开展或者继续实施。如果开展或者继续实施培训，经费预算和投入是多少。所以，高层管理人员需要参考评估的结果并做出决定。

3. 受训人员

受训人员直接参与培训，他们最清楚自己在培训中学到了什么、掌握了多少，效果评估结果及时告知给受训人员，可以督促他们积极学习知识和技术、转变态度、提高绩效。

4. 受训人员的直接管理者

受训人员的直接管理者对受训人员的工作能力和态度有着相对全面的了解，所以掌握受训人员的评价结果便于进行比较，在绩效计划制订的时候酌情考虑这个结果。

第 6 章

绩效管理

绩效管理是人力资源管理的手段和方式。通过绩效管理，管理者可以指导并帮助员工完成绩效目标，实现组织的战略规划和目标。绩效管理也贯穿于组织管理的始终，是一个综合的管理体系。它可以使管理工作更加有计划性。无论是组织中的管理者还是员工，只有明确并关注目标，才能找准方向并为之努力奋斗。

6.1 考勤管理

考勤管理制度，是企业为了规范员工出勤而制定的制度。有效的考勤管理制度能够严肃企业劳动纪律，维护正常工作秩序，优化企业管理体系，提高管理效率。

6.1.1 考勤管理的主要流程

考勤管理的主要流程见图 6.1。

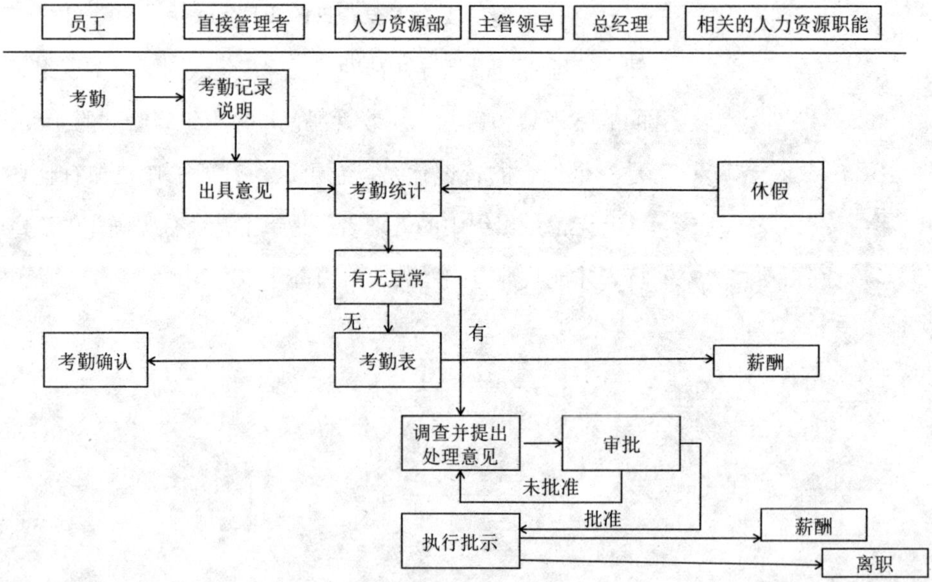

图 6.1 考勤管理的主要流程图

6.1.2 制定考勤管理规定

科学完善的考勤管理制度能为员工考核和薪酬发放提供科学依据，有利于促进企业各项工作有序开展，助推企业提高生产效率和经济效益。考勤管理制度中最关键的内容是规定如何汇总考勤记录，如何规范加班流程，如何规范请假流程，以及如何规范考勤管理人员工作四个方面，具体内容如下。

1. 考勤记录

考勤可以通过人工和考勤机器进行。实施人工考勤，考勤人员需要将考勤表作为原始记录，考勤的数据要用黑色或者蓝色碳素笔进行记录。考勤表中出现的任何笔误，都不允许用涂改液或者修正带进行涂改，只可以在笔误处进行划改，并且需要记录人员在划改处签字确认。对于使用打卡机考勤的企业，企业所有人员上下班时应全部打卡。除公休日和法定节假日外，未按时打卡，且不能提供有效的未打卡事由说明的，可视为缺勤。

考勤记录记载了员工当月的全勤工作天数。当月全勤天数等于当月总天数减去周六周日天数（如果实行双休），再减去当月法定节假日休假天数。比如某月为 31 天，周六日为 8 天，无法定节假日，则本月全勤天数为 23 天。

那些实行两班倒的岗位，可以按照实际情况一天四次打卡，即上午上班、上午下班、下午上班、下午下班。规定一天四次打卡的岗位，上、下班两次打卡之间为一个时间段，任意一次未打卡，且不能提供有效的未打卡事由说明的，视为该时间段未出勤。例如，某企业上午上班时间为 8：00—12：00，某员工早晨上班按时打卡，但上午下班时未打卡，且无有效请假条，则视为上午未出勤。

如果迟到和早退超出了一定的时间范围，可以视为打卡无效。比如某企业规定刷卡时间：上午 8：00 上班，8：05 以后刷卡算迟到。13：00 上班，12：30 以前刷卡无效，13：05 以后刷卡算迟到。17：30 下班，17：30 以前刷卡算早退。特殊情况和非员工主观原因造成的迟到早退，应在当日认定并由本人写出书面报告，经直接主管批准后酌情处理。对于迟到和早退，通常有两种惩罚方式：一是组织内部通报批评，二是扣减绩效考核分或者日常行为分。

专职考勤记录员负责记录员工日常出勤情况。填报考勤记录表（见表 6.1），于当月指定日期前由所在部门审核后报人力资源主管部门。

表 6.1　考勤记录表

工号		姓名		所属部门		职务	
年　月　日至　年　月　日							

日期	上午	下午	加班	小计	日期	上午	下午	加班	小计
1					16				
2					17				
3					18				
4					19				
5					20				
6					21				
7					22				
8					23				
9					24				
10					25				
11					26				
12					27				
13					28				
14					29				
15					30				
					31				

出勤天数		制度工日		迟到天数		早退天数		旷工天数		调休天数	
病假天数		事假天数		年休假天数		探亲天数		婚假天数		丧假天数	
看护假天数		产假天数		其他		备注					

有时确实因为某种特殊原因或者不可抗力导致无法按时打卡的，必须及时填写未打卡事由说明，并详细写明未打卡原因及未打卡时间，由相关领导签批。所有未打卡事项说明与考勤表一起在组织规定的每月固定时间前汇总至考勤记录员处。凡无法证明是由于工作原因未打卡，未打卡原因说明描述不符合要求或含糊不清的，一律视为旷工。一个工作日及以上未出勤或者未打卡者，均需向人力资源主管部门提供有效证明材料，如按程序批准的事假条、病假条、出差申报表、需换休的加班申请表等，不能提供有效证明的视为旷工。如偶尔忘记打卡，需于当日当时到人力资源主管部门报到说明情况，并由人力资源主管部门考勤人员签认考勤异常记录表（见表 6.2）。

表 6.2　考勤异常记录表

部门：

序号	姓名	考勤异常时间（　年　月　日）	异常种类	异常原因	未打卡次数	有无领导审批	备注

部门负责人：

部门（盖印）：

年　月　日

如果因为考勤机损坏无法打卡的，则应第一时间通知相关人员。在考勤机维修期间，所有考勤均采用人工考勤的形式。若考勤打卡记录异常，又不能提供考勤记录表、考勤异常记录表作为有效证明的，以考勤打卡记录为准。

对于员工旷工，部门负责人必须第一时间通知人力资源部，人力资源部根据组织劳动纪律或相关制度发放上班通知函。如员工无正当理由拒不恢复上班，则可以根据组织规定发放解除劳动关系函。

2. 加班

员工加班前，必须提前填写加班申请单，注明加班的原因、内容、工作量、时长等。业务部门申请加班，本单位应统一安排加班。当超过国家规定的日加班超过 3 小时、月加班超过 36 小时，应与所在单位工会协商。

下面是加班申请单的格式模板。（见表 6.3）

表 6.3 加班申请单

加班部门： 填表日期： 年 月 日

加班事由：					
加班人员					
姓名	加班日期	加班时间	加班地点	调休时间	员工签名
		时 分至 时 分			
		时 分至 时 分			
		时 分至 时 分			
		时 分至 时 分			
		时 分至 时 分			
		时 分至 时 分			
审批意见					

（续表）

所在部门意见： 负责人签字： 年　月　日	所在单位工会意见： 负责人签字： 年　月　日
所在单位分管领导意见： 签字：　　年　月　日	
所在单位人力资源主管部门备案： 签收人：　　年　月　日	

加班申请单汇总至考勤管理人员处，并按月报送至人力资源部。当天的加班申请单必须当天填写。法定节假日因特殊情况在加班过程中出现人员变动后补的申请，必须在节假日结束后的规定工作日内交由人力资源部，逾期上交则视为无效的申请。

加班原则上先采用调休的方式予以补偿。调休，是指经审批员工在制度出勤时间外加班工作的，可在半年时间内（从加班日计算）避开工忙高峰期，选择适当时机，进行相同时间的调整休假。由各部门负责人根据部门的实际情况安排调休，调休后，由考勤统计人员在加班申请单上标明“已调休”。

3. 休假

休假有年休假、探亲假、婚假、丧假、事假、病假、产假、流产假、工伤假。员工除正常休假外，其余时间休假必须填写请假单。原则上请假单必须在休假前填写，如遇特殊情况，则在上班前以电话、短信、电子邮件等形式通知部门负责人。部门负责人同意后，由部门负责人指派相关人员代走请假程序。无请假单无故缺勤者，视为旷工。下面是请假单的格式模板。（见表6.4）

表 6.4 请假单

<table>
<tr><td>姓名</td><td></td><td>员工工号</td><td></td><td>所在部门</td><td></td><td>职务</td><td></td></tr>
<tr><td>请假类别</td><td colspan="7">□年休假 □出差 □病假 □事假（注明原因）
□婚假 □丧假 □产假 □其他（请说明）</td></tr>
<tr><td>请假时间</td><td colspan="7">年 月 日 时至 年 月 日 时
共 天 小时</td></tr>
<tr><td>审批意见</td><td colspan="7">□批准 □不批准（理由）

审批人签字： 日期： 年 月 日</td></tr>
</table>

年休假、探亲假、病假、婚假、产假、丧假等均按照国家相关的法律法规执行。法定节假日为全国年节及纪念日，分全体公民放假的假日和部分公民放假的假日。《全国年节及纪念日放假办法》第六条规定："全体公民放假的假日，如果适逢星期六、星期日，应当在工作日补假。部分公民放假的假日，如果适逢星期六、星期日，则不补假。"

《全国年节及纪念日放假办法》相关规定如下：

第二条 全体公民放假的节日：

（一）新年，放假 1 天（1 月 1 日）；

（二）春节，放假 3 天（农历正月初一、初二、初三）；

（三）清明节，放假 1 天（农历清明当日）；

（四）劳动节，放假 1 天（5 月 1 日）；

（五）端午节，放假 1 天（农历端午当日）；

（六）中秋节，放假 1 天（农历中秋当日）；

（七）国庆节，放假 3 天（10 月 1 日、2 日、3 日）。

第三条 部分公民放假的节日及纪念日：

（一）妇女节（3 月 8 日），妇女放假半天；

（二）青年节（5 月 4 日），14 周岁以上的青年放假半天；

（三）儿童节（6 月 1 日），不满 14 周岁的少年儿童放假 1 天；

（四）中国人民解放军建军纪念日（8 月 1 日），现役军人放假半天。

第四条　少数民族习惯的节日，由各少数民族聚居地区的地方人民政府，按照各该民族习惯，规定放假日期。

《职工带薪年休假条例》相关规定如下：

第二条　机关、团体、企业、事业单位、民办非企业单位、有雇工的个体工商户等单位的职工连续工作 1 年以上的，享受带薪年休假（以下简称年休假）。单位应当保证职工享受年休假。职工在年休假期间享受与正常工作期间相同的工资收入。

第三条　职工累计工作已满 1 年不满 10 年的，年休假 5 天；已满 10 年不满 20 年的，年休假 10 天；已满 20 年的，年休假 15 天。

国家法定休假日、休息日不计入年休假的假期。

《企业职工带薪年休假实施办法》相关规定如下：

第九条："用人单位根据生产、工作的具体情况，并考虑职工本人意愿，统筹安排年休假。用人单位确因工作需要不能安排职工年休假或者跨 1 个年度安排年休假的，应征得职工本人同意。"

下面是企业员工年休假通知单。（见表 6.5）

表 6.5　员工年休假通知单

<table>
<tr><td>部门</td><td colspan="2"></td><td>姓名</td><td></td></tr>
<tr><td>年休假天数</td><td colspan="2"></td><td>已休天数</td><td></td></tr>
<tr><td>本次休假天数</td><td colspan="2"></td><td>未休天数</td><td></td></tr>
<tr><td>起止日期</td><td colspan="4"></td></tr>
<tr><td colspan="2">本人同意休假</td><td colspan="2">本人不同意休假</td><td>因工作变更休假日期</td></tr>
</table>

（续表）

部门负责人	员工本人	部门负责人	员工本人	部门负责人	员工本人
变更休假日期					

此外，上述两项条例和办法中还规定了年休假期的工资待遇，以及不能享受年休假的条件等事项。

《国务院关于职工探亲待遇的规定》规定如下：

第二条　凡在国家机关、人民团体和全民所有制企业、事业单位工作满一年的固定职工，与配偶不住在一起，又不能在公休假日团聚的，可以享受本规定探望配偶的待遇；与父亲、母亲都不住在一起，又不能在公休假日团聚的，可以享受本规定探望父母的待遇。但是，职工与父亲或与母亲一方能够在公休假日团聚的，不能享受本规定探望父母的待遇。

第三条　职工探亲假期

（一）职工探望配偶的，每年给予一方探亲假一次，假期为三十天。

（二）未婚职工探望父母，原则上每年给假一次，假期为二十天。如果因为工作需要，本单位当年不能给予假期，或者职工自愿两年探亲一次的，可以两年给假一次，假期为四十五天。

（三）已婚职工探望父母的，每四年给假一次，假期为二十天。

探亲假期是指职工与配偶、父、母团聚的时间，另外，根据实际需要给予路程假。上述假期均包括公休假日和法定节日在内。

第四条　凡实行休假制度的职工（例如学校的教职工），应该在休假期间探亲；如果休假期较短，可由本单位适当安排，补足其探亲假的天数。

婚假方面，我国各省、自治区、直辖市等结合当地实际情况编制了相应的条例并规定了相关休假天数。如辽宁省根据 2016 年 3 月 23 日辽宁省第十二届人大常委会第二十四次会议第四次修正的《辽宁省人口与计划生育条例》第二十五条中规定："依法办理婚姻登记的夫妻，除享受国家规定的婚假外，增加婚假7日。”“休假期间工资照发，福利待遇不变。”江苏省根据2016年3月30日江苏省第十二届人民代表大会常务委员会第二十二次会议第三次修正的《江苏省人口与计划生育条例》第二十七条规定：“依法办理结婚登记的夫妻，在享受国家规定婚假的基础上，延长婚假十天。”假期视为出勤，在规定假期内照发工资，不影响福利待遇，国家法定休假日不计入规定的假期。黑龙江省根据2016年4月21日黑龙江省第十二届人民代表大会常务委员会第二十五次会议第四次修正的《黑龙江省人口与计划生育条例》第三十九条规定：“依法办理结婚登记的夫妻享受婚假十五日，参加婚前医学检查的，增加婚假十日，假期工资照发。”

《关于国营企业职工请婚丧假和路程假问题的通知》规定：“职工本人结婚或职工的直系亲属（父母、配偶和子女）死亡时，可以根据具体情况，由本单位行政领导批准，酌情给予一至三天的婚丧假。”《中华人民共和国劳动法》第五十一条规定：“劳动者在法定休假日和婚丧假期间以及依法参加社会活动期间，用人单位应当依法支付工资。”

法定的病假、婚假、产假、丧假等休假天数视同出勤。法定的婚假、病假、产假等假期期满后如需继续休假的，则按事假处理。

员工履行病假、婚假等请假手续前，必须及时提供请假证明。比如请婚假需要提供结婚证，请病假需要提供正规医院开具的病历和诊断证明。如果没有证明的，则按事假处理。

事假天数的审批应按照组织的权限规定。比如有的公司规定，单位负责人、部门负责人请假，要经公司领导批准后才能休假。3天以上20天以下（含20天）的各请（休）假，必须由员工申请、员工所在部门领导审核、所在单位分管领导审批后方能使用。3天及3天以内的事假、病假由请假人所在部门负责人审批。所有的假期必须经过正规手续审批登记后方可生效。

4. 考勤管理人员

考勤管理人员要及时有效地整理和汇总当月的考勤情况，并报送人力资源管理部门。人力资源管理部门按照考勤管理制度对员工的考勤情况进行复核，并按照上一个月的考勤情况核算工资。

考勤管理人员要严格按照考勤管理制度核对考勤记录。如有违反考勤管理制度、虚假反映考勤情况的行为，视同违反劳动纪律的违规行为，组织有权解除违规人员的劳动关系并不支付任何经济补偿。如给组织造成经济损失，组织还将保留追究相应法律责任的权利。

6.2　准备绩效考核

6.2.1　谁考核谁

1. 人力资源管理部门组织和指导绩效考核工作

人力资源管理部门根据组织相关绩效考核工作的原则、方针与政策，拟定绩效考核制度和绩效考核工作规划，组织、协调各部门进行绩效考核工作，并与各部门一起设计符合自身特点的考核量表。

2. 各部门设计绩效考核标准并予以执行

组织中的各部门从自身工作实际出发，针对本部门的工作性质、职责、任务和目标，结合业务和管理工作的重难点与不足点，与人力资源管理部门一起设计绩效考核标准并执行。

3. 各级管理者是绩效考核者

各级管理者均可以作为考核者。一般情况下，组织的最高层管理者考核中层管理者，中层管理者考核基层管理者，基层管理者考核基层员工。上级和人力资源管理部门监督整个考核过程，被考核者拥有申诉的权利。

4. 各级员工的直接上级是绩效考核的主体

行政直线关系中的直接上级了解其下级员工的工作表现，能够提供相应的指导、帮助和激励，所以他们是员工的直接绩效考核者。

5. 在行政直线关系中处于下级的员工是被考核者

组织中无论是管理层还是非管理层的员工，都要接受考核，一般均为上级考核下级。只不过由于所处管理层级不同，有些人既是被考核的人，也是实施绩效考核的人。

6. 协作部门负有绩效考核责任

协作部门提出的绩效考核意见，可推动提高绩效考核工作的科学性和有效性。

6.2.2 选择考核方法

1. 360度法

这是一种从被考核者的上级、同事、下属、客户以及被考核者本人多角度评估被考核者工作行为的方法。被考核者可以从多角度的反馈信息中了解知道自己的优缺点与需要改进的地方，以便及时改正提升。

上级考核使被考核者的直接上级可以把握员工的工作成果、评价员工对组织的贡献程度。通常情况下，他们对考核的内容比较熟悉，可以将下属的绩效考核结果和薪酬调整、晋升、奖惩等相结合。

同事考核是由被考评者所在部门或团队的同事或者处于同样层级并有较多工作联系的其他部门成员负责的。因为同级考核是否有效取决于考核者对被考核者工作的熟悉程度。

自我考核是被考核者本人对自身的工作进行评价。如管理人员的工作述职，一般员工的员工自评。员工自评用于绩效反馈和绩效面谈之前，员工对其工作绩效进行自我评价。让员工参与评定自己的工作表现、工作绩效，有机会参与自身利益相关的绩效评定时，会调动员工的工作积极性，提高工作质量。

下级考核是由下属员工对其直接主管的工作表现进行评价。下级考核能够反映直接主管在计划、组织、沟通、授权、控制等方面的能力，帮助主管改进工作。下级考核能够给下属一个约束上级的机会，适当地使用能够促进组织的民主气氛。

客户考核是由有业务往来的组织内外部客户对被考核者的服务质量进行考评。采用客户考核，有利于增强员工的服务意识，提高团队合作精神。客户对被考核者的公众形象的评价能够为组织提供有价值的信息。

实施 360 度绩效考核的核心内容是从被考评对象的德、能、勤、绩、廉五个主要方面进行考评，只是不同的行业和企业，不同的考核对象，内容或指标的侧重点和权重会有差异。

德主要指思想道德水平和工作态度。员工在工作的过程中需要通过团队合作来实现工作目标。此外，企业的某些岗位还会涉及保密协议、竞业限制等条件，因此需要员工有良好的思想道德水平。如果没有“德”，则很难适应团队，无法完成既定的绩效目标。工作态度是员工在工作过程中所表现出来的责任感和主观能动性，如责任心、团队合作意识等。积极的工作态度在一定程度上为实现绩效目标提供了保证。

能是员工工作的基本素质和工作能力。主要包括工作技能、工作经验、沟通表达能力、领导才能等方面。工作能力的考核，第一考核岗位所需的基本能力，如技术、知识、经验等。第二考核员工的学习能力和创新能力。第三考核员工的沟通能力和管理能力。因此，在“能”上，通常会选择专业技术水平、学习能力、沟通能力、管理能力、创新能力等作为绩效考核的指标。

勤是考核员工的出勤率、积极性、纪律性等方面。它是员工工作过程中个人能力素质的外在表现。员工如果纪律性差、出勤率低，必然会对团队的共同绩效产生不良影响，进而影响公司整体目标的实现。

绩是工作业绩，体现在员工的工作效率和工作成果上。例如销售人员的工作业绩体现在销售额、新客户数量、老客户维持率等。中层管理人员的工作业绩体现为所带领团队的业绩。

廉是考核员工的自身修养，即是否严格要求自己、遵纪守法、廉洁自律等。

下面是实施360度绩效考核各主体的考核指标。（见表6.6）

表6.6　360度绩效考核指标

上级考核			
一级指标	工作业绩	工作能力	工作态度
二级指标	目标完成情况	业务能力	责任心
	工作质量	领导能力	团队精神
	工作效率	组织策划能力	敬业心
	工作意识等其他方面	创新能力	
		沟通能力	

（续表）

同级考核			
一级指标	团队合作	工作能力	工作态度
二级指标	大局意识	业务能力	责任心
	合作意识	计划能力	诚信
	服务意识	创新能力	原则性
		沟通能力	
下级考核			
一级指标	团队管理	工作能力	工作态度
二级指标	公正性	管理能力	原则性
	民主性	培养下属的能力	责任心
		计划能力	诚信
		组织能力	品德
		授权能力	
		沟通能力	

2. 关键绩效指标法

关键绩效指标法（Key Performance Indicator，简称 KPI）指组织在制定员工的绩效评价指标时，只选取与组织战略目标紧密相关的那部分工作内容，以此作为员工绩效评价指标的一种方法。关键绩效指标法的重点在于能够选取那些重要、有代表性和关键性的指标，聚焦员工的工作重点和方向，通过员工的绩效评价来促进组织战略目标的实现。关键绩效指标法是将影响 80% 工作的 20% 关键行为进行量化，并将这些行为确定为具有可操作性的目标。

首先，细化分解组织的战略目标，既要对组织战略目标进一步细化，又要与组织战略目标保持同步变化。其次，指标应当是可控、可实现的指标，员工通过努力就可以达到，否则就会偏离激励的有效性。最后，关键绩效指标能够实现组织的整体价值并使组织目标不断升值。

如高校的关键绩效指标首先必须依据高校总体战略目标、各院系目标、高校的具体工作岗位和职务职责等进行确定，体现高校的发展战略与成功的关键点。其次，关键绩效指标的建立必须是以教学和科研的质量为核心。最后，必须保证教学和科研质量评价指标的可操作性，明确定义每一项关键指标。

关键绩效指标考核表的内容主要有以下三种形式。（见表6.7、6.8和6.9）

表6.7　关键绩效指标考核表形式一

关键绩效指标	权重	目标值	指标定义	评价方法	数据来源	计分规则	实际完成情况	得分

表6.8　关键绩效指标考核表形式二

关键绩效指标	权重	目标值

表6.9　关键绩效指标考核表形式三

关键绩效指标	权重

下面是以高校教师为例说明关键绩效指标考核表的格式和内容。（见表6.10）

表 6.10 高校教师关键绩效指标考核表

维度	考核指标	关键绩效指标	衡量标准	权重	得分
数量	教学数量	理论学时数			
		实践学时数			
	科研数量	纵向课题数			
		横向课题数			
		教材、著作数			
		专利、发明数			
	社会服务数量	指导学生参加竞赛数			
		参加社会调研数			
		谏言、献计献策数量			
质量	教学质量	学生评教分数			
		督导评教分数			
		教师评教分数			
		教研获奖情况			
		学生取得的成果			
	科研质量	课题的级别			
		发表文章的级别			
		科研获奖情况			
	社会服务质量	指导学生获奖级别及奖项			
		谏言被批示或采纳的级别			

3. 平衡计分卡法

平衡计分卡（Balance Score Card，简称 BSC）是从财务、顾客、内部经营、学习和创新四个方面对组织进行全面的评价。在使用时，每一方面都要建立相应的目标和指标。

（1）财务方面是解决“我们将为股东展示什么”的问题。财务指标包括营业收入、资本报酬率、销售额、利润额、经济增加值、资产利用率等财务指标。

（2）顾客方面是解决“我们将为客户展示什么”的问题。顾客指标包括准点送达率、顾客满意度、客户盈利率、新客户获得率、合同取消数、产品退换货率、顾客保持率等有关时间、服务、质量和成本的指标。

（3）内部经营方面是解决“我们哪些流程是优秀的”的问题。内部经营关注如何提高顾客满意度、实现财务目标。对绩效管理中关键流程识别并改造，提高企业经营的效率、新品开发速度、业务质量、出勤率。

（4）学习和创新方面是解决“我们如何维持变革、改进能力”的问题，在学习和创新方面，关注提升员工的专业能力和素质，并乐于为之投入，培养员工对企业的忠诚度，从而为市场创新、组织的可持续发展提供基础保障。

平衡计分卡四个方面的考核指标因行业和企业的不同而不同。先以 3 个企业为例，看一下如何设计四方面的指标。

下面是集研发、生产、销售、服务于一体的企业设计的平衡计分卡指标。（见表 6.11）

表 6.11　平衡计分卡指标设计（一）

维度	指标	权重
财务	收入增长、投资回报率、毛利率、应收账款周转率、库存周转率、负债周转率、固定资产折旧率、管理及运营费用	30%
顾客	顾客到店量、到店顾客签单率、客户的满意度、客户的投诉率、老客户转介绍顾客占比	30%
内部运营	订单履约率、完工产品合格率、应收账款按期回收率、加盟商平均销售额的增长和业绩提升的加盟商的占比	20%
学习和创新	关键岗位员工流失率、培训计划的满意度、内部培训师的培养数量、培训完成率、员工的胜任能力	20%

下面是食品加工企业设计的平衡计分卡指标。（见表 6.12）

表 6.12 平衡计分卡指标设计（二）

维度	指标	权重
财务	营业收入、市场占有率、利润、运营成本等	44%
顾客	客户忠诚度、客户满意度、新增经销商数量	30%
内部运营	生产效率、运营成本	20%
学习和创新	岗位充足率、核心员工的满意度、新产品开发周期、新产品上市后的成熟度、人力资源胜任力	6%

下面是建筑施工企业设计的平衡计分卡指标。（见表 6.13）

表 6.13 平衡计分卡指标设计（三）

维度	指标	权重
财务	主营业务收入增长率，毛利率、净利率、资产负债率	30%
顾客	市场份额、业主满意度、企业品牌形象	25%
内部运营	合同管理、质量管理、安全管理、成本管理、进度管理	25%
学习和创新	员工专业技术与能力、员工培训、员工满意度、员工忠诚度、知识与实践共享、员工与部门的协调配合、软件应用	20%

4. 目标管理法

组织发展，需要通过目标来实现。清晰的目标有助于员工个人确定工作任务和职责，有助于管理者确定管理方向，有助于组织取得效益。目标管理（Management by Objectives，简称 MBO）是由领导者与下属经过商讨之后共同设定目标，并且对目标完成情况定期开展检查的一种管理方式。这是一种上下级之间双向互动的以结果为导向的考核方法，以实际产出为基础，员工的工作绩效是考核的重点，并根据目标的完成情况来进行奖惩。目标管理的核心是分解组织目标，在与组织战略目标相统一的前提下，层层分解组织目标，最终转化为更易实现的个人工作目标，使得组织的职责清晰，分工明确。

目标管理有四个阶段。第一，构建组织目标管理框架，明确组织总目标、基层部门目标和职工个人目标。第二，按目标分层次、分系统进行管理，确定工作流程，明确工作流程与整个单位的结构相匹配，分权管理，实现授权管理与自主管理。第三，依据工作流程和匹配情况，进行职位分析、职位描述和任职规范。第四，按目标管理和职位胜任情况，进行目标结果评价，进而确定员工绩效。下面是员工绩效管理目标考核表的样例。（见表 6.14）

表 6.14 员工绩效管理目标考核表

<table>
<tr><td>姓名</td><td></td><td>岗位</td><td></td><td>部门</td><td></td></tr>
<tr><td>工作任务</td><td>工作目标</td><td>权重</td><td>目标完成情况说明</td><td>自评得分</td><td>上级评分</td></tr>
<tr><td></td><td></td><td></td><td></td><td></td><td></td></tr>
<tr><td></td><td></td><td></td><td></td><td></td><td></td></tr>
<tr><td></td><td></td><td></td><td></td><td></td><td></td></tr>
<tr><td></td><td></td><td></td><td></td><td></td><td></td></tr>
<tr><td>合计</td><td></td><td></td><td></td><td></td><td></td></tr>
<tr><td colspan="3">总评得分
（总评得分＝自评得分 × 系数＋上级评分 × 系数）</td><td colspan="3"></td></tr>
<tr><td colspan="3">目标执行者签字：
年 月 日</td><td colspan="3">上级主管签字：
年 月 日</td></tr>
</table>

5. 关键事件法

关键事件法（Critical Incident Method）是考核者收集和分析被考核者在工作中做得特别好的事情和做得不好的事情，即绩效好坏的依据。比如村干部的关键事件包括帮助村民排忧解难，加强本村精神文明建设，带领村民脱贫、致富。手术室护士的关键事件包括仪器操作缺陷、物品准备缺陷、物品清点缺陷、医院感染缺陷、标本管理缺陷、精密仪器设备管理。财务系统员工的关键事件包括工作业绩突出、为团队做贡献、保守公司机密、无故拖延工作、出现重大工作失误并造成严重的后果。供应部门员工的关键事件包括材料到货率、库存资金情况、安全生产情况等。

实施关键事件法需要围绕亮点事件、瑕疵事件和失职事件展开分析。亮点事件就是超出预期和工作职责要求的、给部门和组织目标带来积极影响的事件。瑕疵事件是在工作过程中，存在质量或者结果的明显瑕疵，与既定的预期目标有偏差。失职事件是未履行某项工作或者在履行过程中存在重大人为失误，给部门和组织目标带来消极影响的事件。

6. 行为锚定等级评价法

行为锚定等级评价法（Behaviorally Anchored Rating Scale，简称 BARS）是一种将工作中可能发生的典型行为或特定关键事件的行为进行评分，形成一个行为性锚定评分表，对员工实际的工作行为进行考评打分的方法。行为锚定等级评价法结合了量表评分法和关键事件法的优点。行为锚定等级评价法对每项指标都进行了等级界定，使评价者更准确把握考核标准的含义，评价更准确、客观；考核双方也容易从评价表中找到绩效不足，有助于绩效反馈和改进；同时考核评价的连贯性和信度都较好，有利于员工的综合评价。但是它设计复杂，需要多次测试和修改，不易于评价工作行为和效果相关度不明显的工作。

7. 绩效排序法

绩效排序法是比较被考核员工的工作绩效，确定员工的相对等级或名次。等级或名次可以由高到低或者由低到高排列。一般情况下，比较标准是根据员工的总体工作绩效进行综合比较。（见表 6.15）

以销售人员为例。销售部门人员制定销售利润指标，根据这一指标排序，谁的利润最大，谁就排在最前面，就是第一名。接下来依次为第二名、第三名……利润最小则排在最后一名。最后一名有可能面临被淘汰的危机。

表 6.15　绩效排序法样例

××公司部门年度绩效考核排序

排序（绩效得分由高到低）	姓名	入职时间	职位	绩效等级	备注
1					
2					
3					
…					

8. 强制正态分布法

强制正态分布法将考核结果按照正态分布的规律进行分布，即“中间大、两头小”。该方法预先确定评价等级以及各等级的比例分配情况，再将员工绩效强制列入某一等级后进行奖励或惩罚决策，以避免绩效考核中出现居中相似和平均满意现象。就如同通用电器公司前任首席执行官杰克·韦尔奇“活力曲线”中按照业绩以及潜力，将员工分成占比为20%、70%、10%的ABC三类。A类员工，对其进行奖励，比如加薪、股票期权以及晋升职务。B类员工，也根据业绩确认贡献提高工资。一般来说，A类员工所获得的奖励是B类员工的两至三倍。但是，对于C类员工，不仅没有奖励，还要被淘汰。

强制正态分布法的作用在于将员工的绩效考核结果调整得更为合理，为企业筛选优秀员工、做出晋升决策和识别低绩效员工提供依据，有利于企业总体薪酬成本的控制。强制正态分布法适用于像人力资源部、审计、行政等绩效结果量化程度较低的部门或者工作，这样可以避免考核流于形式，提高考核结果的准确性。

使用强制正态分布法时，要结合企业所在的生命周期阶段，当企业在衰退期时，整体业绩都会出现下滑，低绩效水平的员工在员工总体中所占的比例相对较大，因此不能与处于稳定期一样在考核结果中强调应用强制分布。“强制分布”对样本较小的公司并不适用。即使在大企业，除了处于核心的、直接创造企业利润的部门人数较多外，其他辅助性部门相对人数较少，那么在人少的部门也慎用此法。

9. 相对与绝对考核评价法

相对评价是指在某一群体中用一个预先设定好的基准，来比较群体中的考评对象，确定他们在群体中的相对位置。绝对评价是在考评对象的群体之外，用预先制定的基准，比较考评对象并确定其达到目标基准绝对位置的评价。

选择使用哪种方法可以从全体、组织以及岗位的特点来考虑。如果组织内部缺乏拼搏意志，需要通过竞争来激发成员的活力，那么建议采用相对评价法。如果组织内耗严重，合作性差，通过开展更多的合作，获得更多的收益，则可以采用绝对评价法。

100 人以下规模较小的组织，管理层级不超过三层，建议主要采取绝对评价法，这样员工业绩的好坏一目了然，管理成本也较低，而且考核效率高、准确、公平性较好。超过 500 人规模较大的公司，管理层级超过三层，人员管理和价值分配需要依靠中层管理者，最高领导者很难观察到每个员工的工作表现，因此，建议采取以相对评价为主的考核方式，便于控制激励成本，创造内部的竞争。对于流程型组织，岗位责任明确，鼓励员工做好本职工作，建议采取绝对评价的办法。对于网络型组织，鼓励员工做得越多越好，建议采取相对评价法，多劳多得。

操作层员工的考核标准清晰，所以可以通过绝对评价，多劳多得。基层岗位，通过绝对评价，鼓励合作，实施激励。对于中层岗位，建议采取相对评价，鼓励竞争，传递危机感，使团队持续进步。但如果中层岗位人数较少时，可以采取绝对考核。对于高层岗位，对经营目标完成结果负责，关注外部竞争，建议采取绝对评价。

10. 要素评分法

要素评分法是衡量整个组织所有岗位价值的一种定量的方法。首先，将组织中的所有岗位特征转换成若干个报酬要素；其次，比较岗位的具体工作内容与报酬要素标准；接下来，根据组织的具体业务性质和其他情况，确定报酬要素并赋予这些要素不同的权重，同时将每个要素划分成不同等级；然后根据每个岗位对这些要素的不同要求确定岗位在各个要素上的等级和得分；最后加总得分即得岗位的相对价值。下面是要素评分法涉及的相关表格。（见表 6.16）

表 6.16　要素选择举例

<table>
<tr><th>一级要素（及权重）</th><th>二级要素（及权重）</th><th>一级要素（及权重）</th><th>二级要素（及权重）</th></tr>
<tr><td rowspan="3">专业知识（1.5）</td><td>学历（4）</td><td rowspan="3">工作条件（0.5）</td><td>稳定性（2）</td></tr>
<tr><td>学位（4）</td><td>安全性（4.5）</td></tr>
<tr><td>资格证书（2）</td><td>物理环境优劣（3.5）</td></tr>
<tr><td rowspan="2">经验（1.5）</td><td>工作年限（5）</td><td rowspan="2">体能要求（0.5）</td><td>站立（5）</td></tr>
<tr><td>职称（5）</td><td>久坐（5）</td></tr>
<tr><td rowspan="4">责任（2）</td><td>是否监督他人（2.5）</td><td rowspan="2">精神 / 心理要求（0.5）</td><td>心理紧张度（5）</td></tr>
<tr><td>直接下属数量（1.5）</td><td>压力强度（5）</td></tr>
<tr><td>下属层次（2）</td><td rowspan="3">市场供求（1.5）</td><td>供大于求（2）</td></tr>
<tr><td>影响范围（4）</td><td>供小于求（5）</td></tr>
<tr><td rowspan="6">任务复杂性（2）</td><td>工作范围（2）</td><td>供求平衡（3）</td></tr>
<tr><td>程序性（1）</td><td colspan="2" rowspan="5">合计（10）</td></tr>
<tr><td>创新性（2）</td></tr>
<tr><td>决策（2）</td></tr>
<tr><td>执行（1）</td></tr>
<tr><td>沟通度（2）</td></tr>
</table>

6.2.3 明确考核周期

绩效考核周期也指组织员工前一次绩效考核到下一次绩效考核之间间隔多长时间。由于绩效考核有一定的特殊性，频繁考核会消耗组织的人力、物力和精力，增加管理成本；考核周期过长，又有可能降低绩效考核数据的准确性，不利于员工改进工作绩效，从而影响绩效管理的整体效果。

一般来说，绩效考核周期可以以月、季、半年和年为单位。另外，根据组织所在行业的性质不同，还可能出现以周、旬、项目节点为单位的考核。由此可见，考核周期需要根据组织实际情况、岗位的特殊性、考核指标性质及考核标准等综合因素而确定。通常情况下，高级管理者进行年度考核、中级管理者每半年考核一次、基层管理者可以采取季度考核的方式、普通员工可根据工作特点考虑月度考核。如对快递员的考核可以划分为月度考核和年度考核。月度绩效考核由人力资源部门、市场部、财务部和客服部根据单一的定量指标，考核快递员是否能够完成既定的任务进行考核，以便及时反馈工作绩效、便于计算工资和奖金。将每一个绩效指标设置成五个等级予以评分，每项考核指标所评定的等级再予以量化。年度绩效考核围绕公司战略，涵盖快递员培训计划、人员选拔等。因此权重设置以工作绩效及员工素质为基础，综合考核。年度考核的结果主要用于薪资调整、职位调整、年终奖发放等方面。下面为销售员月度绩效考核表样例。（见表 6.17）

表 6.17　销售员月度绩效考核表

_____年_____月

姓名：　　　　　　　　工号：　　　　　　　　职级：

评价要素及权重	权重	工作目标	完成情况	得分
月度销售目标完成率	40%			
新市场开发数量	10%			
问题合同率	5%			
客户拜访数量	5%			

（续表）

评价要素及权重	权重	工作目标	完成情况	得分
客户拜访频率	5%			
销售方案的质量	5%			
例行工作报告的质量	5%			
合同签单率	10%			
客户投诉率	10%			
团队合作	5%			
考核意见：				
主管（签字）：		销售员（签字）：		
年　月　日		年　月　日		

确定绩效考核周期主要有累积法、等同法和拆分法三种。累积法顾名思义，就是把两个及以上的绩效周期累积在一个集中的时段，如一个月、一旬、一个季度等的考核。比如有些快消品销售岗位的销售员每 2~3 天就可以完成一单交易，所以可以将此类销售岗位的绩效考核周期按自然月或者季度进行累积。如考核 30 天、60 天、90 天、180 天的销售量等。由此可见，累积法适合那些绩效周期相对较短的工作岗位。等同法就是考核周期等于绩效周期。这种方法适用于绩效周期长短适中的工作岗位。拆分法和累积法相反，它是把一个绩效周期拆分为两个及以上有明确节点的阶段，然后再根据各个阶段的绩效完成情况进行考核。比如，产品研发岗位，可能需要半年、一年甚至几年开发产品。在此情况下，企业可以按照产品研发的流程确定不同的任务节点，每一任务节点实施一次绩效考核。由此可见，拆分法适合那些绩效周期相对较长，且可以进行阶段性成果评价的岗位。下面为中层管理人员年度绩效考核表样例。（见表 6.18）

表 6.18　中层管理人员年度绩效考核表

<table>
<tr><td colspan="2">姓名</td><td></td><td>职务</td><td></td><td>所在部门</td><td></td></tr>
<tr><td></td><td>一级指标</td><td colspan="2">二级指标</td><td colspan="2"></td><td>权重</td><td>得分</td></tr>
<tr><td rowspan="3">工作成果</td><td>工作数量</td><td colspan="4">完成既定年度目标的情况，如没有完成，相差多少。如超额完成，超额多少</td><td rowspan="15">此部分根据组织实际情况确定权重分值</td><td></td></tr>
<tr><td>工作质量</td><td colspan="4">工作准确性</td><td></td></tr>
<tr><td>工作效率</td><td colspan="4">完成工作的速度</td><td></td></tr>
<tr><td rowspan="7">工作能力</td><td>计划性</td><td colspan="4">对工作内容、工作时间、工作任务量、工作流程安排是否合理、有效</td><td></td></tr>
<tr><td>协调沟通</td><td colspan="4">问题与矛盾的处理能力以及与各方关系协调能力</td><td></td></tr>
<tr><td>应变力</td><td colspan="4">面对突发情况和变化的应变能力</td><td></td></tr>
<tr><td>指导与激励</td><td colspan="4">对本部门员工进行激励、实施帮助指导</td><td></td></tr>
<tr><td>全局意识</td><td colspan="4">认真全面考虑问题</td><td></td></tr>
<tr><td>人才培养</td><td colspan="4">对本部门内开展培训</td><td></td></tr>
<tr><td>职务技能</td><td colspan="4">对相关知识和技能的掌握和运用程度</td><td></td></tr>
<tr><td rowspan="5">工作态度</td><td>合作性</td><td colspan="4">与本部门员工和其他部门工作配合</td><td></td></tr>
<tr><td>自律</td><td colspan="4">严格要求自己，遵纪守法</td><td></td></tr>
<tr><td>责任心</td><td colspan="4">工作投入度、勤奋努力程度</td><td></td></tr>
<tr><td>执行力</td><td colspan="4">对上级指示的执行，以及对下级任务的传达</td><td></td></tr>
<tr><td>职业道德</td><td colspan="4">道德品质、廉洁、诚信</td><td></td></tr>
<tr><td colspan="6">合计</td><td>100</td><td></td></tr>
<tr><td colspan="2">评价等级</td><td colspan="6">□ A. 90 分以上　□ B. 70~89 分　□ C. 60~69 分
□ D. 59 分以下</td></tr>
<tr><td colspan="8">评价人签字：　　　　　　　　　　　　年　月　日</td></tr>
</table>

6.2.4　编制考核表

绩效考核表是评价和统计员工工作成果、工作能力、工作态度以及职业道德等方面的表格，以此来判断是否符合人岗匹配。编制绩效考核表时首先要确定考核方法，其次确定考核内容与考核项目，然后指定考核评分标准，最后设计绩效考核表格文本。（见表 6.19、6.20 和 6.21）

表 6.19　组织整体绩效考核表

序号	指标名称	标准分值	计划完成	实际完成情况	自评分	他评分及签字	实得分
1	合同额						
2	营业额						
3	本期利润率						
4	上交款						
5	成本费用率						
6	现金流量存量						
7	清欠率						
	合计						

表 6.20　部门绩效考核表

<table>
<tr><td colspan="2">被考核部门：</td><td colspan="2">考核部门：</td><td colspan="2">考核关系：</td><td>日期：</td></tr>
<tr><td>考核项目</td><td>考核内容</td><td>考核要求</td><td>标准分值</td><td>自评分</td><td>他评分</td><td>实得分</td></tr>
<tr><td rowspan="2">业绩情况</td><td>部门目标完成情况</td><td></td><td></td><td></td><td></td><td></td></tr>
<tr><td>任务完成的及时性</td><td></td><td></td><td></td><td></td><td></td></tr>
</table>

（续表）

被考核部门：		考核部门：		考核关系：		日期：
考核项目	考核内容	考核要求	标准分值	自评分	他评分	实得分
部门形象	合作性					
	反应速度					
	准确性					
	计划性					
	协调性					
	成长性					
	纪律性					

表 6.21　个人绩效考核表

被考核人：		所属部门：		岗位：		日期：
考核项目	考核内容	考核要求	标准分值	自评分	他评分	实得分
岗位职责	目标和责任					
	及时性					
工作业绩	工作质量					
	工作数量					
	工作周期					
	工作响应					
专业能力	专业知识					
	专业技能					
	决策判断					

（续表）

被考核人：		所属部门：		岗位：		日期：
考核项目	考核内容	考核要求	标准分值	自评分	他评分	实得分
工作态度	合作性					
	执行性					
	学习性					
	主动性					
	纪律性					
职业道德	遵纪守法					
	忠诚度					
	职业操守					
考核者意见： 签字： 年 月 日						

6.3 设计绩效考核指标

6.3.1 绩效考核指标的分类

绩效考核指标反映了部门各岗位的工作性质和绩效水平，并通过各个指标的信息综合反映绩效考核的结果。绩效考核指标体系的每一项指标，首先采取分等级的定性评价，再在此基础上进行量化，设置权重。绩效考核指标可以分为一级指标和二级指标。如一级指标为工作业绩时，二级指标就可以是工作数量、工作质量、工作效率和工作成本等。如工作能力为一级指标，那么要根据各部门各岗位上不同层级和类型的员工所要求的能力结构和水平等设置二级指标。此部分的二级指标切忌各部门各职位一致。如工作态度为一级指标，那么事业心、进取心和责任心等就是二级指标。一级指标数量相对稳定，二级指标数量根据岗位的实际情况决定。

6.3.2 绩效考核指标权重的设计

绩效指标权重是权衡和评价各项绩效指标的重要程度数字。权重不同，考核结果也不同。绩效指标权重应体现企业的战略目标，并对员工的工作行为有导向作用。确定绩效权主要考虑以下几个方面。

1. 根据对职位等级与考核目的的侧重来设计绩效指标权重

不同职位有不同的职位特点，对不同级别的员工，各个绩效指标在总分中所占的比重也不同。职位越高工作自由度越大，对业绩和能力的要求也就越高；职位较低的岗位则更需要重点关注纪律性和积极性等工作态度指标。高层管理者工作业绩权重高，中层管理者工作能力权重高，基层员工主要考核工作态度。

2. 不同目的的侧重

从组织整体的业绩以及对整体业绩的贡献度进行考核。如果考核的目的是加薪，那么需要侧重能力考核。以职位标准为基础，以能力发挥为考核核心，同时兼顾业绩和态度考核。如果考核的目的是晋升，那么权重侧重在能力考核上，参照业绩与态度考核。

一个岗位的重要指标权重在 20% ~ 30% 之间，其他指标的权重也都控制在 5% ~ 30% 之间。若某些指标权重过高，可能会使员工只关注高权重指标；若权重过低，那么这个指标就失去了考核的意义。

6.4 实施绩效考核

6.4.1 收集绩效考核信息

绩效考核信息收集是一种有组织有系统地收集员工、数据、资料、工作活动信息和企业绩效信息的工作。目的是解决工作中的问题或者是通过循证、收集事实或可靠的资料数据来证明问题存在的原因。

6.4.2 进行绩效沟通

绩效沟通主要表现在制定目标时的沟通、绩效实施时的沟通、绩效反馈时的沟通和绩效改进时的沟通。

1. 目标制定时的沟通

制定目标时的沟通，是在员工绩效目标制定时的沟通。管理者和员工就绩效目标、绩效实施的措施以及完成目标所需要的支持进行面对面的交流。在这一阶段，管理者首先要向员工说明企业、部门的目标有哪些，为了完成这些目标员工需要达到何种标准；管理者会通过什么样的方式对员工的业绩进行考核；员工目标完成与否将会受到何种奖惩。由此可见，只有当员工明确自己的目标，才能在执行时有方向、有标准。另外，制定目标时的沟通也能够防止员工被动地接受管理者下派的任务，主动去认可目标，提高工作效率。

2. 绩效实施时的沟通

绩效实施时的沟通，是员工在执行和实施绩效目标的过程中进行的沟通。这类沟通有可能是随机进行的，也有可能是常规进行的。绩效实施时的沟通内容主要是员工对目标完成的关键阶段、存在的问题以及实现目标的手段的汇报。如果是例行的，则通过例会、正式的常规检查和文件汇报等形式进行；如果是随机的，可以非正式地随机进行。

实施绩效时，无论是管理者还是员工，都要关注目标的关键节点。每个关键节点，管理者都要进行适时的监督，与员工沟通了解任务的进展状况和结果。当然，非任务关键节点也要注意沟通，因为一旦有员工瞒报进度或者问题，这样不但影响个人目标的实现，而且还极有可能对部门整体目标的完成造成严重影响。

3. 绩效反馈时的沟通

在当次绩效考核形成结果时，管理者要对员工之前制定的目标完成情况进行反馈，并对下一阶段的目标探讨交流。本阶段的沟通中，管理者要把当次员工绩效考核的结果告诉他们，并根据循证管理的原则，将考核打分的依据也告诉员工。同时，管理者也要给员工机会，让他们在实现目标的过程中表达自己的感受和想法，并允许他们对存在异议的打分申请复议。这样的双向沟通有助于增强考核结果的说服力。

员工没有完成目标可能由于外部因素和员工个人内部因素所致。这时更需要管理者与员工沟通，了解导致未完成目标的原因。无论是因为外部环境的变化，或者组织制度、流程的问题，还是员工个人知识能力、经验不足抑或是工作态度问题，都需要通过沟通的方式了解，并寻求解决办法。完成目标的员工，也要通过沟通了解其完成目标的过程，并对下一阶段的目标制订计划。

4. 绩效改进时的沟通

员工绩效改进时的沟通是改进员工自身问题或者是不恰当的目标完成方式时的沟通。管理者通过例会、正式 / 非正式交流、例行检查、文件汇报等方式跟进并监督改进的落实情况。绩效改进沟通贯穿目标完成的过程中，且在整个绩效管理活动中发挥作用。它既是对上一阶段绩效改进情况的一个总结，也是对本阶段目标执行情况的一个了解。下面为绩效考核面谈表样例。（见表 6.22）

表 6.22 绩效考核面谈表

面谈对象		员工部门 / 岗位	
面谈时间		面谈人职别	
面谈原因	□月度 □季度 □年度 □换岗前 □调动前 □临时		
面谈内容	（肯定成绩，指出不足，提出改进意见和建议） 1. 肯定成绩，如：自评自己的工作表现，在哪些地方或方面工作完成得好 2. 提出改进意见，如：工作中哪些地方 / 方面需要改善，建议参加职业技能培训，下一步的工作和绩效的改进方向等 3. 建议，如：对今后的考核工作有什么意见，希望得到哪些与工作相关的帮助 面谈领导（签字）： 年 月 日		
面谈确认	（员工对面谈内容进行确认，并总结收获和表明态度） 面谈对象（签字）： 年 月 日		
备注			

6.4.3 反馈绩效考核结果

1. 绩效结果反馈及其作用

绩效结果反馈是管理者向员工反馈绩效评价的结果，并对绩效期间内取得的成绩、存在的问题、下一阶段的工作目标、未来的绩效提升计划进行双向沟通的过程，是管理者和员工之间就当前绩效的总结和未来绩效更好地实现而进行的有效沟通。能否达到绩效管理的预期目的，通常取决于绩效结果反馈的实施情况。

工龄较短的年轻员工对反馈的内容接受程度高，并且会积极主动地关注这些反馈。相对于老员工，年轻员工认为上级领导反馈的信息具有权威性，能让自己发现问题，看到与目标之间的差距，有助于改进工作绩效。当管理者的综合素质较高时，其展现出来的个人信誉度高、被认可程度高、人格魅力足，则管理者的言行更易被员工接受和认可，员工更愿意跟随管理者，听从管理者发号施令，甚至在信息交流不畅通的情况下，员工也能积极地开展工作。

绩效结果反馈在一定程度上能够保证绩效管理的公开性与公正性，让绩效成为一件透明的工作；同时也为制订绩效改进计划并确定下一阶段的绩效目标提供依据。绩效反馈主要通过绩效信息的传递让被考核者认识到自身的优点与不足，找到差距。反馈者通过反馈的内容指导员工认清组织的目标，提供改进意见和相关资源，促使员工更快更好地达到组织目标。因此，有效的、对员工个人发展有利的绩效反馈内容是影响员工公平感知不可或缺的重要因素。

由此可见，决定绩效结果反馈效果的核心因素是员工从反馈中能够获取的所有信息的价值总和。绩效结果反馈应该使员工和管理者对考核结果产生一致且比较科学的看法，使员工对考核过程与结果的公平性有良好感知，使员工获得绩效保持或绩效改进的具体建议，使员工和管理者以绩效结果反馈为基础形成相应的心理契约。

2. 绩效结果反馈的内容

绩效结果反馈可以分为针对正确行为的正面反馈以及针对错误行为的中立反馈和负面反馈。一般来讲，组织对成员绩效的正面反馈能够提高成员的绩效水平。正面反馈会通过表扬、奖励等形式体现。如果员工接受以金钱奖励形式为主，则倾向于根据按劳取酬的原则追求更高的个人成就，他们更关注与自己表现有关的信息，对个人绩效反馈更敏感。针对个人绩效的正面反馈能被他们选择性地注意并加以利用，增强他们完成任务的信心，促进他们通过更多的互动努力来达成目标，并最终产生较高的任务绩效。接受荣誉奖励为主的成员知晓团队和谐的必要性，他们的目标除了完成任务外，还要塑造一个稳固、凝聚的集体。因此，他们更在意有关集体绩效的信息反馈。正面的集体绩效反馈能够有效提升他们的效能感，并激发更多的合作行为与工作努力，也为组织带来更积极的结果。

6.4.4 制订绩效改进计划

绩效改进计划是根据员工在一定时期内需要改进的工作绩效和需要提高的工作能力的一种计划。

绩效改进计划的制订一般包括五个环节。第一，管理者与员工就绩效考核结果进行沟通。管理者需要帮助员工认识到自己在工作中做得好的和做得不好的地方。第二，管理者与员工就员工绩效方面存在的问题查找原因并进行深入的分析，指出员工在工作能力、方法或工作态度上需要改进的地方。第三，管理者和员工根据今后目标的要求，确定员工当前急需改进的方面作为员工个人今后一段时期内发展的目标。第四，管理者和员工共同制定改进行动方案。第五，管理者列出可以帮助员工发展的因素，从而提供有效资源。

下面为员工和企业绩效改进计划样例。（见表 6.23、6.24）

表 6.23 某企业为员工量身定做的绩效改进计划表

改进人	张晴		职务	销售专员
直属上级	王丹		职务	销售主管
制定时间	2020 年 11 月 5 日		审核人	销售经理
改进项目	提升专业知识、沟通技巧、个人素养			
行动计划	执行时间	辅导人	主要措施	目标效果
专业知识	月 日至 月 日	指定人员	内训	达到公司规定学时考核成绩要求
沟通技巧	月 日至 月 日	培训讲师	自我提升	掌握沟通技能
个人素养	（由销售主管王丹和销售专员张晴沟通后制订张晴的个人改进计划）			

表 6.24 人力资源管理部门培训岗位人员绩效改进计划表

改进人		职务	
直属上级		职务	
制定时间		审核人	
不良绩效描述（含业绩、行为表现和能力目标） 1. 公文写作能力欠缺。 2. 时间管理能力缺乏。 3. 培训领域专业知识匮乏。			
原因分析 1. 公文写作的培训经历，对公文写作标准缺乏认识。 2. 工作缺乏计划性，当多个任务同时布置时，没有按照任务的重要性和急迫性进行排序。 3. 从事培训工作时间短、授课次数少、经验不足。			
个人培训发展需求 1. 有更多机会参加内训交流和外部专业培训机构学习。 2. 熟悉并掌握公司各岗位的工作内容和职责。 3. 增加公文写作能力。			
绩效改进措施 / 计划 1. 参加《公文写作》培训。 2. 参加《时间管理》培训。 3. 邀请培训经验丰富的老员工担任导师，指导工作。			

6.4.5 处理绩效申诉

1. 处理初次申诉

绩效考核申诉可以对考核者形成监督约束，使考核环境更加客观、公正。考核评价结束后，被考核者有了解自己考核结果的权利，考核者也有主动向被考核者告知和说明考核结果的义务。

被考核者如对绩效考核结果有异议，可以提出申诉。被考核者应该首先与直接上级进行沟通，寻求解决办法。如解决不了，则在组织规定的期限内填写绩效考核申诉表（见表6.25）向人力资源部提出申诉，逾期人力资源部则不予受理。人力资源部在收到申诉表后也需要在既定期限内展开调查并做出答复。如果员工申诉成功，人力资源部应当与被考核者的上级协商，经批准后，修改该被考核者的绩效考核结果。

表6.25　绩效考核申诉表

申诉人		职位		所属部门	
被申诉人		直接上级		申诉时间	
绩效考核申述事件及理由： 申诉人签名：　　日期：					
部门处理意见： 签名：　　日期：					
人力资源部处理意见： 签名：　　日期：					
总经理处理意见： 签名：　　日期：					

2. 处理二次申诉

当员工对第一次申诉意见不满意时，可以进行二次申诉。如果组织中设有绩效管理委员会的话，那么在接到员工的二次申诉后，需要在既定期限内完成调查并做出裁决。如果员工的二次申诉成功，则由人力资源部与被考核者的直接上级进行协商，修改其绩效考核结果。如果二次申诉不成功，则维持原考核得分和结果，员工不得继续申诉。

3. 申诉材料归档

人力资源部负责将绩效申诉处理完毕后的材料进行归档，员工申诉表归入员工绩效考核档案中，作为绩效考核过程的记录。

6.4.6 考核结果的应用

绩效考核的结果可应用于绩效奖金的发放、培训和继续教育、岗位调整或职务晋升、个人职业生涯规划等。管理人员绩效奖金结合单位绩效和个人绩效考核结果浮动发放。绩效奖金每半年发放一次，专项绩效奖励除外。组织可以对各单位和职能部门根据年初签订的目标责任状和期间管理目标进行考核，结合个人考核情况，于次年年初确定岗薪预留部分发放比例。半年考核可视考核结果和预测情况预发放部分预留岗薪，原则上不得超过全年预留金额的一半。

6.4.7 绩效考核体系的评价

绩效考核制度应该每年进行评价。通常情况下，评价的时间是每年年底，由组织分管领导、人力资源部和各职能部门负责人参加。绩效考核体系的评价流程有三步：第一步，各部门总结年度工作、进行SWOT分析（基于内外部竞争环境和竞争条件下的态势分析，S是优势，W是劣势，O是机会，T是威胁），确定优势找出差距；第二步，各部门评估现有的考核制度、评价指标和权重是否合理；第三步，各部门将改进意见汇总至上级部门，经审批通过后由人力资源部记录在案，作为下一年度绩效工作改进的依据和参考资料。

6.5 常见岗位绩效考核设计的范例

6.5.1 管理层员工绩效考核的设计

管理层绩效考核样例见表 6.26。

表 6.26 高层经理人员绩效考核表

被考核者		职位		部门					
考核周期：（ ）月度考核 （ ）季度考核 （ ）年终考核									
考核指标	权重	指标描述			分数等级				
品行	25%	品德优秀，为人廉洁正直、公正无私，能力超群，具有人格魅力			1	2	3	4	5
决策能力	25%	能够及时发现问题，把控关键，迅速制定适当策略			1	2	3	4	5
指导激励	25%	正确地指导下级，使其领导的部门成为紧密协作的团体			1	2	3	4	5
领导能力	25%	按照下级的能力和特长分配布置工作，做到事得其人，人尽其才			1	2	3	4	5
考核者（签字）： 年 月 日					总分 = Σ等级分数 × 20× 权重				
备注：									

6.5.2　专业技术类员工绩效考核的设计

专业技术人员绩效考核样例见表 6.27。

表 6.27　专业技术人员考核指标及评估等级一览表

考核要素及权重		考核要点	评估结果			
维度及权重	指标		自评	同级	直接上级	加权结果
工作态度（××%）	出勤	员工出勤情况				
	服从性	遵守企业规章制度，服从安排				
	主动性	主动承担工作				
	责任心	努力做好本职工作				
	团结协作	积极主动地与他人合作，共同有效地完成工作				
工作业绩（××%）	产品数量	产品完成数量				
	产品质量	产品合格率				
	及时性	提供技术支持的及时性				
	设备管理和维护	设备完好率				
工作能力（××%）	专业知识	对本专业知识的掌握程度				
	工作技能	是否胜任本岗位所要求的操作能力				
	解决问题的能力	是否善于发现问题并加以解决				
	计划能力	工作有计划性，并能根据事情的重要程度做出正确的判断和决策				
	协调能力	是否能合理安排工作，较好地协调与他人的关系				
	应变能力	根据客观的情况快速地采取相应的措施				

6.5.3 业务人员绩效考核的设计

业务人员绩效考核样例见表 6.28、6.29 和 6.30。

表 6.28 销售员绩效考核表

绩效指标	权重	绩效标准	权重分配	得分	备注
销售业绩	50%	销售量目标			
		利润目标			
		市场份额目标			
		客户关系			
		回款率			
销售成本	30%	销售成本比率			
		差旅成本			
		其他成本			
团队协作	10%	与团队成员合作			
		提供有效的支持			
规章制度执行	10%	出勤情况、服从情况			
		主动性			
		遵纪守法			
综合考核结果					

考核人（签字）：　　　　年　月　日

复核人（签字）：　　　　年　月　日

被考核人（签字）：　　　　年　月　日

表 6.29　销售主管考核表

<table>
<tr><td>绩效指标</td><td>考核项目</td><td colspan="4">计划目标</td><td colspan="4">实际完成</td><td colspan="2">完成率(%)</td><td>权重</td><td>得分</td><td>备注</td></tr>
<tr><td rowspan="3">财务业绩</td><td>部门销售净利润</td><td colspan="4"></td><td colspan="4"></td><td colspan="2"></td><td></td><td></td><td></td></tr>
<tr><td>个人销售净利润</td><td colspan="4"></td><td colspan="4"></td><td colspan="2"></td><td></td><td></td><td></td></tr>
<tr><td>应收款</td><td colspan="4"></td><td colspan="4"></td><td colspan="2"></td><td></td><td></td><td></td></tr>
<tr><td rowspan="6">营销过程</td><td></td><td colspan="10">评价尺度</td><td></td><td></td><td></td></tr>
<tr><td>销售计划与组织</td><td>1</td><td>2</td><td>3</td><td>4</td><td>5</td><td>6</td><td>7</td><td>8</td><td>9</td><td>10</td><td></td><td></td><td></td></tr>
<tr><td>客户关系</td><td>1</td><td>2</td><td>3</td><td>4</td><td>5</td><td>6</td><td>7</td><td>8</td><td>9</td><td>10</td><td></td><td></td><td></td></tr>
<tr><td>品牌宣传</td><td>1</td><td>2</td><td>3</td><td>4</td><td>5</td><td>6</td><td>7</td><td>8</td><td>9</td><td>10</td><td></td><td></td><td></td></tr>
<tr><td>信息反馈</td><td>1</td><td>2</td><td>3</td><td>4</td><td>5</td><td>6</td><td>7</td><td>8</td><td>9</td><td>10</td><td></td><td></td><td></td></tr>
<tr><td>问题处理</td><td>1</td><td>2</td><td>3</td><td>4</td><td>5</td><td>6</td><td>7</td><td>8</td><td>9</td><td>10</td><td></td><td></td><td></td></tr>
<tr><td rowspan="4">内部管理</td><td>员工满意度</td><td>1</td><td>2</td><td>3</td><td>4</td><td>5</td><td>6</td><td>7</td><td>8</td><td>9</td><td>10</td><td></td><td></td><td></td></tr>
<tr><td>对下属的培训</td><td>1</td><td>2</td><td>3</td><td>4</td><td>5</td><td>6</td><td>7</td><td>8</td><td>9</td><td>10</td><td></td><td></td><td></td></tr>
<tr><td>团队合作</td><td>1</td><td>2</td><td>3</td><td>4</td><td>5</td><td>6</td><td>7</td><td>8</td><td>9</td><td>10</td><td></td><td></td><td></td></tr>
<tr><td>规章制度的执行</td><td>1</td><td>2</td><td>3</td><td>4</td><td>5</td><td>6</td><td>7</td><td>8</td><td>9</td><td>10</td><td></td><td></td><td></td></tr>
<tr><td colspan="15">被考核人签名：　　　　　　考核人签名：　　　　　　考核时间：</td></tr>
</table>

表 6.30　渠道经理考核表

考核项目	项目内容	项目内容解释说明	权重	考核部门	初次考核	复核
工作业绩	制定渠道策略	此部分是对项目内容的解释和扣分依据。各个组织根据自己的实际情况制定				
	制订具体执行计划					
	新客户增加率					
	老客户保持率					
	提供支持服务					
	及时顺畅沟通的反馈					
工作能力	管理能力					
	沟通能力					
	组织协调能力					
	任务分配能力					
工作态度	出勤					
	制度执行					
	职业道德					
	责任心与原则性					
自我发展与学习	参加组织学习					
	个人学习					
初次考核得分：		主管（签字）： 年　月　日				
复核得分：		主管（签字）： 年　月　日				
申诉得分：		总经理（签字）： 年　月　日				
审查报告：						

第 7 章

薪酬与福利

薪酬和福利作为组织中吸引、留住和激励员工的手段，在人力资源管理工作中发挥着重要的作用。薪酬和福利的数量和支付方式会影响员工对组织的满意度和忠诚度。组织只有设计出一套长期有效的薪酬和福利方案，才有可能让员工专注工作、承担组织使命、实现组织各项经营目标。

7.1 如何做工资

7.1.1 做工资前的准备工作

薪酬专员或薪酬助理要按照组织的标准和要求制作工资表并进行工资发放。在此之前，薪酬专员或助理需要完成一系列的前期准备工作，这些前期准备工作可以保证工资能够准确并及时地发放给每位员工。这些前期准备工作包括两个方面：第一方面是要学习并理解与制作工资表和发放工资有关的各种知识，第二方面是需要收集并汇总制作工资表和发放工资时所需要的相关数据。

1. 掌握薪酬管理方面的知识

首先，要学习、理解并掌握组织现行的一系列薪酬管理制度，如薪酬结构、薪酬体系、薪酬标准、计薪周期、薪酬保密规定、绩效考核的周期和办法、各种福利项目以及组织的考勤规定等。与此同时，薪酬专员或薪酬助理还应该学习并掌握与薪酬管理相关联的各种管理办法或管理制度。这些管理办法或管理制度，或多或少都会涉及薪酬核算问题，以及与薪酬、福利相关联的各类条款。

其次，要学习、理解并会解读与薪酬相关的各项法律法规，以及《中华人民共和国劳动法》和《中华人民共和国劳动合同法》中对应工资项目的相关条款。

最后，要掌握财务知识。薪酬被列入人工支出。薪酬专员或薪酬助理日常从事的，诸如统计工资数据、报缴员工个人所得税等部分工作也都会跟财务工作有关联。

2. 数据的收集与汇总

薪酬基础数据包括：新入职员工数据、离职员工数据、员工调动数据、转正员工数据、绩效考核结果、工资调整情况、员工考勤统计、员工社保及住房公积金情况、员工津贴补贴以及扣款数据等与工资相关的统计数据。

7.1.2　制作工资表

工资表是每个月用来核算员工工资的一张表格，工资表可以按照部门编制，也可以按照单位编制。(见表 7.1 ）一份完整的工资表至少应该包括应发工资、应减工资、实发工资三部分。

工资表一般一式三份。第一份由部门留存；第二份以纸质版的形式或者是电子工资条的形式发给员工；如发放纸质版的工资条，那么需要员工在第三份上签字，由财务部门留存，作为工资核算的凭证。

7.1.3　确定发放工资的时间

工资既可以以现金的形式发给员工，也可以由银行代发。《中华人民共和国劳动法》第五十条规定：“工资应当以货币形式按月支付给劳动者本人。不得克扣或者无故拖欠劳动者的工资。”《工资支付暂行规定》第七条规定：“工资必须在用人单位与劳动者约定的日期支付。如遇节假日或休息日，则应提前在最近的工作日支付。工资至少每月支付一次，实行周、日、小时工资制的可按周、日、小时支付工资。”

表 7.1 工资表

部门：　　　　　　　　　　　　　　　　　　　　年　月　日

姓名	工号	岗位工资	津贴补贴		绩效工资	其他项目	合并扣税项目	应发工资	扣款								实发工资	累计专项附加扣除
			津贴	补贴					养老保险	医疗保险	失业保险	工伤保险	生育保险	住房公积金	年金	个税		

制表人：　　　　审核人：　　　　批准人：　　　　复核人：

7.1.4　计算个人所得税

工资个税的计算公式为：

应纳税金额 =（工资、薪金所得 − 社保 − 公积金 − 扣除数）× 适用税率 − 速算扣除数

目前，我国个税免征额是 5 000 元人民币。

《中华人民共和国个人所得税法》（2018 年修正本）第三条规定："个人所得税的税率：

（一）综合所得，适用百分之三至百分之四十五的超额累进税率；

（二）经营所得，适用百分之五至百分之三十五的超额累进税率；

（三）利息、股息、红利所得，财产租赁所得，财产转让所得和偶然所得，适用比例税率，税率为百分之二十。"

《中华人民共和国个人所得税法》（2018 年修正本）第六条规定："应纳税所得额的计算：

（一）居民个人的综合所得，以每一纳税年度的收入额减除费用六万元以及专项扣除、专项附加扣除和依法确定的其他扣除后的余额，为应纳税所得额。

（二）非居民个人的工资、薪金所得，以每月收入额减除费用五千元后的余额为应纳税所得额；劳务报酬所得、稿酬所得、特许权使用费所得，以每次收入额为应纳税所得额。

（三）经营所得，以每一纳税年度的收入总额减除成本、费用以及损失后的余额，为应纳税所得额。

（四）财产租赁所得，每次收入不超过四千元的，减除费用八百元；四千元以上的，减除百分之二十的费用，其余额为应纳税所得额。

（五）财产转让所得，以转让财产的收入额减除财产原值和合理费用后的余额，为应纳税所得额。

（六）利息、股息、红利所得和偶然所得，以每次收入额为应纳税所得额。

劳务报酬所得、稿酬所得、特许权使用费所得以收入减除百分之二十的费用后的余额为收入额。稿酬所得的收入额减按百分之七十计算。

个人将其所得对教育、扶贫、济困等公益慈善事业进行捐赠，捐赠额未超过纳税人申报的应纳税所得额百分之三十的部分，可以从其应纳税所得额中扣除；国务院规定对公益慈善事业捐赠实行全额税前扣除的，从其规定。

本条第一款第一项规定的专项扣除，包括居民个人按照国家规定的范围和标准缴纳的基本养老保险、基本医疗保险、失业保险等社会保险费和住房公积金等；专项附加扣除，包括子女教育、继续教育、大病医疗、住房贷款利息或者住房租金、赡养老人等支出，具体范围、标准和实施步骤由国务院确定，并报全国人民代表大会常务委员会备案。”

例如：已婚的小胡在南京工作，租住一处两室一厅的住宅，小胡月收入1万元人民币，“五险一金”专项扣除为2 000元，每月租金3 500元，小胡有一女儿上幼儿园，父母均已满60周岁并与小胡的亲姐姐同住。在起征点为5 000元人民币的情况下，根据《中华人民共和国个人所得税法》（2018年修正本），有专项附加扣除，小胡可以享受住房租金1 500元扣除（各地租房专项扣除费用不同）、子女教育1 000元扣除、赡养老人1 000元扣除（跟姐姐分摊扣除额）。

7.2 加班工资的计算

在计算加班工资之前，我们有必要先了解一下如何计算薪酬的有效天数，即月计薪天数。《关于职工全年月平均工作时间和工资折算问题的通知》规定："月计薪天数=（365天-104天）÷12月=21.75天。"

《中华人民共和国劳动法》（2018年修正本）第四十四条规定："有下列情形之一的，用人单位应当按照下列标准支付高于劳动者正常工作时间工资的工资报酬：

（一）安排劳动者延长工作时间的，支付不低于工资的百分之一百五十的工资报酬；

（二）休息日安排劳动者工作又不能安排补休的，支付不低于工资的百分之二百的工资报酬；

（三）法定休假日安排劳动者工作的，支付不低于工资的百分之三百的工资报酬。"

7.2.1 标准工时制加班工资的计算

实行标准工时制的单位计算加班工资的公式如下。

工作日加班工资=月标准工资÷21.75天÷8小时×150%×加班小时数

双休日加班工资=月标准工资÷21.75天÷8小时×200%×加班小时数

法定休假日加班工资=月标准工资÷21.75天÷8小时×300%×加班小时数

举例：

A 企业实行标准工时制，月标准工资为 5 230 元，无其他收入。张晴在 2019 年 5 月工作日晚上加班 3 次，共计加班 6 小时，双休日加班 3 小时，5 月 1 日法定休假日加班 1 天。

张晴该月的加班工资 =（5 230÷21.75÷8×150%×6）+（5 230÷21.75÷8×200%×3）+（5 230÷21.75÷8×300%×8）=1 172.24（元）

张晴该月的应付工资总额 =5 230+1 172.24=6 402.24（元）

7.2.2 计件工资制加班工资的计算

根据《工资支付暂行规定》第十三条规定："实行计件工资的劳动者，在完成计件定额任务后，由用人单位安排延长工作时间的，应根据上述规定的原则，分别按照不低于其本人法定工作时间计件单价的 150%、200%、300% 支付其工资。"

实行计件工资制的单位计算加班计件单价的公式如下。

工作日加班计件单价 = 计件单价 ×150%

双休日加班计件单价 = 计件单价 ×200%

法定休假日加班计件单价 = 计件单价 ×300%

某工人在法定工作时间内完成一件合格品的计件单价如果是 20 元的话，那么，这名工人在工作日的加班时间完成一件合格品的计件单价是 30 元，双休日的加班时间完成一件合格品的计件单价是 40 元，法定休假日加班完成一件合格品的计件单价是 60 元。

举例：

A 生产企业实行个人计件工资制。该产品的计件单价为 60 元，在标准工作时间内，每月定额生产 120 件合格产品。由于某订单的交货期提前，生产任务增加，该企业需要每名员工每月至少生产 150 件合格品才能完成订单。

2019 年 10 月，为了完成企业下达的生产指标，王铁完成了当月定额的 120 件合格品外，经车间审批同意，又分别在工作日和双休日加班生产合格品各 15 件，在法定休假日加班生产合格品 6 件。

王铁 10 月的加班计件工资 =（15 × 60 × 150%）+（15 × 60 × 200%）+（6 × 60 × 300%）=4 230（元）。

王铁 10 月的应发工资总额 =120 × 60+4 230=11 430（元）。

7.2.3　综合工时制加班工资的计算

《工资支付暂行规定》第十三条第三款规定："经劳动行政部门批准实行综合计算工时工作制的，其综合计算工作时间超过法定标准工作时间的部分，应视为延长工作时间，并应按本规定支付劳动者延长工作时间的工资。"

举例：

A 企业 C 岗位实行综合工时制，李旭是 C 岗位的一员，月标准工资为 4 870 元，除此之外无其他收入。2019 年 5 月，李旭除了正常出勤外，在工作日加班合计 16 小时，双休日加班合计 6 小时，法定休假日加班合计 4 小时。

李旭 5 月的加班工资 =〔4 870 ÷ 21.75 ÷ 8 × 150% ×（16+6）〕+（4 870 ÷ 21.75 ÷ 8 × 300% × 4）=1 259.48（元）。

李旭 5 月的应付工资总额 =4 870+1 259.48=6 129.48（元）。

7.2.4　不定时工时制加班工资的计算

根据《工资支付暂行规定》第十三条规定，实行不定时工时制度的劳动者，不执行用人单位在劳动者完成劳动定额或规定的工作任务后，根据实际需要安排劳动者在法定标准工作时间以外工作的，按标准支付工资的相关规定。

7.3 假期工资的计算

7.3.1 事假工资的计算

事假通常以小时或天为计算单位核算周期。关于事假期间的工资标准通常是根据用人单位和劳动者在劳动合同中约定的内容，或者按照用人单位相关规章制度执行。通常事假需要扣减工资。

标准工时制事假扣减工资数＝（月标准工资 ÷ 请假当月应出勤天数）× 当月事假天数

需要注意的是，不是所有类型的事假，用人单位都必须要批准的。员工的事假是否被批准、批准了多少天，还需要根据用人单位的规章和管理制度或者在劳动合同中是否约定了事假的有关内容来决定。如果用人单位已经明确地规定了事假的最长期限和请假的频率，那么员工就必须要遵守。与此同时，员工请事假必须按照用人单位规定的流程，否则，视为该事假无效，并按照旷工行为处理。

7.3.2 病假工资的计算

关于病假工资的具体计算方法，各省、市、自治区都有单独规定，按照省、市、自治区具体规定执行。

《关于贯彻执行〈中华人民共和国劳动法〉若干问题的意见》的通知中的第

五十九条规定：“职工患病或非因工负伤治疗期间，在规定的医疗期间内由企业按有关规定支付其病假工资或疾病救济费，病假工资或疾病救济费可以低于当地最低工资标准支付，但不能低于最低工资标准的百分之八十。”

病假工资 =（月标准工资 ÷ 当月计薪天数）× 病假工资比例 × 病假天数

7.3.3　产假工资的计算

《女职工劳动保护特别规定》第八条规定：“女职工产假期间的生育津贴，对已经参加生育保险的，按照用人单位上年度职工月平均工资的标准由生育保险基金支付；对未参加生育保险的，按照女职工产假前工资的标准由用人单位支付。女职工生育或者流产的医疗费用，按照生育保险规定的项目和标准，对已经参加生育保险的，由生育保险基金支付；对未参加生育保险的，由用人单位支付。”

7.3.4　工伤假工资的计算

工伤假期间的工资待遇，参照《工伤保险条例》规定。

《工伤保险条例》第三十三条规定：“职工因工作遭受事故伤害或者患职业病需要暂停工作接受工伤医疗的，在停工留薪期内，原工资福利待遇不变，由所在单位按月支付。

停工留薪期一般不超过 12 个月。伤情严重或者情况特殊，经市级劳动能力鉴定委员会确认，可以适当延长，但延长不得超过 12 个月。工伤职工评定伤残等级后，停发原待遇，按照本章的有关规定享受伤残待遇。工伤职工在停工留薪期满后仍需治疗的，继续享受工伤医疗待遇。

生活不能自理的工伤职工在停工留薪期需要护理的，由所在单位负责。”

第三十五条规定：“职工因工致残被鉴定为一级至四级伤残的，保留劳动关系，退出工作岗位，享受以下待遇：

（一）从工伤保险基金按伤残等级支付一次性伤残补助金，标准为：一级伤残为 27 个月的本人工资，二级伤残为 25 个月的本人工资，三级伤残为 23 个月的本人工资，四级伤残为21个月的本人工资；

（二）从工伤保险基金按月支付伤残津贴，标准为：一级伤残为本人工资的90%，二级伤残为本人工资的85%，三级伤残为本人工资的80%，四级伤残为本人工资的75%。伤残津贴实际金额低于当地最低工资标准的，由工伤保险基金补足差额；

（三）工伤职工达到退休年龄并办理退休手续后，停发伤残津贴，按照国家有关规定享受基本养老保险待遇。基本养老保险待遇低于伤残津贴的，由工伤保险基金补足差额。

职工因工致残被鉴定为一级至四级伤残的，由用人单位和职工个人以伤残津贴为基数，缴纳基本医疗保险费。”

第三十六条规定：“职工因工致残被鉴定为五级、六级伤残的，享受以下待遇：

（一）从工伤保险基金按伤残等级支付一次性伤残补助金，标准为：五级伤残为18个月的本人工资，六级伤残为16个月的本人工资；

（二）保留与用人单位的劳动关系，由用人单位安排适当工作。难以安排工作的，由用人单位按月发给伤残津贴，标准为：五级伤残为本人工资的70%，六级伤残为本人工资的60%，并由用人单位按照规定为其缴纳应缴纳的各项社会保险费。伤残津贴实际金额低于当地最低工资标准的，由用人单位补足差额。

经工伤职工本人提出，该职工可以与用人单位解除或者终止劳动关系，由工伤保险基金支付一次性工伤医疗补助金，由用人单位支付一次性伤残就业补助金。一次性工伤医疗补助金和一次性伤残就业补助金的具体标准由省、自治区、直辖市人民政府规定。”

第三十七条规定：“职工因工致残被鉴定为七级至十级伤残的，享受以下待遇：

（一）从工伤保险基金按伤残等级支付一次性伤残补助金，标准为：七级伤残为13个月的本人工资，八级伤残为11个月的本人工资，九级伤残为9个月的本人工资，十级伤残为7个月的本人工资；

（二）劳动、聘用合同期满终止，或者职工本人提出解除劳动、聘用合同的，由工伤保险基金支付一次性工伤医疗补助金，由用人单位支付一次性伤残就业补助金。一次性工伤医疗补助金和一次性伤残就业补助金的具体标准由省、自治区、直辖市人民政府规定。”

7.3.5　婚丧假、探亲假工资的计算

《中华人民共和国劳动法》第五十一条规定：“劳动者在法定休假日和婚丧假期间以及依法参加社会活动期间，用人单位应当依法支付工资。”这表明劳动者在符合时限要求的婚丧假期间，应当视为出勤并正常计算工资。一旦超出规定的婚丧假时间标准，用人单位可以按照事假计算工资。《国务院关于职工探亲待遇的规定》第五条规定：“职工在规定的探亲假期和路程假期内，按照本人的标准工资发给工资。”这表明职工在此期间应该视同出勤并正常计算工资。一旦超出法定探亲假时间标准的假期，用人单位应按照事假计算工资。

7.4 奖金的计算

7.4.1 奖金的发放时间

奖金的发放时间一般由各组织自行规定。如果实行月度考核，且考核合格才能发放奖金的话，则如下例：某企业每月考核周期为当月 20 日至次月 19 日，发工资日期为每月的 28 日。那么企业的人力资源部门会在每月 22 日前发起奖金报批流程，每月 28 日出纳发放奖金。如果有约定的年终奖，一般在当年年底或者次年的年初进行发放。

7.4.2 奖金发放的额度

企业一般会根据实际情况调整奖金额度，比如，奖金可以占工资总额的 5%~10%。而随着企业运营趋于平稳和规范，企业的效益也会持续增加，这时候不妨加大奖金额度，甚至数额高于工资。为了便于灵活调整，企业可以根据实际情况实行浮动奖金，浮动比例在 10%~50% 不等。

发放奖金的方式根据企业的自身情况决定，奖金额度计算方法一般有以下两种：一种是奖金总额乘以系数，另一种是基本工资乘以系数。其中，系数由各企业规定，并根据企业实际利润划分不同的档次。

7.4.3 部门奖金的分配

部门奖金的分配首先要确定各部门的战略贡献系数。由于各部门对公司战略贡献程度不同，所以可以把它们分为：非常相关、比较相关、一般相关、比较不相关和基本不相关五个等级。然后再对应这五个等级把各部门的战略贡献系数设定在0.4~1.0之间，系数越大，则意味着越相关。出于鼓励部门之间团结协作，战略贡献系数变动单位一般为0.1，且各部门之间差别不宜过大。在确定各部门战略贡献系数时，高层管理者需要结合企业的内外部环境。比如企业所在行业及其竞争程度、企业所处的发展阶段、企业的战略规划、企业的运营模式、企业文化以及企业中的人力资源等。

其次，设定各部门的绩效等级。我们同样可以将绩效等级分为：超出预期、完成预期、基本完成、需要努力、需要改进五个级别。根据各部门的绩效考核结果，对应绩效等级设定绩效系数。比如，部门绩效系数可以设定在0.4~1.2之间，且变动单位为0.1。

再次，由企业高层管理者决定战略贡献系数和绩效系数间的权重。通常两者之间权重分配比例为40：60、50：50或60：40。

最后，根据奖金分配系数，计算出各部门奖金分配总额。例如，

某公司销售部的战略贡献度系数为1，部门绩效系数为0.9，战略贡献系数权重为60%，部门绩效系数权重为40%，那么销售部的奖金分配系数为：（1×60%）+（0.9×40%）=0.6+0.36=0.96。

部门的奖金标准基数 = ∑部门所有人员的月基本工资 × 部门奖金分配系数

部门实发奖金额 = 公司奖金的额度 × 部门奖金标准基数占比

7.4.4 岗位奖金的分配

企业通常会根据绩效管理办法和体系，定期对员工的绩效进行考核。考核结果一般按照“中间大、两头小”的原则为员工的绩效定级。员工个人绩效考核结果将与个人绩效系数之间形成对应关系。

如果各岗位员工的绩效等级分为超出期望、完成期望、基本完成、需努力、需改进五个级别的话，那么依照上面的原则可以分别对应的绩效等级的比例如下：超出期望和完成期望各占10%，基本完成占70%，需努力和需改进各占5%。

奖金分配以工作绩效考核为主要依据。根据员工岗位绩效系数和部门奖金

总额计算员工的奖金。部门主管根据其所在部门的绩效考核结果、工作任务完成情况以及人力资源部门批准的奖金额度编制相关员工的奖金表，并将分配结果报送人力资源部。经人力资源部主管领导审批后交至财务部门，由财务部门发放奖金。

7.5　津贴与福利的设计

7.5.1　津贴的设计

设计津贴首先要符合国家的相关政策，如《关于工资总额组成的规定》第八条中规定了津贴和补贴的项目。津贴不是平均发放给所有人员的，津贴需要考虑岗位差异和人员的类别。领取条件、工作环境或所属范围不同的人员，享受不同的津贴。因此，在设计津贴时，用人单位需要明确津贴领取人员的条件和范围，这样才能体现津贴补偿性的特点。

其次，明确津贴的发放标准。也就是说，当某岗位满足某些具体条件时，应当发放多少数量标准的津贴。当岗位不再满足该条件时，不能发放该项津贴。高温津贴作为《防暑降温措施管理办法》的重要内容之一，具有独特性，是为了补偿职工在高温环境下付出的额外劳动消耗而支付的费用，具有补偿性。下面为津贴申请单样例。（见表 7.2）

表 7.2　× 月津贴申请单

部门：　　　　　　　　　　　　　　　　　　　　　　　　年　月　日

序号	姓名	工作时数	津贴具体情况

主管：　　　　　　　　　　　　经理：

如某公司规定，有井下作业要求的某岗位，下井工作日，每天按照 200 元标准发放井下作业岗位津贴，没有井下作业的工作日则不发放津贴。该岗位的小王在 9 月份有 7 天下井工作，则小王 9 月应发的井下作业岗位津贴为 1 400 元（200×7=1 400）。

再次，要明确津贴的支付方式。一般情况下，津贴和当月工资一起发放。但是，由于某些工作性质的特殊性，津贴有时需要单独发放，有时是在完成任务后集中发放。

最后，企业在设计津贴时，要满足国家法律以及地方法规、政策等相关要求。在设计津贴之前，明确津贴的种类、审批发放的权限，并在运行过程中加强监督审查力度。

7.5.2 福利的设计

设计福利时，要明确五个要点，即恰当、可支付、可理解、可操作、可变动。首先，福利设计要体现组织的竞争优势，这样有助于留住核心员工并吸引外部优秀人才；与此同时，福利必须要符合组织的战略规划和经济实力，即设计福利项目不能超过组织可支付范围，否则很有可能对组织运营造成不良影响。其次，福利项目的名称、内容以及表述均需要使用通俗易懂的文字。这样一方面有助于让员工理解，另一方面在选择和执行福利项目时也不会产生歧义。在实施福利项目时更切合实际、便于操作。最后，福利项目不能是一成不变的，它需要根据员工的不同需求，在严格符合各项规定的情况下灵活调整。

不同于津贴补贴，组织中的所有成员都有权利获得福利。它是一种参与式回报，只要员工在组织中，无论级别高低、绩效多少、对组织贡献大小，都能够享受到福利。当然，有些组织会专门针对某类或者某几类员工，设计专项福利。这种福利要么是为了吸引并留住优秀人才，要么是为了实施重点激励。

总之，无论福利如何设计，福利制度都以组织战略规划和人力资源战略为基准，严格遵守国家相关法律法规，准确评估福利项目、所需发放的额度及其来源，做好福利制度的信息沟通工作。

7.6 薪酬调查

7.6.1 如何调查薪酬水平

薪酬水平调查是薪酬管理流程中一项重要环节。定期进行薪酬调查，并对调查结果进行研究分析，不但可以相对客观地反映行业薪酬现状，也可以作为调整员工薪酬水平高低、进行薪酬方案设计的依据。

通过薪酬水平调查，组织既可以了解其薪酬水平是否具有对外的竞争优势，也可以发现在组织内部是否公平。组织和个人可以通过薪酬水平调查报告了解某一地区或行业的薪酬水平现状，同时，组织也可以根据调查结果调整现行的薪酬制度或薪酬标准，提高组织竞争优势。

薪酬水平调查主要有以下三个步骤。

1. 准备阶段

在进行薪酬水平调查之前需要做好如下工作。

（1）确定调查的必要性。看看现有的薪酬水平调查数据是否能够提供企业所需要的大部分信息。如果满足需要，则可以考虑开展调查；如果无法满足需要，则无法进行调查。

（2）确定调查的对象及岗位。调查的重点要放在组织关注的那类人群或者那个岗位上。

（3）确定调查的目标组织及对象。如果某组织的薪酬水平由其所在地的人力资源市场决定，那么就选择所在地范围内的有可比性的那些组织。

（4）选择所要调查的数据信息。确定需要调查薪酬组成部分中的哪些内容。

2. 实施阶段

本阶段为设计调查问卷并实施调查。调查问卷的内容通常包括组织的基本信息、薪酬构成信息、岗位信息、被调查者信息等。

为了方便被调查者填写，问卷内容要通俗易懂，不能产生歧义。当把问卷发给被调查者时，要根据问卷问题数量的多少来确定问卷的填答时间。在调查的过程中，调查者还可以通过访谈的方式收集信息，以弥补单纯实施问卷调查的不足。

3. 结果分析阶段

调查问卷填答完毕回收以后，问卷统计人员首先要筛选、统计和分析问卷信息，这样才能保证收集上来的信息有序、有效。数据整理完毕之后就开始分析数据，并绘制薪酬曲线图。通过薪酬曲线，可以发现组织的薪酬水平和市场平均薪酬水平的差别，并撰写薪酬水平调查报告。

7.6.2 如何调查员工对薪酬的满意度

员工薪酬满意度调查包括以下六个步骤。

1. 明确目的

调查目的可以有很多，比如员工对薪酬有哪些要求，如何增强组织凝聚力、留住人才，发现薪酬管理方面存在的主要问题并完善薪酬策略，评估组织变革对员工经济收入的影响程度等。

2. 制订计划

调查计划首先要明确调查的任务，确定由谁执行调查任务，他们要去调查哪类或者哪几类员工；其次，根据任务撰写调查提纲，确定调查时间和范围，然后确定使用哪种方法进行数据信息收集；最后是如何运用调查结果。

3. 设计问卷

设计调查问卷时可以先选择少量员工试填问卷，发现问卷里哪些内容还需要进一步调整和完善。

4. 调查实施过程

开展薪酬满意度调查需要首先得到全体组织成员的支持，所以需要在组织范围内宣传调查的事宜，广而告之。只有组织成员从心底接受调查，他们才能提供信度较高的信息数据。其次是问卷的发放和回收。最后，整理和检验调查信息。

5. 分析资料

回收的信息经过审核后，就要通过软件进行数据处理，通过分析图表和文字说明，形成薪酬满意度调查报告。

6. 调查结果的运用

调查结果根据调查目的不同而各不相同。如果是想诊断组织，那么一定要展开讨论、确认问题、寻求解决办法；如果是组织想要留住优秀人才，那么薪酬方面要适当出台一系列制度，增加组织凝聚力和认同感。

7.7 薪酬调整与薪酬预算

7.7.1 薪酬调整

随着企业战略发展需要，组织内部现行的薪酬体系有可能存在某些问题或者缺陷，这时候就需要诊断薪酬方面的问题并提出解决方案，比如改变薪酬战略、建立 2.0 版薪酬体系、制定更适合的薪酬制度等。而上述行为就被称为薪酬调整。薪酬调整旨在实现薪酬动态平衡，匹配组织战略目标和薪酬目标。薪酬调整通常包括薪酬水平调整、薪酬结构调整和薪酬构成调整三个方面。

1. 薪酬水平调整

（1）整体调整。整体调整是对企业所有岗位人员的薪酬进行的调整。调整的依据主要是国家发布的政策规定、市场物价水平的变动、行业或地区间人力资源市场的竞争状况、企业战略规划变革、企业整体经济效益以及员工工龄等变化。薪酬调整表样例见表 7.3。

表 7.3 ××公司薪酬调整表

员工数量	上次调薪时间	当前的工资总额
拟定的工资总额	工资总额的增加量	拟定调薪的日期
评审意见：		
填表人（签名）：	审核人（签名）：	日期：

（2）部分调整。有时候当企业的战略规划发生变化、组织效益出现波动、部门及个人绩效考核情况存在差异、行业或地区间人力资源市场价格变化时，就会定期或者不定期地对某一类或者某几类岗位、部门和员工的薪酬进行调整。部门薪酬调整表样例见表 7.4。

表 7.4　部门薪酬调整表

部门名称	上次调薪时间	当前的薪酬标准
拟定的薪酬标准	调薪数额	拟定调薪时间
评审意见：		
填表人（签名）：	审核人（签名）：	日期：

（3）个人调整。还有些时候，由于一些原因需要变动员工的岗位，那么根据一岗一薪的原则，就要对员工的薪酬进行调整。即岗位异动或者试用期满转正原因发生的调薪，需要根据拟进入的岗位确定薪酬等级。另外，员工个人的薪酬标准还要考虑绩效考核的结果上调或者下调。即考核合格涨工资、考核不合格扣工资等。员工薪酬调整表样例见表 7.5。

表 7.5　员工薪酬调整表

姓名		部门		职位	
性别		出生年月		从事本岗位时间	
毕业学校		专业		学历 / 学位	
工作年限	年　月至　　年　月		现月薪		

（续表）

<table>
<tr><td rowspan="3">近三年考绩结果</td><td>××年</td><td colspan="4"></td></tr>
<tr><td>××年</td><td colspan="4"></td></tr>
<tr><td>××年</td><td colspan="4"></td></tr>
<tr><td colspan="6">本年度绩效考核情况</td></tr>
<tr><td>分数</td><td colspan="2"></td><td>等级</td><td colspan="2"></td></tr>
<tr><td colspan="6">拟调整</td></tr>
<tr><td>职位</td><td></td><td>调整额</td><td></td><td>调整后月薪</td><td></td></tr>
<tr><td colspan="6">审核意见
签名：　　年　月　日</td></tr>
</table>

2. 薪酬结构调整

薪酬结构调整就是调整企业岗位之间的薪酬水平比例。如果企业想激励员工，则可把薪酬结构等级数量调整得多一些。不同职务和不同岗位间的薪酬差别也可以根据职务的责任大小和岗位的重要程度来进行调整。有的组织中，不同岗位间的薪酬标准存在重合的现象，有的则没有。有的组织同一个岗位会设定多个薪酬等级，有的则是单一薪酬等级。

3. 薪酬构成调整

薪酬构成调整就是在固定工资（即职级工资或者岗位工资）、可变工资（即绩效工资）、奖金、津贴补贴这些薪酬项目之间调整它们的比例。固定工资调整发生的依据通常是岗位的异动和职级的变化。可变工资通常由员工的绩效考核结果决定。如高校中的课时费，讲课越多课酬越多，而寒暑假因为没有课时所以没有课酬。加工企业生产一线员工当月超绩效目标越多，绩效工资也就越高。

津贴补贴项目如前文所述，需要一事一贴、一岗一贴，因此会根据工作实际情况增加、减少或者取消。奖金则取决于企业的经济效益以及某类人员在人力资源市场价格的变动，效益好则有可能增加，人力资源市场价格升高也有可能增加某类人员的奖金。反之则降低。

7.7.2　薪酬预算

薪酬预算与企业财政状况密切相关，它是在成本开支方面的权衡和取舍。如果管理者想要实现某种目标，那么他们需要决定实现目标的成本是多少。比如某企业 2022 年的目标是开发引领市场的新产品，那么这个企业则有可能需要引进高技能的研发人员。这时候企业的管理者就需要决定花重金吸引人才。因此企业在 2022 年的薪酬预算中就需要增加这笔吸引人才的费用。如果说企业 2022 年的目标是稳定员工，提升员工的满意度和忠诚度，那么在薪酬预算时就需要考虑提升员工固定工资等。薪酬预算的规模大小反映了企业对人力资源的重视程度以及战略重心，也关系到企业的运营情况以及员工的满意度。工资预算表样例见表 7.6。

表 7.6　工资预算表

部门：								
时间阶段：								
部门	员工数量		工资费用		加班费用		总费用	
	预计	实际	预计	实际	预计	实际	预计	实际
总计								
申请人（签名）：			批准人（签名）：			年　月　日		

企业的薪酬预算要与其生产经营的各项指标相统一，与企业的管理方式相匹配。企业的薪酬预算应先从组织中的各级部门自下而上反映，再从上层反馈到下层，而且要对薪酬预算进行全过程评估，即事前、事中、事后评估。薪酬预算要充分体现工作效率的高低，总额要上下浮动。

以 A 公司为例，该公司要开展 2021 年度的薪酬预算工作。由于 A 公司下设不同的业务部门，所以各个二级业务部门需要在 2020 年末以 2021 年度的薪酬政策为依据，编制预算报表。公司负责财务和人力资源的高层管理者组织财务部和人力资源部门相关人员，先评估各业务部门的预算，然后再下达预算。进入 2021 年，要进行事中评估。分析每个月预算薪酬的执行和完成情况，并对预算薪酬进行监控。在年中，即 2021 年 6 月，可以根据公司的实际生产经营指标以及预计全年收入和利润的任务完成情况，以确定 2021 年度的工资总额预算并根据实际情况进行调整，以防止工资超过预算的分配。

中央企业（俗称“央企”）制定预算时还需要严格按照政府的各项规定执行。如国务院、国有资产监督管理委员会通过的《中央企业工资总额管理办法》第四条规定：“中央企业工资总额实行预算管理。企业每年度围绕发展战略，按照国家工资收入分配宏观政策要求，依据生产经营目标、经济效益情况和人力资源管理要求，对工资总额的确定、发放和职工工资水平的调整，作出预算安排，并且进行有效控制和监督。”

《中央企业工资总额管理办法》第十条规定：“中央企业工资总额预算一般按照单一会计年度进行管理。对行业周期性特征明显、经济效益年度间波动较大或者存在其他特殊情况的企业，工资总额预算可以探索按周期进行管理，周期最长不超过三年，周期内的工资总额增长应当符合工资与效益联动的要求。”

常用的薪酬预算编制方法有以下几种。

1. 基于企业经营业绩

在企业经营业绩平稳的情况下，管理者可以根据历史经营数据预算未来的薪酬总额。企业经营业绩波动较大时则可以参考同业平均水平来进行预测。

2. 基于盈亏平衡点的预测

盈亏平衡点是指企业的收益刚好等于总成本时的那个点。

$$盈亏平衡点=\frac{固定成本}{1-变动成本比率}$$

$$最高的薪酬费用比率=\frac{薪酬成本总额}{盈亏平衡点}$$

盈亏平衡点与企业的薪酬费用比率决策见图 7.1。

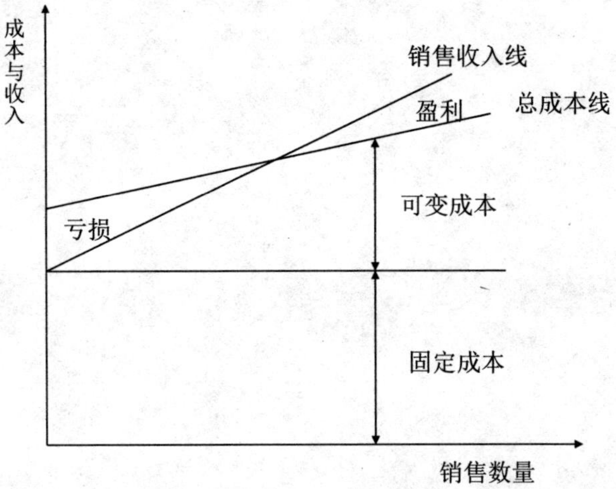

图 7.1　盈亏平衡点

例如，A 公司的固定成本为 3 000 万元，其中薪酬成本为 2 100 万元，变动成本比率 70%，则在实现盈亏平衡时，盈亏平衡点 =3 000 ÷（1−70%）=10 000 万元。最高薪酬费用比率 =2 100 ÷ 10 000=21%。

3. 劳动分配率法

劳动分配率是指在企业附加值中，人工成本开支的占比。其计算公式为：

劳动分配率＝（薪酬费用总额 ÷ 附加价值）×100%

如果 A 公司预计销售总额为 6 800 万元，附加价值占比 42%，劳动分配率 47%，则 A 公司的薪酬费用总额为 1 342.32 万元。（6 800×42%×47%=1 342.32）

第 8 章

员工关系管理

组织在进行人力资源管理时或多或少会存在一些缺陷、误区和纠纷，使得组织需要承担额外的用工成本。员工关系管理既保障了组织和劳动者的合法权益，也有助于维持组织正常良性的运营秩序。员工关系管理可以帮助管理者减少劳资纠纷、构建和谐的劳资环境。

8.1 劳动合同管理

8.1.1 劳动合同的订立、变更、续签和终止

1. 劳动合同订立

《中华人民共和国劳动合同法》第三条规定“订立劳动合同，应当遵循合法、公平、平等自愿、协商一致、诚实信用的原则”。第十条规定“建立劳动关系，应当订立书面劳动合同。已建立劳动关系，未同时订立书面劳动合同的，应当自用工之日起一个月内订立书面劳动合同。用人单位与劳动者在用工前订立劳动合同的，劳动关系自用工之日起建立”。第十二条指出“劳动合同分为固定期限劳动合同、无固定期限劳动合同和以完成一定工作任务为期限的劳动合同。”第十四条“用人单位自用工之日起满一年不与劳动者订立书面劳动合同的，视为用人单位与劳动者已订立无固定期限劳动合同。”第八十二条规定“用人单位自用工之日起超过一个月不满一年未与劳动者订立书面劳动合同的，应当向劳动者每月支付二倍的工资。用人单位违反本法规定不与劳动者订立无固定期限劳动合同的，自应当订立无固定期限劳动合同之日起向劳动者每月支付二倍的工资”。

2. 劳动合同变更

劳动合同变更是指在劳动合同订立后解除前，合同双方依据法律规定变更劳动合同内容的一种法律行为。变更是对原劳动合同部分内容的变更，原劳动合同中未修改之处依旧有效。劳动合同变更后约定的内容能及时适应当前劳动关系的变化，顺利履行劳动合同。劳动合同变更在一定程度上体现了组织管理

的有序性和时效性。因为在组织的战略规划、经营目标或者人力资源管理制度发生变化时，就需要对劳动合同做出适当的改变。此外，劳动合同变更也受到劳动者本人实际情况变化的影响。

《中华人民共和国劳动合同法》第三十五条对劳动合同的变更这样规定："用人单位与劳动者协商一致，可以变更劳动合同约定的内容。变更劳动合同，应当采用书面形式。变更后的劳动合同文本由用人单位和劳动者各执一份。"

《最高人民法院关于审理劳动争议案件适用法律若干问题的解释（四）》第十一条规定："变更劳动合同未采用书面形式，但已经实际履行了口头变更的劳动合同超过一个月，且变更后的劳动合同内容不违反法律、行政法规、国家政策以及公序良俗，当事人以未采用书面形式为由主张劳动合同变更无效的，人民法院不予支持。"

劳动合同变更当事人双方如果就变更事宜达成一致后，需要签订一式两份的《〈劳动合同〉变更协议书》（见表 8.1）。

表 8.1 《劳动合同》变更协议书

《劳动合同》变更协议书

用人单位（甲方）：

地　　　　址：

员工姓名（乙方）：

员工身份证号码 ：

经甲乙双方平等自愿、协商同意，对　年　月　日签订的《劳动合同》中的部分内容进行如下变更：

1.

2.

本协议书作为《劳动合同》的附件，具有法律效力。

本变更协议正本一式两份，双方各执一份。经甲乙双方签字盖章后生效。

甲方：（盖章）　　　　　　　　　　　　乙方（签名）：

法人代表（委托代理人）签名：

日期：　年　月　日　　　　　　　　　　日期：　年　月　日

3. 劳动合同续签

公司与员工双方可在合同期满前两个月内，协商是否续签劳动合同。如果用人单位和劳动者想要继续维持原来的劳动关系，就必须续签劳动合同。用人单位首先发给劳动者一份《劳动合同续签意向书》(见表 8.2 和表 8.3)。如果劳动者同意，则双方签订新的劳动合同，备案存档；如果劳动者不同意，则在劳动合同期满后终止合同。

表 8.2 劳动合同续签意向书一

劳动合同续签意向书

(编号：　　　　)

××× 先生 / 女士：

(身份证号：　　　　　　　)

您好！

公司与您在　年　月　日签订的劳动合同将于　年　月　日到期。公司愿意在保持原劳动合同条件不变的情况下，与您续签为期　年的劳动合同。现公司书面向您征询续签意向：

是否同意续签：□ 是　　□ 否

同意续签年限：

请您填写完毕此意向书后，在三个工作日内（即　年　月　日前）交回公司人力资源部。逾期未交，则视为不同意续签。

公司（盖章）　　　　　　　　　　　　员工签字：

年　月　日　　　　　　　　　　　　年　月　日

注：本意向书一式两份。签字盖章后。一份由员工保管，另一份留人力资源部门存档。

签收单

(编号：　　　　)

本人已于　年　月　日收到公司发给我的《劳动合同续签意向书》。

本人签名：

年　月　日

表 8.3　劳动合同续签意向书二

<table>
<tr><td>姓名</td><td></td><td>性别</td><td></td><td>出生
日期</td><td></td><td>政治面貌</td><td></td></tr>
<tr><td>学历 /
学位</td><td></td><td>职务 /
职称</td><td colspan="2"></td><td colspan="2">本单位工作
年限</td><td></td></tr>
<tr><td colspan="2">现所在单位 / 部门</td><td colspan="2"></td><td colspan="2">现所在岗位</td><td colspan="2"></td></tr>
<tr><td>合同编号</td><td></td><td>原合同
签订年限</td><td colspan="2"></td><td colspan="2">原合同
起止日期</td><td></td></tr>
<tr><td>个人
意见</td><td colspan="7">是否申请续签（请打“√”）：□ 是　　□ 否
申请续签年限：
申请人签字：</td></tr>
<tr><td>所在单位考核鉴定意见</td><td colspan="7">德、能、勤、绩情况：
是否同意续签：□ 是　　□ 否
同意续签年限：
所在单位（签章）：
年　月　日</td></tr>
<tr><td>主管部门考核鉴定意见</td><td colspan="7">是否同意续签：□ 是　　□ 否
同意续签年限：
主管部门（签章）：
年　月　日</td></tr>
<tr><td>公司人力资源部考核鉴定意见</td><td colspan="7">是否同意续签：□ 是　　□ 否
同意续签年限：
公司人力资源部（签章）：
年　月　日</td></tr>
</table>

（续表）

公司考核鉴定结果	是否同意续签：□是 □否 同意续签年限： 公司领导（签章）： 年 月 日
备注	

4. 劳动合同终止和解除

劳动合同终止是指劳动合同期满，合同双方当事人不再续签合同，或者因合同一方当事人不能继续履行劳动合同约定的权利和义务时的一种法律行为。

《中华人民共和国劳动法》第二十三条规定："劳动合同期满或者当事人约定的劳动合同终止条件出现，劳动合同即行终止。"《中华人民共和国劳动合同法》第四十四条规定："有下列情形之一的，劳动合同终止：（一）劳动合同期满的；（二）劳动者开始依法享受基本养老保险待遇的；（三）劳动者死亡，或者被人民法院宣告死亡或者宣告失踪的；（四）用人单位被依法宣告破产的；（五）用人单位被吊销营业执照、责令关闭、撤销或者用人单位决定提前解散的；（六）法律、行政法规规定的其他情形。"

终止劳动合同通知书两种样例见表8.4和表8.5。

表8.4 终止劳动合同通知书样例一

终止劳动合同通知书（个人不续）
×××先生/女士： 您与公司签订的劳动合同将于 年 月 日期满，且您同意不再续签劳动合同，请您务必于 年 月 日前办理完毕离职手续，并进行工资结算。

（续表）

本通知书一式两份，员工本人和人力资源部门各执一份。 ×× 公司人力资源部 年　月　日
员工确认书： 本人已知晓《终止劳动合同通知书》，并将在规定的时间内办理离职手续。 员工签名： 年　月　日

表 8.5　终止劳动合同通知书样例二

终止劳动合同通知书（公司不续） ××× 先生 / 女士： 您与公司签订的劳动合同将于　年　月　日期满，且经公司研究决定不再与您续签劳动合同，请您务必于　年　月　日前办理完毕离职手续，并进行工资结算。 本通知书一式两份，员工本人和人力资源部门各执一份。 ×× 公司人力资源部 年　月　日
员工确认书： 本人已知晓《终止劳动合同通知书》，并将在规定的时间内办理离职手续。 员工签名： 年　月　日

劳动合同解除是指劳动合同订立后，全部履行完毕前，合同的一方或双方当事人提前解除劳动关系的法律行为。

《中华人民共和国劳动法》第二十四条规定："经劳动合同当事人协商一致，劳动合同可以解除。"劳动合同解除既可以由用人单位提出，也可以由劳动者提出。

第二十五条规定："劳动者有下列情形之一的，用人单位可以解除劳动合同：

（一）在试用期间被证明不符合录用条件的；

（二）严重违反劳动纪律或者用人单位规章制度的；

（三）严重失职，营私舞弊，对用人单位利益造成重大损害的；

（四）被依法追究刑事责任的。"

第二十六条规定："有下列情形之一的，用人单位可以解除劳动合同，但是应当提前三十日以书面形式通知劳动者本人：

（一）劳动者患病或者非因工负伤，医疗期满后，不能从事原工作也不能从事由用人单位另行安排的工作的；

（二）劳动者不能胜任工作，经过培训或者调整工作岗位，仍不能胜任工作的；

（三）劳动合同订立时所依据的客观情况发生重大变化，致使原劳动合同无法履行，经当事人协商不能就变更劳动合同达成协议的。"

第三十一条规定："劳动者解除劳动合同，应当提前三十日以书面形式通知用人单位。"

第三十二条规定："有下列情形之一的，劳动者可以随时通知用人单位解除劳动合同：

（一）在试用期内的；

（二）用人单位以暴力、威胁或者非法限制人身自由的手段强迫劳动的；

（三）用人单位未按照劳动合同约定支付劳动报酬或者提供劳动条件的。"

企业与员工解除劳动合同时通常会出具《解除/终止劳动合同证明书》（见表 8.6、8.7）。其中，表 8.6 存入劳动者档案，表 8.7 交由劳动者本人保管。

表 8.6　解除 / 终止劳动合同证明书

解除 / 终止劳动合同证明书

编号：

×××（劳动者姓名）：

因 ×× 原因，依据规定，我单位与您在　年　月　日签订劳动合同（合同鉴定号：　　　）于　年　月　日解除 / 终止。请按照国家和省市有关规定，到 ××× 办理失业登记、社保关系转移等手续。

特此证明

××× 公司（盖章）

年　月　日

表 8.7　解除 / 终止劳动合同证明书

解除 / 终止劳动合同证明书

兹有 ×××（劳动者姓名），曾在我单位从事 ×× 工作，于　年　月　日签订劳动合同（合同鉴定号：　　　），合同期限为 ××。因 ×× 原因，我单位已于　年　月　日解除 / 终止与 ×××（劳动者姓名）的劳动合同。

特此证明

××× 公司（盖章）

年　月　日

如果在某一时期内解除 / 终止劳动合同人数较多时，可以由单位统一汇总一份《解除 / 终止劳动合同证明书》（见表 8.8）上报社保机构备案。

表 8.8 解除 / 终止劳动合同证明书（社保专用）

兹有以下表中所列同志，与我单位解除 / 终止劳动合同，特此证明。

<table>
<tr><th>姓名</th><th>签订劳动合同日期</th><th>解除 / 终止合同原因</th><th>解除 / 终止合同日期</th><th>备注</th></tr>
<tr><td></td><td></td><td></td><td></td><td rowspan="7">解除终止劳动合同的原因：
A. 合同到期
B. 解除合同
C. 调动
D. 开除
E. 本人辞职
F. 死亡</td></tr>
<tr><td></td><td></td><td></td><td></td></tr>
<tr><td></td><td></td><td></td><td></td></tr>
<tr><td></td><td></td><td></td><td></td></tr>
<tr><td></td><td></td><td></td><td></td></tr>
<tr><td></td><td></td><td></td><td></td></tr>
<tr><td></td><td></td><td></td><td></td></tr>
<tr><td colspan="5">×××公司（盖章）
年 月 日</td></tr>
</table>

当然，无论是解除还是终止劳动合同，用人单位都需要存留相关记录。（见表 8.9）

表 8.9 解除 / 终止劳动合同证明存根

解除 / 终止劳动合同证明存根
编号：
姓名：
性别：
出生日期：
合同签订日期：
合同期限：
合同鉴定号：

（续表）

解除合同时间： 解除合同原因： 解除合同依据： 劳动者签字： 年　月　日

《中华人民共和国劳动合同法》第五十条规定了劳动合同解除或者终止后双方的义务："用人单位应当在解除或者终止劳动合同时出具解除或者终止劳动合同的证明，并在十五日内为劳动者办理档案和社会保险关系转移手续。劳动者应当按照双方约定，办理工作交接。用人单位依照本法有关规定应当向劳动者支付经济补偿的，在办结工作交接时支付。用人单位对已经解除或者终止的劳动合同的文本，至少保存二年备查。"

8.1.2　劳动争议的处理

劳动争议是指劳动关系当事人因为劳动权利义务发生分歧而引起的争议。当发生劳动争议时，合同双方当事人要通过合法的渠道和方式寻求解决。《中华人民共和国劳动法》第七十七条规定："用人单位与劳动者发生劳动争议，当事人可以依法申请调解、仲裁、提起诉讼，也可以协商解决。调解原则适用于仲裁和诉讼程序。"

第七十九条规定："劳动争议发生后，当事人可以向本单位劳动争议调解委员会申请调解；调解不成，当事人一方要求仲裁的，可以向劳动争议仲裁委员会申请仲裁。当事人一方也可以直接向劳动争议仲裁委员会申请仲裁。对仲裁裁决不服的，可以向人民法院提起诉讼。"

第八十条规定："在用人单位内，可以设立劳动争议调解委员会。劳动争议调解委员会由职工代表、用人单位代表和工会代表组成。劳动争议调解委员会主任由工会代表担任。劳动争议经调解达成协议的，当事人应当履行。"

不同省、市、自治区也会根据各地的实际情况制定符合当地的劳动争议处理实施办法。如1994年8月25日辽宁省经辽宁省人民政府第四十七次常务会议通过并发布施行《辽宁省企业劳动争议处理实施办法》。

如某单位员工与单位发生劳动争议，那么第一步，依据《辽宁省企业劳动争议处理实施办法》第四条：“当事人申请调解，应当自知道或者应当知道其权利被侵害之日起30日内，以口头或者书面形式向调解委员会提出申请，并填写《劳动争议调解申请书》。”第二步，依据第五条：“调解委员会接到调解申请后，应当在4日内作出受理或者不受理申请的决定。对不受理的，应当通知申请人并说明理由。”第三步，依据第六条：“调解委员会调解劳动争议应当征询对方当事人的意见，对方当事人不愿调解的，应当作好记录，在3日内以书面形式通知申请人。”第四步，依据第七条：“劳动争议经调解达成协议的，应当制作调解协议书。调解协议书由双方当事人签字，调解委员会主任签名，并加盖调解委员会印章，双方当事人应当自觉履行。调解不成的，当事人可以向仲裁委员会申请仲裁。”第五步，依据第十七条：“当事人应当从知道或者应当知道其权利被侵害之日起60日内，以书面形式向仲裁委员会申请仲裁。当事人因不可抗力或者有其他正当理由超过前款规定的申请仲裁时效的，仲裁委员会应当受理。”第六步，依据第二十二条：“仲裁委员会办事机构应当自收到申诉书之日起7日内作出受理或者不予受理的决定。决定受理的，应当自作出决定之日起7日内将申诉书的副本送达被诉人，并组成仲裁庭；决定不予受理的，应当自作出决定之日起7日内向申请仲裁的当事人发出不予受理仲裁决定。被诉人应当自收到申诉书副本之日起15日内提交答辩书和有关证据。被诉人没有按时提交或者不提交答辩书的，不影响案件的审理。第七步，依据第三十一条：“仲裁庭处理劳动争议，应当自组成仲裁庭之日起60日内结案。”第八步，依据第三十八条：“劳动争议处理终结后，应立卷归档。仲裁调解方式结案的案卷，保存期为5年；仲裁裁决结案的案卷，保存期为10年；不服仲裁起诉到法院的案卷，保存期为15年。”

8.2 社会保险实务操作

8.2.1 社会保险参保缴费流程

《中华人民共和国社会保险法》第二条规定:“国家建立基本养老保险、基本医疗保险、工伤保险、失业保险、生育保险等社会保险制度,保障公民在年老、疾病、工伤、失业、生育等情况下依法从国家和社会获得物质帮助的权利。”

第四条规定:“中华人民共和国境内的用人单位和个人依法缴纳社会保险费,有权查询缴费记录、个人权益记录,要求社会保险经办机构提供社会保险咨询等相关服务。

个人依法享受社会保险待遇,有权监督本单位为其缴费情况。”

第五十七条规定:“用人单位应当自成立之日起三十日内凭营业执照、登记证书或者单位印章,向当地社会保险经办机构申请办理社会保险登记。社会保险经办机构应当自收到申请之日起十五日内予以审核,发给社会保险登记证件。

用人单位的社会保险登记事项发生变更或者用人单位依法终止的,应当自变更或者终止之日起三十日内,到社会保险经办机构办理变更或者注销社会保险登记。

市场监督管理部门、民政部门和机构编制管理机关应当及时向社会保险经办机构通报用人单位的成立、终止情况,公安机关应当及时向社会保险经办机构通报个人的出生、死亡以及户口登记、迁移、注销等情况。”

第五十八条规定:“用人单位应当自用工之日起三十日内为其职工向社会保

险经办机构申请办理社会保险登记。未办理社会保险登记的，由社会保险经办机构核定其应当缴纳的社会保险费。

自愿参加社会保险的无雇工的个体工商户、未在用人单位参加社会保险的非全日制从业人员以及其他灵活就业人员，应当向社会保险经办机构申请办理社会保险登记。

国家建立全国统一的个人社会保障号码。个人社会保障号码为公民身份号码。”

8.2.2 养老保险的操作方法

以辽宁省为例，《关于规范企业职工基本养老保险省级统筹统一养老保险政策的若干意见》规定：“（一）全省范围内各类企业职工，民办非企业单位、社会团体等社会组织职工，有雇工的个体工商户及从业人员应参加养老保险，由用人单位和职工个人共同缴纳养老保险费。”“（四）统一养老保险缴费比例。用人单位缴费比例为16%；职工个人缴费比例为8%，记入个人账户。灵活就业人员缴费比例为20%，其中8%记入个人账户。”按《中华人民共和国社会保险法》规定，职工基本养老保险个人账户不得提前支取。

《辽宁省企业职工基本养老保险经办规程（试行）》第三十四条规定：“社保经办机构通过网上服务平台或经办窗口受理个人参保登记业务。”第三十五条规定：“参保单位经办人可通过网上服务平台自行申请、完善职工个人基本信息，完成职工个人参保登记；或到经办窗口提出申请，由经办人员为其完善职工个人基本信息，完成职工个人参保登记。”第三十八条规定：“灵活就业人员办理个人参保登记，可通过网上服务平台或经办窗口提出申请，社保经办机构需要审核以下资料：（一）在户籍地申请参保的，审核可证明本人户籍的有效身份证件。（二）在居住证所在地申请参保的，审核有效的居住证明。（三）无雇工的个体工商户在注册地申请参保的，审核个体工商户注册证明。”

非沈阳市户籍（含省内外市、跨省市）人员，可持居住证、本人居民身份证、工商银行卡及与工商银行签订的银行代扣代缴协议，在居住证所在地以灵活就业人员的身份参加基本养老保险，并由个人缴纳相应的养老保险费。

8.2.3 医疗保险的参保

按照《国务院关于建立城镇职工基本医疗保险制度的决定》的规定，城镇所有用人单位，无论是机关事业单位还是企业，都要参加基本医疗保险。我国医疗保险体系包括城镇职工基本医疗保险制度、新型农村合作医疗制度和城镇居民基本医疗保险制度。

《中华人民共和国社会保险法》第二十三条规定："职工应当参加职工基本医疗保险，由用人单位和职工按照国家规定共同缴纳基本医疗保险费。无雇工的个体工商户、未在用人单位参加职工基本医疗保险的非全日制从业人员以及其他灵活就业人员可以参加职工基本医疗保险，由个人按照国家规定缴纳基本医疗保险费。"《关于建立新型农村合作医疗制度的意见》规定："农民以家庭为单位自愿参加新型农村合作医疗。新型农村合作医疗制度实行个人缴费、集体扶持和政府资助相结合的筹资机制。"《国务院关于开展城镇居民基本医疗保险试点的指导意见》界定了参考范围，即："不属于城镇职工基本医疗保险制度覆盖范围的中小学阶段的学生（包括职业高中、中专、技校学生）、少年儿童和其他非从业城镇居民都可自愿参加城镇居民基本医疗保险。"

《沈阳市人力资源和社会保障局　沈阳市财政局关于完善居民基本医疗保险有关问题的通知》规定："（一）外地户籍人员的未成年子女参保。将持有我市居住证、且现已参加我市职工养老保险及医疗保险、累计参保时间一年以上的外地户籍来沈务工人员的非在校未成年子女纳入我市居民基本医疗保险参保范围，其个人缴费标准及政府补助标准、医疗保险待遇同本市非在校未成年人。（二）明确参保及政府补助政策。符合参保条件的我市城乡居民在一个自然年度内只能选择参加城镇居民基本医疗保险或新型农村合作医疗二者中的一种医疗保险，政府按照国家标准和有关要求只能给予一次补助。对于违规重复参保的城乡居民，医疗保险经办机构将依据重复参保的时间顺序，确定本年度内首次参保缴费的一种医疗保险作为城乡医保参保选择，财政部门据此给予相应参保补助。我市新农合参保人员在 9—11 月份持当年新农合参保证明参加下一年的居民医疗保险，按医疗保险关系接续办理，自参保年度的 1 月 1 日起享受居民医保待遇。”

8.2.4 失业保险金的申领流程

《中华人民共和国社会保险法》对失业保险进行了如下规定：

“第四十四条 职工应当参加失业保险，由用人单位和职工按照国家规定共同缴纳失业保险费。

第四十五条 失业人员符合下列条件的，从失业保险基金中领取失业保险金：

（一）失业前用人单位和本人已经缴纳失业保险费满一年的；

（二）非因本人意愿中断就业的；

（三）已经进行失业登记，并有求职要求的。

第四十六条 失业人员失业前用人单位和本人累计缴费满一年不足五年的，领取失业保险金的期限最长为十二个月；累计缴费满五年不足十年的，领取失业保险金的期限最长为十八个月；累计缴费十年以上的，领取失业保险金的期限最长为二十四个月。重新就业后，再次失业的，缴费时间重新计算，领取失业保险金的期限与前次失业应当领取而尚未领取的失业保险金的期限合并计算，最长不超过二十四个月。

第四十七条 失业保险金的标准，由省、自治区、直辖市人民政府确定，不得低于城市居民最低生活保障标准。

……

第五十条 用人单位应当及时为失业人员出具终止或者解除劳动关系的证明，并将失业人员的名单自终止或者解除劳动关系之日起十五日内告知社会保险经办机构。

失业人员应当持本单位为其出具的终止或者解除劳动关系的证明，及时到指定的公共就业服务机构办理失业登记。

失业人员凭失业登记证明和个人身份证明，到社会保险经办机构办理领取失业保险金的手续。失业保险金领取期限自办理失业登记之日起计算。”

《失业保险条例》第十六条第一款规定：“城镇企业事业单位应当及时为失

业人员出具终止或者解除劳动关系的证明，告知其按照规定享受失业保险待遇的权利，并将失业人员的名单自终止或者解除劳动关系之日起 7 日内报社会保险经办机构备案。”

《辽宁省失业保险条例》第十六条规定：“用人单位应当从失业人员失业之日起 3 日内为失业人员出具终止或者解除劳动关系的证明，告知其按照规定享受失业保险待遇的权利，并将失业人员的名单自终止或者解除劳动关系之日起 7 日内报失业人员户口所在地失业保险经办机构备案。职工失业后，应当持本单位为其出具的终止或者解除劳动关系的证明，从终止或者解除劳动关系之日起 30 日内到失业人员户口所在地失业保险经办机构办理失业登记。失业保险金自办理失业登记之日起计算。失业保险金应当按月发放。失业人员凭失业保险经办机构为其开具领取失业保险金的单证，到指定银行领取失业保险金。”

8.2.5 工伤认定的流程

《工伤保险条例》第十四条规定：“职工有下列情形之一的，应当认定为工伤：

（一）在工作时间和工作场所内，因工作原因受到事故伤害的；

（二）工作时间前后在工作场所内，从事与工作有关的预备性或者收尾性工作受到事故伤害的；

（三）在工作时间和工作场所内，因履行工作职责受到暴力等意外伤害的；

（四）患职业病的；

（五）因工外出期间，由于工作原因受到伤害或者发生事故下落不明的；

（六）在上下班途中，受到非本人主要责任的交通事故或者城市轨道交通、客运轮渡、火车事故伤害的；

（七）法律、行政法规规定应当认定为工伤的其他情形。”

第十五条规定：“职工有下列情形之一的，视同工伤：

（一）在工作时间和工作岗位，突发疾病死亡或者在 48 小时之内经抢救无效死亡的；

（二）在抢险救灾等维护国家利益、公共利益活动中受到伤害的；

（三）职工原在军队服役，因战、因公负伤致残，已取得革命伤残军人证，到用人单位后旧伤复发的。”

第十八条规定：“提出工伤认定申请应当提交下列材料：

（一）工伤认定申请表；

（二）与用人单位存在劳动关系（包括事实劳动关系）的证明材料；

（三）医疗诊断证明或者职业病诊断证明书（或者职业病诊断鉴定书）。

工伤认定申请表应当包括事故发生的时间、地点、原因以及职工伤害程度等基本情况。

工伤认定申请人提供材料不完整的，社会保险行政部门应当一次性书面告知工伤认定申请人需要补正的全部材料。申请人按照书面告知要求补正材料后，社会保险行政部门应当受理。”

第十九条规定：“社会保险行政部门受理工伤认定申请后，根据审核需要可以对事故伤害进行调查核实，用人单位、职工、工会组织、医疗机构以及有关部门应当予以协助。职业病诊断和诊断争议的鉴定，依照职业病防治法的有关规定执行。对依法取得职业病诊断证明书或者职业病诊断鉴定书的，社会保险行政部门不再进行调查核实。

职工或者其近亲属认为是工伤，用人单位不认为是工伤的，由用人单位承担举证责任。”

第二十条规定：“社会保险行政部门应当自受理工伤认定申请之日起 60 日内作出工伤认定的决定，并书面通知申请工伤认定的职工或者其近亲属和该职工所在单位。

社会保险行政部门对受理的事实清楚、权利义务明确的工伤认定申请，应当在 15 日内作出工伤认定的决定。

作出工伤认定决定需要以司法机关或者有关行政主管部门的结论为依据的，在司法机关或者有关行政主管部门尚未作出结论期间，作出工伤认定决定的时限中止。

社会保险行政部门工作人员与工伤认定申请人有利害关系的，应当回避。”

经 2017 年 12 月 13 日辽宁省第十二届人民政府第 150 次常务会议审议通过的《辽宁省工伤保险实施办法》中对工伤认定有如下规定：

“第十四条　提出工伤认定申请，应当在法定时限内向社会保险行政部门提交下列材料：

（一）工伤认定申请表；

（二）工伤职工的居民身份证，用人单位依法设立或者登记注册的有效证明；

（三）劳动合同（含聘用合同，下同）文本复印件，或者职工与用人单位存在劳动关系（含人事关系、事实劳动关系，下同）的其他证明材料；

（四）医疗诊断证明或者职业病诊断证明书（或者职业病诊断鉴定书）。

工伤认定申请表的基本内容，由统筹地区社会保险行政部门确定。

第十五条　社会保险行政部门收到工伤认定申请后，应当在 15 日内对申请人提交的材料进行审核。材料完整的，应当作出受理或者不予受理决定，并出具工伤认定受理通知书或者不予受理通知书；材料不完整的，应当当场或者在 5 日内一次性书面告知申请人需要补正的全部材料。

社会保险行政部门对劳动关系清晰、事实清楚、情节简单、证据充分、权利义务明确的工伤认定申请，应当自受理之日起 15 日内作出工伤认定的决定；对其他工伤认定申请，应当自受理之日起 60 日内作出工伤认定的决定，并将工伤认定决定书送达申请工伤认定的职工或者其近亲属和该职工所在单位。”

8.2.6　生育保险的规定

《中华人民共和国社会保险法》第五十三条规定：“职工应当参加生育保险，由用人单位按照国家规定缴纳生育保险费，职工不缴纳生育保险费。”

第五十四条规定：“用人单位已经缴纳生育保险费的，其职工享受生育保险待遇；职工未就业配偶按照国家规定享受生育医疗费用待遇。所需资金从生育保险基金中支付。

生育保险待遇包括生育医疗费用和生育津贴。”

第五十五条规定：“生育医疗费用包括下列各项：

（一）生育的医疗费用；

（二）计划生育的医疗费用；

（三）法律、法规规定的其他项目费用。”

第五十六条规定：“职工有下列情形之一的，可以按照国家规定享受生育津贴：

（一）女职工生育享受产假；

（二）享受计划生育手术休假；

（三）法律、法规规定的其他情形。

生育津贴按照职工所在用人单位上年度职工月平均工资计发。”

2019 年 3 月，国务院办公厅出台的《国务院办公厅关于全面推进生育保险和职工基本医疗保险合并实施的意见》（国办发〔2019〕10 号），就生育保险和职工基本医疗保险合并实施提出“实现参保同步登记、基金合并运行、征缴管理一致、监督管理统一、经办服务一体化”的建议。

8.3 住房公积金的实务操作

8.3.1 住房公积金的缴存流程

《住房公积金管理条例》第二条定义了住房公积金："是指国家机关、国有企业、城镇集体企业、外商投资企业、城镇私营企业及其他城镇企业、事业单位、民办非企业单位、社会团体（以下统称单位）及其在职职工缴存的长期住房储金。"

第十三条规定："住房公积金管理中心应当在受委托银行设立住房公积金专户。单位应当向住房公积金管理中心办理住房公积金缴存登记，并为本单位职工办理住房公积金账户设立手续。每个职工只能有一个住房公积金账户。

住房公积金管理中心应当建立职工住房公积金明细账，记载职工个人住房公积金的缴存、提取等情况。"

第十四条第一款规定："新设立的单位应当自设立之日起 30 日内到住房公积金管理中心办理住房公积金缴存登记，并自登记之日起 20 日内，为本单位职工办理住房公积金账户设立手续。"

第十五条第一款规定："单位录用职工的，应当自录用之日起 30 日内向住房公积金管理中心办理缴存登记，并办理职工住房公积金账户的设立或者转移手续。"

《沈阳市住房公积金管理条例》第十二条规定："新参加工作的职工从参加工作的第二个月开始缴存住房公积金，月缴存额为职工本人当月工资乘以职工住房公积金缴存比例。单位新调入的职工从调入单位发放工资之日起缴存住房公积金，月缴存额为职工本人当月工资乘以职工住房公积金缴存比例。”

第十三条规定：“职工个人缴存的住房公积金，由所在单位每月从其工资中代扣代缴。单位应当于每月发放职工工资之日起5日内将单位缴存的和为职工代缴的住房公积金汇缴到住房公积金专户内，由受委托银行及管理中心计入职工住房公积金账户。”

需要说明的是，《沈阳市住房公积金管理条例》第十五条提出：“职工按照市人民政府规定的最低工资标准领取工资的，职工个人可以免缴住房公积金，职工所在单位应当以市人民政府规定的最低工资标准为基数，按照规定的缴存比例为职工缴存住房公积金。”

8.3.2 住房公积金的信息变更

当住房公积金信息发生变更时，各地可以根据国务院《住房公积金管理条例》的规定，结合省市实际采取不同的措施。

《沈阳市住房公积金管理条例》第十九条规定：“单位合并、分立的，原单位应当自发生合并或者分立之日起30日内，到管理中心办理住房公积金变更登记，并自办妥变更登记之日起20日内持管理中心的审核文件，为单位职工办理住房公积金账户转移手续。”

第二十条规定：“单位撤销、解散、破产的，原单位或者清算组织应当自发生上述情况之日起30日内到管理中心办理住房公积金注销登记，并自办妥注销登记之日起20日内持管理中心的审核文件，办理住房公积金账户转移手续，将职工住房公积金转入管理中心指定的封存账户，实行集中封存。”

与职工终止劳动关系的单位可以依据第二十一条规定：“单位应当自劳动关系终止之日起30日内到管理中心办理变更登记，并持管理中心的审核文件，将职工住房公积金转入管理中心指定的封存账户，实行集中封存。单位与职工停止工资关系但尚未解除劳动关系的，单位应当自停止工资关系之日起30日内，到管理中心办理住房公积金账户封存手续，待工资关系恢复时，再办理启封手续，恢复缴存。”

第二十二条规定：“单位职工调出的，调出单位应当在职工调出之日起30

日内，到管理中心办理变更登记，并持管理中心的审核文件，到受委托银行办理职工住房公积金账户转移手续。”

8.3.3　住房公积金的缓缴流程

《住房公积金管理条例》第二十条规定：“单位应当按时、足额缴存住房公积金，不得逾期缴存或者少缴。对缴存住房公积金确有困难的单位，经本单位职工代表大会或者工会讨论通过，并经住房公积金管理中心审核，报住房公积金管理委员会批准后，可以降低缴存比例或者缓缴；待单位经济效益好转后，再提高缴存比例或者补缴缓缴。”

《沈阳市住房公积金管理条例》第二十三条规定：“经批准缓缴住房公积金的单位，自批准之日起 15 日内，凭批准文件到管理中心办理缓缴登记，再到受委托银行办理账户封存手续。缓缴住房公积金的单位在批准期限内经济效益好转的或者批准期限到期后 30 日内，应当到管理中心办理住房公积金账户启封手续；批准期限到期后，仍需缓缴的，应当自到期之日起 30 日内重新办理缓缴审批手续和续封手续。”

8.4 员工离职管理

8.4.1 员工主动辞职的管理

根据《中华人民共和国劳动合同法》第三十六条规定："用人单位与劳动者协商一致，可以解除劳动合同。"第三十七条规定："劳动者提前三十日以书面形式通知用人单位，可以解除劳动合同。劳动者在试用期内提前三日通知用人单位，可以解除劳动合同。"

主动提出辞职的员工，须出示本人亲笔签署的书面申请（如辞职书等），经单位直属领导、部门负责人和人力资源部审批后，方可办理离职手续。辞职申请表的格式模板见表 8.10。

表 8.10 辞职申请表

<table>
<tr><td rowspan="3">申请人</td><td>姓名</td><td></td><td>部门主管</td><td></td></tr>
<tr><td>所在部门</td><td></td><td>职务</td><td></td></tr>
<tr><td>辞职日期</td><td></td><td>入职日期</td><td></td></tr>
<tr><td>辞职
原因</td><td colspan="4"></td></tr>
<tr><td>部门
主管
意见</td><td colspan="4">签字：
年 月 日</td></tr>
<tr><td>人力资源
管理部门
意见</td><td colspan="4">签字：
年 月 日</td></tr>
</table>

（续表）

（副）总经理意见	签字： 年　月　日

辞职员工填写离职交接单，按照离职交接单中的内容逐项执行交接手续，经双方签字确认。离职交接单见表 8.11。

表 8.11　离职交接单

部门		姓名		职位		编号	
已获准将于　年　月　日离职，请按照下列项目办理离职手续							

序号	应办事项	经办单位	经办人盖章	备注
1	工作业务交接	部门		
2	上交工作证件（含工作证、胸卡、与单位有关的钥匙等）	行政部		
3	上交制服			
4	上交个人领用的电子办公用具（如电脑及附属设备、移动存储设备、电话、计算器、相机等）			
5	办理社保停保、转移等相关证明	人力资源部		
6	填写停薪通知书并送至财务部			
7	填写人员异动登记表			
8	核对有无财务未清事项	财务部		
9	发薪（含经济补偿金）审核			

8.4.2 员工被动离职的管理

员工被动离职是公司作为主动方，开除、辞退、除名员工的行为。实施辞退行为要先经用人单位讨论后，口头与员工交换意见。辞退和经济性裁员都是用人单位主动与劳动者解除劳动关系的行为，在此之前，公司领导、人力资源部门、用人部门、工会或员工代表应形成一致意见。员工辞退通知书的样例见表 8.12。

表 8.12　辞退通知书

辞退通知书 ××× 先生 / 女士： 您好！ 根据规定，由于 ××× 原因，公司将与您终止劳动关系。 公司将向您一次性支付经济补偿金 ×× 元。 请您于 ×××× 年 ×× 月 ×× 日之前办理完毕离职手续 ××××××× 公司 ×××× 年 ×× 月 ×× 日

表 8.13 为包括物品移交内容的离职通知书，可以用于主动离职和被动离职。

表 8.13　离职通知书

编号：

<table>
<tr><td>姓名</td><td colspan="2"></td><td>性别</td><td></td><td>年龄</td><td></td></tr>
<tr><td>学历 / 学位</td><td></td><td>职务 / 职称</td><td colspan="2"></td><td>政治面貌</td><td></td></tr>
<tr><td>所在部门 / 岗位</td><td></td><td>劳动关系类别</td><td colspan="2">□自有人员
□劳务派遣人员
□劳务分包人员
□退休返聘人员
□实习人员
□非全日制用工人员</td><td>劳动关系所属单位</td><td></td></tr>
</table>

（续表）

<table>
<tr><td>离职原因</td><td colspan="2"></td><td>拟离职日期</td><td>年 月 日</td></tr>
<tr><td colspan="5">因离职，需办理相关离职移交手续，请相关部门及人员予以配合。
人力资源部经办人（签名）：　日期：　年 月 日</td></tr>
<tr><td>单位</td><td>移交内容</td><td>移交人签名及日期</td><td>接收人签名及日期</td><td>所在单位主要领导</td></tr>
<tr><td>所在部门</td><td></td><td></td><td></td><td></td></tr>
<tr><td>其他部门</td><td></td><td></td><td></td><td></td></tr>
</table>

8.4.3　离职面谈的方法和技巧

离职面谈是用人单位人员与待离职人员就离职相关问题进行的谈话。谈话的目的可以根据主动离职和被动离职有所差异。与主动离职人员进行面谈，旨在了解员工的离职原因，如果是组织中的关键人才，看能否通过面谈挽留住他们。如果无法挽留，则通过面谈收集员工对工作、对组织的意见和建议，以便日后改善组织的管理水平。此类面谈也能在一定程度上与员工建立一种感情，在和谐的气氛下“后会有期”。而与被动离职人员面谈通常是为了“苦口婆心”“摆事实讲道理”劝说员工离开单位。

在离职面谈之前要明确以下内容：详细了解离职人员在职期间工作表现情况；确保谈话内容的保密性、绝对不能泄露员工隐私；面谈时保持一定的亲和力；根据不同岗位及在职时间长短来确定离职人所谈内容的价值大小；对主动离职人员需要了解他们的心态，尽量予以挽留；了解离职员工离开的真实原因；从侧面了解离职员工对部门 / 组织运作的真实评价；回答员工可能有的问题；征求对公司的评价及建议；面谈结束后谈话人必须在表格中签字，离职者自愿签字。员工离职面谈表样例见表 8.14。

表 8.14　员工离职面谈表

编号：　　　　　　　　　　　　　　填表日期：

姓名		性别		年龄	
学历 / 学位		职务 / 职称		政治面貌	
所在部门 / 岗位		本单位工作年限		最近一次签订合同期限及距离到期时间	
提出解除劳动关系	□员工本人　□用人单位				
具体离职原因	□员工本人原因： □工作原因： □组织原因：				
对现工作部门 / 岗位 / 管理者的评价					
所提问题及答复	离职者所提问题： 谈话者答复：				
对公司的建议					
谈话人签字		离职者签字			

需要注意的是，在了解离职原因时，员工个人的原因通常因人而异，各种各样。而工作原因和组织原因通常问题比较集中。如果员工不知如何回答，可以由谈话人列出一些选项，启发员工回答。如：

工作原因：无法胜任工作，个人无法在工作中获得满足感，工作挑战与成就感方面，工作负荷过重、加班过多，工作中的人际关系处理问题，工作缺少灵活性，其他原因。

公司原因：违反公司规章制度，薪酬与福利原因，工作环境方面，公司文化方面，公司政策与管理制度方面，缺少培训机会，缺少职业发展与晋升机会，其他原因。

当问及对组织有哪些意见和建议时，可以准备如下问题：问员工对公司最满意的地方和最不满意的地方，请员工评价其直接上级的管理能力，请员工列出在工作中面临的困难和挑战，对员工继任者的建议，咨询员工今后的求职意向，是否愿意今后再次回单位工作等。

8.4.4　离职结算

当移交手续全部办理完成后，则需要对离职人员进行经济结算。结算款项包括：结算工资、违约金、赔偿金、经济补偿金，有时还需要考虑员工培训费。（见表 8.15）等到所有结算工作完成后，才能进行档案、社保、组织等各类关系的转移。

表 8.15　员工离职结算单

员工姓名：　　　　　　　　　　　　　　　　　　　　年　月　日

项目	金额	经办人（盖章）
结算工资		
违约金		
赔偿金		
培训费		
经济补偿金		
……		
合计		

8.4.5 离职风险的防控方法

员工尤其是核心员工的离职会给企业造成不同程度的影响。因此企业需要建立全过程离职风险防范机制，事前预防、事中控制、事后管理。事前预防是指企业应以员工为本构建良好的工作环境，让员工有归属感和使命感，这样才能在一定程度上防止员工离职。事中控制是在日常管理过程中要掌握员工的工作状态和思想动态，及时发现异常“苗头”，第一时间采取控制措施。事后管理侧重于对员工离职事件的处理以及消除负面影响上。

《中华人民共和国劳动合同法》第二十三条规定：“用人单位与劳动者可以在劳动合同中约定保守用人单位的商业秘密和与知识产权相关的保密事项。

对负有保密义务的劳动者，用人单位可以在劳动合同或者保密协议中与劳动者约定竞业限制条款，并约定在解除或者终止劳动合同后，在竞业限制期限内按月给予劳动者经济补偿。劳动者违反竞业限制约定的，应当按照约定向用人单位支付违约金。”

第二十四条规定：“竞业限制的人员限于用人单位的高级管理人员、高级技术人员和其他负有保密义务的人员。竞业限制的范围、地域、期限由用人单位与劳动者约定，竞业限制的约定不得违反法律、法规的规定。

在解除或者终止劳动合同后，前款规定的人员到与本单位生产或者经营同类产品、从事同类业务的有竞争关系的其他用人单位，或者自己开业生产或者经营同类产品、从事同类业务的竞业限制期限，不得超过二年。”

由此可见，企业可以和相关员工签订《保密协议》（见表 8.16）和《竞业限制协议》（见表 8.17）控制风险。在某些企业中有涉密员工，那么对于涉密员工还要依据《中华人民共和国保守国家秘密法》进行风险防控。

表 8.16　保密协议

保密协议 甲方（用人单位）： 乙方（员工）：　　　　身份证号： 甲乙双方根据 ××× 等法律、法规，本着平等、协商、一致的原则签订此保密协议。 第一条　保密范围 …… 第二条　保密条款 …… 第三条　违约处理 …… 第四条　附则 …… 甲方（盖章）：　　　　乙方（签字）： 法定代表人或授权代表人（签字或盖章）： 年　月　日　　　　年　月　日

表 8.17　竞业限制协议

竞业限制协议 甲方（用人单位）： 乙方（员工）：　　　　身份证号： 鉴于乙方任职期间有可能接触甲方保密信息，为维护双方的合法权益，甲乙双方根据 ××× 等法律、法规，本着平等、协商、一致的原则签订此竞业限制协议： 1. 甲方的权利与义务 …… 2. 乙方的权利与义务 …… 3. 违规处理 …… 4. 争议处理 …… 5. 其他事宜 …… 甲方（盖章）：　　　　乙方（签字）： 法定代表人或授权代表人（签字或盖章）： 年　月　日　　　　年　月　日

保密协议的内容要根据劳动者类型分层设计。

对于高级管理人员，首先，应明确具体地列举出商业秘密都包括哪些内容，员工离职时哪些信息和资料需要归还给用人单位，哪些资料禁止使用在其他用人单位中，明确哪些客户名单及信息属于商业秘密。其次，保密协议应约定严明的违约惩罚措施，这样可以起到震慑作用，防患于未然。最后，当无法明确商业秘密价值何时失效时，需要慎重约定期限。

高级技术人员的劳动力价值大多依附于其掌握的技术手段中。因此在签订保密协议时，应当明确保护用人单位的技术信息。一方面，要在保密协议中明确规定将保护的技术信息；另一方面，要按照高级技术人员所掌握的技术不再对竞争产生限制的时限约定保密期限。

职能部门如人力资源管理部门的人员因为工作的原因，会掌握用人单位在经营活动中的管理条例、制度等信息，掌握更多的人员名单。一旦这些信息被泄露出去，极有可能会降低组织的市场竞争力。因此，与人力资源专员签订保密协议时要保护用人单位管理条例、制度等信息。

对于其他负有保密义务的人员，应根据其能够接触到商业秘密机会的多少，约定其所在岗位所能接触的事项。

根据企业规模大小，保密协议的重要程度也不尽相同。大型企业，市场竞争者比较集中，所以应当特别注意规定保密协议以及保密协议的约束范围。而对小型企业而言，市场占比较小，竞争者也比较分散，只有一些重要雇员掌握企业的商业秘密，所以只需签订范围较小的保密协议即可。

根据企业生命周期，处于初创期的企业如果在市场份额占有率较低、其能够拥有的商业秘密数量相对较少的情况下，无须刻意制定严苛的保密协议，而应考量用人单位经济效益。对于成熟期的企业，在保密协议中可以约定较多的、可能的商业秘密，以促进企业经济的发展。

8.5　劳动安全的防护管理

8.5.1　劳动保护

《中华人民共和国宪法》第四十二条规定："中华人民共和国公民有劳动的权利和义务。国家通过各种途径，创造劳动就业条件，加强劳动保护，改善劳动条件，并在发展生产的基础上，提高劳动报酬和福利待遇。"

劳动保护分为劳动安全和劳动卫生。《中华人民共和国劳动法》第五十二条规定："用人单位必须建立、健全劳动卫生制度，严格执行国家劳动安全卫生规程和标准，对劳动者进行劳动安全卫生教育，防止劳动过程中的事故，减少职业危害。"

第五十四条规定："用人单位必须为劳动者提供符合国家规定的劳动安全卫生条件和必要的劳动防护用品，对从事有职业危害作业的劳动者应当定期进行健康检查。"

《女职工劳动保护特别规定》对女性的"四期"，即经期、孕期、产期、哺乳期的劳动保护进行了明确的规定，并且首次将女职工禁忌从事的劳动范围列入附录。

《职业安全和卫生及工作环境公约》旨在合理可行的范围内，把工作环境中内在的危险因素减少到最低限度，以预防来源于工作、与工作有关或在工作过程中发生的事故和对健康的危害。《工作场所职业卫生监督管理规定》强化了用人单位职业病防治的主体责任，预防、控制职业病危害，保障劳动者健康和相关权益。

8.5.2 员工职业健康检查

员工职业健康检查可以发现因职业原因对健康造成的损害以及职业病等。通过检查发现，早发现早治疗。

《中华人民共和国职业病防治法》第四条规定："……用人单位应当为劳动者创造符合国家职业卫生标准和卫生要求的工作环境和条件，并采取措施保障劳动者获得职业卫生保护。……"

《中华人民共和国国家职业卫生标准》是以保护劳动者健康为目的，对劳动条件（工作场所）的卫生要求做出的技术规定，是实施职业卫生法律、法规的技术规范，是卫生监督和管理的法定依据。

用人单位每年对本单位职业性危害因素进行评估，并结合"常见职业病危害因素职业健康检查周期"，制作符合本单位实际情况的《职业性危害因素及职业健康体检周期一览表》。

8.5.3 员工心理健康管理

中华全国总工会 2010 年发出的《关于进一步做好职工队伍和社会稳定工作的意见》特别强调，要加强对青年职工特别是新生代农民工的心理疏导，关心职工的生产生活，使广大职工有尊严地生活，实现体面劳动。员工心理健康是员工在复杂环境和条件下，通过自主调整而保持积极的心理功能状态。它使身体、智能以及情感与社会同步。这种持续良好的心理状态可以为企业带来意想不到的效益。

心理健康水平会影响员工对其岗位及其能力的认知与评价，心理健康的员工往往会产生更多的积极情绪，对其岗位等工作环境会有更加客观甚至乐观的评价认知，从而产生更高的人岗匹配感；反之员工心理健康水平越低，人岗匹配感越低。当员工认为自己的资质与所从事的岗位不相匹配时，很容易表现出沉默行为。由此可见，心理健康问题不仅严重影响员工的身心健康，更会影响他们在组织中的工作行为和工作绩效。因而重视员工心理健康问题并进行有效干预，对企业功能的发挥和企业经营目标的实现具有积极意义。

人力资源管理部门要对新入职员工增设心理健康测评环节，优先选用那些抗压能力强、自我心理调适和防卫机制较强的候选人。对已入职员工可以开展心理健康类培训和实践项目。员工的心理健康状态受到多种因素的影响，因此组织必须定期开展员工心理健康状况的调查或诊断。

组织应打破员工身份界限，破除束缚人才发展的思想观念，消除阻碍员工岗位异动的障碍，为员工在组织内流动创造良好的条件，从而促进员工身心健康的良性发展。适时通过工作丰富化和工作扩大化进行工作设计，提高对员工的工作认可度和关注度，在一定程度上有助于营造良好的氛围。

高层管理者也可以大力倡导和推动员工帮助计划，促进员工身心健康。建立专门的员工帮助计划组织机构和专业团队（或者委托外部专业机构），推动计划落地和管理实践，进而实现对员工心理健康问题和消极工作行为有效干预的目的。充分利用组织党群工作资源，建立员工心理健康管理的工作平台和网络。在各级党委、工会的职责中，增加员工心理健康管理方面的内容，由各级党委牵头，党办或工会具体负责，人力资源等部门配合，对员工心理健康进行指导和管理。